FRITZ SCHENK

MEIN DOPPELTES VATERLAND

FRITZ SCHENK

MEIN DOPPELTES VATERLAND

VERLAG JOHANN WILHELM NAUMANN

CIP-Titelaufnahme der Deutschen Bibliothek

Schenk, Fritz:

Mein doppeltes Vaterland: Erfahrungen und Erkenntnisse eines geborenen Sozialdemokraten / Fritz Schenk. – vom Autor überarb. u. erw. Neuaufl. – Würzburg: Naumann, 1989

ISBN 3-88567-057-7

1. Auflage 1981
2. Auflage 1984
Vom Autor überarbeitete und erweiterte Neuauflage 1989

Gesamtherstellung: EOS Druck, 8917 St. Ottilien

Inhalt:

Tauwetter

Zwischen Hoffnung und Resignation

Finale Ost

ZWEITER TEIL: UNTERWEGS NACH DEUTSCHLAND

An der Basis

Im Überbau

Das deutsche Dilemma

VORWORT

Seit Erscheinen der ersten Auflage dieses Buches sind mehr als sieben Jahre vergangen. Vor dem Hintergrund der Veränderungen, die in dieser Zeit in Osteuropa eingetreten sind, gewinnt Fritz Schenks Schilderung des eigenen Lebensweges eine noch größere Aktualität und eine noch höhere Bedeutung. Die Veränderungen in Osteuropa bestätigen in beeindruckender Weise die Forderung des Autors nach einer auf den Realitäten basierenden Ost- und Deutschlandpolitik.

»Mein doppeltes Vaterland« ist nicht nur die Lebensgeschichte eines Deutschen, den sein Berufsweg sowohl in der DDR wie in der Bundesrepublik Deutschland in wichtige und immer auch politische Funktionen führte. Der Titel ist zugleich Ausdruck der Besonderheit unseres Vaterlandes, der Last seiner Teilung.

Fritz Schenk untersucht sachkundig die Strukturen der politischen Ereignisse in Mittel- und Osteuropa bis hin zur Perestrojka Gorbatschows und den sich anbahnenden Veränderungen im kommunistischen Herrschaftsbereich. Viele Leser werden der Analyse zustimmen, die auf der Realität persönlicher Erfahrung gründet: In Mittel- und Osteuropa muß die staatskapitalistische sozialistische Diktatur einem freiheitlichen und demokratischen Gesellschaftssystem weichen.

In der Tat scheinen die von Gorbatschow in der Sowjetunion eingeleiteten Umgestaltungen vom bevorstehenden Ende des Kommunismus zu kunden. Auch in der Sowjetunion setzt sich langsam die Einsicht durch, daß mit den Mitteln der marxistisch-leninistischen Ideologie die wirtschaftlichen Probleme des Ostblocks nicht mehr zu lösen sind. Mit einer erfolgreichen Wirtschaftsreform müssen notwendig qualitative gesellschaftliche Veränderungen einhergehen, und das heißt in erster Linie: persönliche Freiheit für jeden einzelnen. Auch das Regime in der DDR wird sich dieser Notwendigkeit nicht auf Dauer entziehen können.

Veränderungen in der DDR werden aber zwangsläufig auch die deutsche Frage in den Vordergrund rücken. Die DDR verdankt ihre staatliche Existenz dem stalinistischen Regime. Und schon heute gerät die Ost-Berliner Führung angesichts der Ereignisse in Polen und Ungarn in eine Identitätskrise.

Es hängt auch von uns ab, ob sich eine solche friedliche Entwicklung in Richtung auf Freiheit und Demokratie erfolgreich durchsetzen kann. Unsere westlichen Ideale der Menschenrechte und der Demokratie sind die Grundlage jeder humanen Ordnung — und sie sind die Hoffnung der Menschen in der DDR und in Osteuropa. In der westlichen Staatengemeinschaft müssen wir alle bereit sein, die Reformbestrebungen in Osteuropa durch politische Unterstützung zu stabilisieren. Mehr Freiheit für Osteuropa heißt in der Konsequenz auch mehr Freiheit für alle Deutschen. In dem Maße, in dem dies gelingt, wird eine Grundvoraussetzung für das Ziel der deutschen Einheit erfüllt.

Fritz Schenk sieht hierin auch eine persönliche Lebensaufgabe, für die er sich leidenschaftlich einsetzt. Sein Buch ist für sein Bemühen ein beredter Beleg.

Bonn, im Juli 1989

Dr. Ottfried Hennig

ERSTER TEIL:

Im Vorzimmer der Diktatur

AN DER BASIS

Elternhaus und Jugend

Meine frühesten politischen Erinnerungen reichen zurück in das Jahr 1936. Am 10. März, meinem sechsten Geburtstag, wurde in unserem Haus mein »Lieblingsonkel« verhaftet. Dies geschah in meinem Geburtsort Helbra, einer rund 10000 Einwohner zählenden Nachbargemeinde der »Lutherstadt Eisleben«. Eisleben ist die Kreisstadt des Mansfelder Landes, das sowohl durch das Wirken Martin Luthers wie durch seinen Kupferschieferbergbau überregionale Bekanntheit erlangt hat. Den verhafteten Onkel mochte ich deshalb so sehr, weil er viel Zeit hatte und sich geduldig mit mir beschäftigte. Drei Jahre zuvor, im Februar 1933, war er, der aktive Sozialdemokrat, nämlich von den Nazis als amtierender Landrat abgesetzt worden. Nun war er gekommen, um mir zu gratulieren. Doch kaum, daß er mir sein Mitbringsel überreicht hatte, erschien unser Ortspolizist mit zwei fremden Männern in langen grauen Wettermänteln, die ihn in barschem Ton zum Mitkommen aufforderten. Ich sehe noch heute deutlich vor mir das Bild meiner zitternden und weinenden Mutter, ich fühle noch immer die lähmende Ratlosigkeit, mit der ich den Vorgang aufnahm, und noch heute ersteht vor mir ganz plastisch die Szene, wie mein erbleichter Onkel, flankiert von den fremden Männern, in dem tristen Märzvormittag die menschenleere Straße hinunterging.

Natürlich verstand ich damals noch nicht, was sich hinter diesem Vorfall verbarg. Und ich verstand noch weniger, was sich in den folgenden Tagen abspielte: Meine Eltern wurden zu Verhören abgeholt und kamen mehrere Tage lang nicht nach Hause, ich mußte bei der Großmutter schlafen, die sehr viel weinte, und unser Haus wurde mitten in der Nacht von polternden und fluchenden Männern bis auf den letzten Winkel durchwühlt, während ich, übernächtigt und frierend, vor Angst zitternd, in eine Wolldecke gehüllt, den gruseligen Vorgang verfolgte. Ähnliches hatte sich schon 1933 und 1934 abgespielt — dies aber hatte sich damals noch meiner bewußten Wahrnehmung entzogen — und solche Vorfälle wiederholten sich bis zum Ende der Naziherrschaft. Doch da wußte ich bereits, was das zu bedeuten hatte.

Das politische Engagement in meiner Familie kam nicht so sehr aus der väterlichen als vielmehr aus der mütterlichen Linie. Die Herkunft der Schenks kann ich bis in die Zeit des Siebenjährigen Krieges zurückverfolgen. Seit Mitte des 18. Jahrhunderts ist ihre Seßhaftigkeit im Mansfelder Land als Pastoren, Kantoren, Lehrer, Bergleute, Handwerker und kleine Gewerbetreibende nachgewiesen. Mein Großvater mütterlicherseits verkörperte hingegen das typische Schicksal des Gewerkschaftlers und Sozialdemokraten der Gründerzeit: Franz Thiemann, aus kleinen bäuerlichen Verhältnissen im Harz stammend, verließ 1878 als Dreizehnjähriger das zu enge Elternhaus und verdingte sich im Mansfelder Kupferschieferbergbau als Treckejunge und Lehrhauer; zwölf Stunden Untertagearbeit bei 50—60 Grad Hitze, miserabler Lohn, Gemeinschaftsunterkunft in barackenähnlichen Notbehausungen, in denen meist zwei Mann in einem Bett schlafen mußten. Frühe Mitgliedschaft im Bergarbeiterverband und in der sich entwickelnden Organisation der Sozialdemokratischen Partei; Beteiligung an Streiks und Arbeitsniederlegungen; es folgten Aussperrung, Arbeitslosigkeit und schließliches »Umsatteln«: mein Großvater wurde Bäcker und Gastwirt — und die »Thiemann'sche Schankstube« zum Vereinslokal »der Roten«. Auch damals lag die Familie, die noch heute über die Grenzen des Mansfelder Landes hinaus in Sachsen-Anhalt einen politischen Namen hat, schon häufig mit der Obrigkeit im Clinch: Majestätsbeleidigungen, Verstöße gegen Versammlungsverbote, Hilfeleistung für politisch Verfolgte, Verbreitung unliebsamen politischen Schrifttums — dies waren im wesentlichen die Konfliktstoffe. Allerdings kam es erst später dazu, dies so brutal zu ahnden, wie es aus den Machtsystemen von Nationalsozialismus und Kommunismus bekannt ist.

Mein Großvater hat die von ihm erstrebte demokratische Republik nicht mehr erlebt. Er starb in den letzten Kriegstagen 1918. Meine Mutter und vor allem ihre Brüder setzten die politische Familientradition fort. Die Weimarer Zeit sah die Thiemanns auf seiten der Mehrheitssozialdemokraten im Sinne von Ebert und Scheidemann. Und in diese Familie heiratete mein Vater, Friedrich Schenk (ebenfalls brennend an Politik interessiert, auch er leidenschaftlicher Republikaner und Mehrheitssozialdemokrat), Ende der 20er Jahre ein.

Als ich 1936 in die Schule aufgenommen wurde (wenige Wochen nach der Verhaftung meines Onkels), war ich dort ein Außenseiter. Meine Klassenkameraden wurden von den Älteren, die sich schon »Hitlerjungen« nannten, darüber unterrichtet, daß ich einer Familie entstammte, in der man anders dachte, als nun die meisten anderen. Bei uns hingen keine »Führerbilder« an den

Wänden, und an Staatsfeiertagen wurde keine Hakenkreuzfahne gehißt. Zu uns kam niemand, um für das »Winterhilfswerk« zu sammeln, und ich erhielt auch niemals Geld für die vielen Schulspenden, die gang und gäbe waren. Ich wurde viel gehänselt und auch von einigen meiner Lehrer bewußt drangsaliert und benachteiligt.

Mein Vater wußte das. Er litt mit mir. Aber er unterließ nichts, mich zu unterstützen und mir den Grund für seine Haltung zu erläutern, deren Auswirkungen ja auch mich trafen. Systematisch öffnete er mir den Blick für eine von politischen Phrasen ungetrübte Betrachtung der Welt. Er tat dies an Hand der Zeitungen, die er sehr aufmerksam las, gerade weil sie die über einen Leisten geschlagene »amtliche Meinung« zu vermitteln hatten. Und er regte mich damit an, meinen eigenen Verstand zu entwickeln und zu gebrauchen.

Ein Beispiel für diese sehr individuelle staatsbürgerliche Bildung: Mein Vater hatte unter anderem die Rede Hermann Görings aufbewahrt, die dieser in seiner Eigenschaft als Preußischer Ministerpräsident und Chef der Polizei zur Waffenausrüstung der deutschen Polizei gehalten hatte. Darin hieß es, daß der in der Weimarer Zeit von der Polizei gebrauchte »entehrende Knüppel« nun abgeschafft werde und die Hüter der Ordnung fortan Pistolen erhielten. Dann kamen die entscheidenden Sätze, die Vater rot angestrichen hatte: Diese Pistolen, so hatte Göring gesagt, seien aber mitnichten als unnützes Symbol gedacht. Von diesen Waffen solle auch Gebrauch gemacht werden. Es sei egal, ob zu kurz oder zu weit geschossen werde, die Hauptsache, es werde geschossen!

»Was heißt das?« fragte mich mein Vater und drängte, daß ich den Sinn mit eigenen Worten wiedergäbe. Als ich nicht gleich begriff, was er wohl auch nicht anders erwartet hatte, half er nach: »Wenn es egal ist, ob zu kurz oder zu weit geschossen wird, dann heißt dies, daß es egal ist, ob der Richtige oder der Falsche getroffen wird, die Hauptsache, es fallen Menschen, ob schuldig oder unschuldig, ist gleichgültig.« Das leuchtete mir ein, und ich war stolz auf diesen Vater, weil er mich zu seinem Vertrauten machte und mich teilnehmen ließ an der Widerlegung der pathetischen großen Worte, denen alle anderen um uns herum sonst nur blinden Beifall zollten und sie nachplapperten.

Als ich zehn war, war ich »Spezialist« in der Familie, der auf unserem alten Radioapparat die Auslandssender »heranholte«. Ich war auch zugegen, wenn in der Dunkelheit die politischen Freunde meiner Eltern kamen und sich bei verriegelten Türen und Fenstern die Köpfe heiß redeten. Dabei wurde an den in der Schule zu Götzen erhobenen Führern unseres Reiches kein gutes Haar gelassen. Ich war auch stolz darauf, daß sie mich gewissermaßen zu ihrem Komplicen machten, wenn es darum ging, Verpflegung, Eigenbau-Tabak, Verbandszeug und andere praktische Dinge in die Gefangenen- und Zwangsarbeiterlager zu schmuggeln, von denen es bei uns etliche gab.

Mein wohl entscheidendes Erlebnis — oder zumindest das, welches sich am tiefsten bewußtseinsbildend in meine Erinnerung eingrub —, hatte ich mit elf Jahren. Es war im Sommer 1941 während des deutschen Vormarsches in Rußland, als es an manchen Tagen gleich mehrere Siegesmeldungen gab und wir in der Schule auch mehr über die Wehrmachtsberichte als darüber sprachen, wozu die Schule eigentlich da ist. In dieser Zeit war ich ins innere Schwanken geraten. Ich war mir nicht mehr dessen sicher, ob mein Vater wirklich recht hatte mit seiner unerschütterlichen Überzeugung, daß dieser Krieg gar nicht gewonnen werden könne. Und ich war auch sonst unglücklich und unzufrieden — denn des gab doch so viele andere Väter, die in dieser Zeit etwas darstellten, die mit Orden und Medaillen geehrt wurden, vor denen andere achtungsvoll stramm standen! Mein Vater konnte sich wohl auch in diesen Zustand, in dem ich da steckte, hineinversetzen. An einem Sonntag im August 1941 wollten wir Verwandte im Harz besuchen. Wir machten uns am Vormittag mit den Fahrrädern auf die etwa zehn Kilometer lange Tour. Dabei mußten wir durch ein etwa drei Kilometer langes Waldstück — und dort geschah es: Zwei SA-Leute versperrten uns den Weg und verlangten, daß wir umkehrten. Der Grund: In diesem Wald hielt die SA eine militärische Übung ab und wir könnten, während wir den Waldweg passierten, durch Blicke oder Gesten den streitenden Parteien unbeabsichtigte Hinweise geben. Ich spürte, daß mein Vater nahe daran war, die Kontrolle über sich zu verlieren und mich beschlich jene Angst, wie ich sie seit der Verhaftung meines Onkels während der ganzen Naziherrschaft niemals losgeworden war, wenn ich SA- oder SS-Leute gesehen hatte. Nach einigem Hin und Her wurde dann eine Lösung gefunden: Wir verließen die Straße und schoben unsere Räder durch den Wald, um nach Umgehung dieses »Manövergebiets« wieder auf den Weg und auf unsere Räder zu kommen; mein Vater voran, ich hinterher und neben uns, im Laub liegend, hinter Sträuchern verborgen, mit Gras und Buschwerk getarnt: die »kämpfenden« SA-Leute. Erwachsene Männer, wie Schulbuben Räuber und Gendarm spielend, an einem herrlichen Sonntagmorgen, mit tierischem Ernst! Ich höre noch heute das Zähneknirschen und wütende — wenn auch unterdrückte — Stöhnen meines Vaters und weiß, wie froh ich war, als wir endlich wieder auf dem Wege landeten.

Wir waren etwas außer Atem geraten, legten daher die Räder gegen einen Strauch, um zu verschnaufen. Und da nahm mein Vater mich in die Arme: »Nun mal ehrlich, mein Junge«, fragte er, »möchtest du wirklich einen solchen Vater haben?« und wies mit dem Daumen hinter sich in Richtung »Manövergebiet«. Ich konnte nicht reden, ich hatte einen Kloß in der Kehle, und so klammerte ich mich ganz fest an ihn und schüttelte heftig mit dem Kopf: Nein, tausendmal nein, einen solchen Vater wollte ich wirklich nicht haben! Und ein peinliches Schamgefühl mischte sich in meine Empfindungen, daß ich an diesem Vater hatte zweifeln können. Das war seitdem vorbei, und es kam auch nie mehr wieder.

Mit zwölf Jahren las ich im Versteck auf dem Heuboden Remarques »Im Westen nichts Neues« und war begeistert. Ich blätterte in den Bänden des »Simplicissimus«, den schon mein Großvater gesammelt und hatte einbinden lassen, und ich verfaßte heimlich meine ersten Spottgedichte auf den »Führer«. Dreizehn Jahre war ich alt, als mich mein Vater mit auf eine Kupferzeche meiner Heimat nahm, wo er mir zeigte, wie die Kriegsgefangenen von den Wachmannschaften in die Züge geprügelt wurden, die sie zur Arbeit brachten. Er zeigte mir, was sie zu essen bekamen und wie sie untergebracht waren. »Du mußt das sehen«, sagte mein Vater, »denn es wird nicht mehr lange dauern, dann kommen die hier heraus, dann werden sie uns in die Baracken prügeln und in unseren Betten schlafen und Rache nehmen für das, was wir ihnen angetan haben.«

Nach meinem vierzehnten Geburtstag hatte ich ein weiteres tiefwirkendes und bewußtseinsbildendes Erlebnis: durch einen Zufall und wegen schwerer Krankheit war mein Onkel aus dem KZ Sachsenhausen entlassen worden. Eine ganze Nacht saßen wir fast im Dunkeln und flüsternd zusammen. Das meiste über die furchtbare Behandlung, über Mord und Folterung dort wußte ich schon. Das für mich zu dieser Zeit Überwältigende und Unvorstellbare lag darin, daß »die Alten« schon gar nicht mehr über all das Entsetzliche sprachen, sondern über die Lehren, die aus der politischen Vergangenheit für die Zukunft gezogen werden sollten. Ausgangspunkt für diese Überlegungen war die Schilderung meines Onkels über die ersten Tage im KZ. Nach den ersten erniedrigenden Schikanen hatte ihn der Nestor der Anhaltiner Sozialdemokraten, Fritz Drescher, unter seine Fittiche genommen. Und mein Onkel erhielt die gleiche »Predigt« wie alle, die neu eingeliefert wurden. Drescher hämmerte ihnen ein, daß sie die Prügel völlig zu recht bezogen hätten. Denn — und das war seine Schlußfolgerung — an den Nazis waren vor allem die mit schuld, die nun in deren Folterkerkern saßen, weil sie geglaubt hatten, die Demokratie vertrüge alles und bedürfe keiner Ordnung. Das war für mich überwältigend: nicht Vergeltung, Rache, Zahn um Zahn ..., hielten sie für das Gebot der Stunde, sondern Neubeginn mit Gefühl und Augenmaß für das jeweils Mögliche!

Als das »Tausendjährige Reich« zusammengebrochen war, zählte ich fünfzehn Jahre. Ich hatte in der »Wehrertüchtigung« noch eine Vierlingsflak bedienen und mit der Panzerfaust umzugehen gelernt. Ich habe Trümmer mit eingerissen, Ausgebombte umgesiedelt, Phosphorleichen begraben und während eines Luftangriffes in einem Bunker eine Militärdecke um eine Gebärende gehalten. Dabei bin ich umgefallen. Nur der Arzt und die junge Mutter hatten dafür Verständnis. In den Augen meines siebzehnjährigen Unterführers war ich ein »Hosenscheißer« — aber der hatte auch nicht die Decke gehalten.

Der Zusammenbruch des Reiches war schlimm, das Chaos unüberschaubar, aber dennoch waren wir der Meinung, mit dem blauen Auge davongekommen zu sein. Die Sieger (bei uns zuerst die Amerikaner, dann die Russen), deportierten uns nicht (wie wir es mit ihnen gemacht hatten), damit wir das wieder aufbauten, was wir im Auftrag einer verbrecherischen Führung kaputtgeschossen hatten. Ja, nicht einmal die ausländischen Kriegsgefangenen kamen aus ihren menschenunwürdigen Baracken heraus, um (immerhin als Sieger) endlich wieder einmal in einem sauberen Bett zu schlafen. Was uns geblieben war (und damit das, was wir nicht selbst zertrümmert hatten), konnten wir behalten. Ja, wir durften sogar gleich wieder eigene Verwaltungen bilden, die Versorgung regeln, das Zerstörte wieder aufbauen. Da war ich dabei.

Ich war es mit Leib und Seele. Und ich trat als junger Feuerkopf gegen alle auf, die eine gestohlene Uhr, Fahrrad, Radio oder welche anderen materiellen Verluste auch immer, beklagten. Auch ich bin meine Uhr und mein Fahrrad losgeworden. Aber Groll konnte ich gegen jene, die sie mir abnahmen, nicht empfinden. Was zählte, war allein die Chance für einen neuen Anfang. Und der sollte Demokratie heißen.

Wir genossen die gewonnene Redefreiheit. Wir verschlangen die ersten freien Zeitungen. Wir debattierten — unter uns und mit den Älteren: über die Vergangenheit, über die unsichere Gegenwart, vor allem aber über die Zukunft. Sie konnten wir uns nur als parlamentarische Demokratie, sozialen Rechtsstaat und weltoffenen, unzensierten, Kulturbetrieb vorstellen. Wir gründeten die Antifa-Jugend und wählten völlig frei unseren ersten Vorstand. Auch da war ich dabei.

Mit noch nicht ganz sechzehn Jahren wurde ich Sozialdemokrat. Und fast auf den Tag zehn Jahre, nachdem mein Onkel bei uns verhaftet worden war, war ich Versammlungsteilnehmer, als in der Sowjetzone die SPD mit der KPD zur SED verschmolzen wurde. Doch war dies schon nicht mehr unser eigener Wille. Die Vereinigung hatte der sowjetische Kommandant befohlen. Und dies brachte meine Familie erneut in die Opposition. Diesmal jedoch unter anderen Bedingungen: Im Nationalsozialismus waren wir Einzelgänger in der inneren Emigration, als Gegner des Regimes bekannt, ohne öffentliches Amt, darauf hoffend (und in ganz bescheidenem Rahmen mithelfend), daß die Hitler-Diktatur zusammenbrach. Jetzt waren wir durch einen taktischen Trick der sowjetischen

Besatzungsmacht plötzlich in der herrschenden Partei mit dabei, dadurch gewissermaßen Träger eines sich entwickelnden Systems, von dem wir schon kurz nach Kriegsende sehen konnten, daß es in seinem absoluten Herrschaftsanspruch mit dem Nazisystem vergleichbar war oder werden würde.

Doch die Situation war jetzt verworrener als im Nationalsozialismus: Für die Hitler-Diktatur und ihre Folgen hielten wir die Deutschen für ganz allein verantwortlich. Was aber nach 1945 kam, war zunächst das Werk der Besatzungsmächte —, doch diese allein wären machtlos gewesen, ohne die Mithilfe der Deutschen! Für die Beseitigung des Nationalsozialismus und die Bestrafung der Hauptverantwortlichen brauchten wir die Siegermächte und wollten sie in Anspruch nehmen —, die Neugestaltung unserer inneren Ordnung sollte hingegen nur nach unserem Willen und unseren Vorstellungen geschehen.

Man muß versuchen, sich auch die psychologische Betroffenheit aller Beteiligten vorzustellen: Antifaschisten, wie meine Verwandten zum Beispiel, waren sich keiner Schuld bewußt, sie wollten das Beste für alle, waren überzeugte Demokraten und im Grunde Verbündete der Besatzungsmächte. Die Besatzungsoffiziere jedoch waren Durchschnittsmenschen und meist nur mit Abstrichen als politisch Interessierte zu bezeichnen. Sie waren vor allem darauf gedrillt, »die Deutschen« als Friedensstörer, Faschisten, Anpasser, bestenfalls als passive Gegner zu sehen. Es konnte also im Grunde gar kein Vertrauen geben.

Auch diese Situation hatte mein Vater wieder mit einer für mich zunächst nicht verständlichen Klarheit erkannt. Er selbst zog für sich eine persönliche Konsequenz: nach kurzer Tätigkeit beim Aufbau einer neuen demokratischen Kreisverwaltung in Eisleben ging er ins technische Berufsleben zurück und übernahm die Leitung eines Wasserwerks im Vorharzgebiet. Mir aber »verdarb« er (nach meinen damaligen Vorstellungen) zunächst erst einmal das Konzept: Auf Grund des politischen Leumunds meiner Familie hätte mir 1945/46 jede Entwicklungsmöglichkeit offengestanden. Bei der Wiedereröffnung der Universität Halle/Wittenberg sollte ich denn auch zu den Erst- Immatrikulierten der neuen »Arbeiter- und Bauern-Fakultät« (ABF) gehören; zur Auswahl standen die Fachrichtungen Pädagogik, Jura und Volkswirtschaft. Dadurch machte mein Vater einen Strich. Nach seiner Meinung waren die angebotenen Fachrichtungen genau jene, in denen man immer vom Staat (oder doch zumindest von öffentlichen Arbeitgebern) abhängig wird.

Im Gegensatz zu vielen anderen war unsere Familie gerade deshalb mit dem blauen Auge über die Nazizeit hinweggekommen, weil sie sich aus Handwerkern, Technikern, einfachen Arbeitern oder kleinen Selbständigen zusammensetzte und, so gesehen, vom Staat unabhängig gewesen war. Dies sollte so bleiben. Anstatt mich also an der »ABF« der Universität Halle/Wittenberg einzuschreiben, begann ich Anfang 1946 eine Lehre als Schriftsetzer in der kleinen Druckerei eines Bekannten meiner Eltern. Mein Vater glaubte, daß damit die aktive Politik zunächst erst wieder einmal zu den Akten gelegt worden sei. Die Devise hieß: abwarten, was die Entwicklung bringt.

Und wiederum bestätigten sich Skepsis und Vorausblick meines Vaters: Was sich mit der Bodenreform vom Herbst 1945 und der Zwangsvereinigung von SPD und KPD 1946 schon abzeichnete, setzte sich in den folgenden Jahren forciert fort — die Sowjetzone wurde der Sowjetunion angeglichen, die russische Siegermacht drückte uns ihr System auf. Diese Tatsache selbst (so ablehnend mein Vater ihr auch gegenüberstand) hätte noch nicht einmal die Gegnerschaft zur Besatzungsmacht ausgelöst. Mein Vater litt unter der Scham über die deutschen Kriegsverbrechen noch so sehr, daß er jeden Befehl der

Siegermächte widerstandslos entgegengenommen und so gewissenhaft wie möglich ausgeführt hätte. Was ihn wie im Nationalsozialismus in seiner Würde als denkendes Wesen verletzte und den Konflikt auch nun wieder unüberbrückbar machte, war die prinzipielle Verlogenheit der neuen Machthaber, war die Tatsache, daß alle Maßnahmen der Sowjetmacht als »Freundschaftsdienste« ausgegeben wurden, nur dazu angetan, das deutsche Volk zu beglücken! Das kränkte, ja beleidigte ihn tatsächlich und ließ ihn nicht weniger psychisch leiden als unter der soeben überwundenen Nazidiktatur.

Auch in diesem Punkte überzeugte er mich wieder — oder vielleicht darf ich sagen, daß bis dahin sich unsere Meinungen nun schon so angeglichen hatten, daß wir eigentlich seitdem fast immer zu ähnlichen Beurteilungen politischer Vorgänge kamen: Jedenfalls war ich froh, in dieser unsicheren Zeit einen unpolitischen Beruf ergriffen zu haben, in dem ich auch ganz bei der Sache war. Dennoch sollte ich der Politik nicht entkommen.

Offene Türen für das Parteibuch

Im März 1949 legte ich die Gehilfenprüfung ab. Kurz darauf trat eine entscheidende Wende in meinem Leben ein. Ich tat den ersten Schritt auf einem Weg, der mich mitten hinein in das Parteigetriebe führte: Mein Berufsschullehrer und Prüfer Richard Stern, ein mir sehr sympathischer Mann, der zwar altes KP-Mitglied war, in seinen Unterrichtsstunden aber eher wie ein Liberaler wirkte, fragte mich, ob ich Lust hätte, in einem Großbetrieb zu arbeiten. Er trete jetzt eine Stellung als technischer Leiter des Buchdrucksektors beim Sachsenverlag in Dresden an und würde mich gerne mitnehmen. Ich war sofort dabei. Die Arbeit in einem so großen Unternehmen reizte mich, und Stern versprach, die Sache einzufädeln.

Tatsächlich kam bald darauf ein Schreiben vom Personalchef des Sachsenverlages mit einem achtseitigen Fragebogen, den ich umgehend ausgefüllt zurücksenden sollte. Es war das erste Formular dieser Art, das ich in die Hände bekam. Daß es den Grundstock meiner »Kaderakte« bilden würde, die mich dann, ständig anschwellend, acht Jahre lang von Station zu Station meiner Karriere begleitete, davon hatte ich beim Ausfüllen keine Ahnung. Der Gedanke an eine Karriere lag mir ganz fern; alles, was ich wollte, war eine interessante Arbeit in meinem Beruf, bei der ich etwas dazulernen konnte.

So war ich nicht wenig überrascht von dem, was man mir bei der persönlichen Vorstellung eröffnete, zu der ich nach Dresden zitiert wurde. Meinem Vater, der mitgekommen war, ging es ebenso. Der Personalchef, Rudolf Landgraf, ein hagerer Endfünfziger, redete uns gleich mit »Genossen« an und setzte uns wortreich auseinander, daß die volkseigene Industrie einen riesigen Bedarf an politisch und fachlich gleichermaßen qualifizierten Kadern habe. Ich hätte auf Grund meiner Herkunft und meiner bisherigen Entwicklung die günstigsten Voraussetzungen. Vorerst sollte ich ein bis zwei Jahre volontieren und alle Betriebszweige in der Praxis kennenlernen, anschließend die Gutenberg-Schule in Leipzig absolvieren, und dann könne ich eine leitende Funktion im Verlag übernehmen. Auf den Einwand, unsere Vorstellungen von meiner Tätigkeit im Betrieb seien weit bescheidener gewesen, antwortete er mit Ausführungen, die von Großzügigkeit und politischem Elan strotzten. Wir hatten dem nichts entgegenzusetzen, und die Chance, die mir geboten wurde, war ja auch wirklich sehr verlockend. Eine kurze Prüfung meiner Kenntnisse durch den technischen Direktor verlief zufriedenstellend, und als wir nach Hause fuhren, hatte ich das sichere Gefühl, die Einstellung in der Tasche zu haben.

Ich hatte mich nicht getäuscht. Am 1. Juli 1949 verließ ich meine Heimat und siedelte nach Dresden über. Ich war in glänzender Stimmung und voller Zukunftspläne.

Der Sachsenverlag befand sich im sogenannten Goehle-Werk, in der Riesaer Straße von Dresden-Neustadt. Das Goehle-Werk war ein demontierter Rüstungsbetrieb. Die Russen hatten das leerstehende Gebäude der KPD übereignet und ihr das Recht eingeräumt, aus allen ausgebombten und beschädigten Dresdner Druckereien die Maschinen und Einrichtungen zusammenzutragen, um die sächsische Parteizeitung herausgeben zu können. 1949 gab es in Dresden keine Druckerei mehr, die mit diesem Unternehmen konkurrieren konnte. Außerdem gehörten zum Sachsenverlag rund 20 Zweigwerke, und das alles unterstand der »Zentrag« in Berlin, die ihrerseits direkt dem ZK der SED angegliedert war. Für Thüringen, Sachsen-Anhalt, Brandenburg und Mecklenburg gab es die gleichen Landesverlage der SED.

Ich erhielt einen großzügigen Vertrag, 220 Mark Gehalt und einen Ausbildungsplan, nach dem ich in festgesetzten Etappen alle technischen, organisatorischen und kaufmännischen Abteilungen des Betriebes durchlaufen sollte. Außerdem sollte ich die Zweigwerke, Papier- und Maschinenfabriken kennenlernen und dann die Ingenieurschule in Leipzig besuchen. Außer der technischen Unterweisung und Praxis erhielt ich monatlich theoretische Aufträge und mußte in bestimmten Abständen Prüfungsberichte schreiben. Später kamen noch Testarbeiten für die Ingenieurschule hinzu. Dort war inzwischen die Vorbereitung für das im Osten weit verbreitete Fernstudium im Gange, und man wollte an meinem Beispiel ermitteln, ob die Arbeitspensen neben der normalen Beschäftigung zu bewältigen seien.

Mit der Großstadtluft und dem riesigen Unternehmen lernte ich auch andere politische Verhältnisse kennen. In meiner Heimat schlief das Parteileben mehr und mehr ein, jedoch änderte das nichts an den persönlichen Beziehungen der Genossen untereinander. Wenn man sich traf, sprach man offen wie bisher, meistens wurde über diese und jene unverstandene Maßnahme der Behörden geschimpft. Im Sachsenverlag dagegen herrschte schon das eisige Schweigen, das Mißtrauen gegen jedermann, das sich jetzt in der gesamten Zone — auch in den ländlichen Bezirken — auszubreiten begann. Zum Beispiel waren die damals so häufigen Hamsterfahrten in die Westzonen, wo sich seit der Währungsreform die Versorgungslage sehr gebessert hatte, auf den Schächten und Hütten meiner Heimat Gesprächsthema Nummer eins, und selbst Genossen beteiligten sich am Austausch von Geheimtips über wenig bewachte Schleichwege an der damals noch unverminten Zonengrenze. Hier hingegen beantragte man Sonderurlaub und schob »Sterbefälle« und sonstige »familiäre Angelegenheiten« vor. Natürlich wußte jeder, was dahintersteckte. Ich lernte aber auch den Unterschied kennen, der sich schon damals zwischen den Parteifunktionären und den Fachleuten abzuzeichnen begann.

Mir schwebte eine auf fachliches Können und exaktes Wissen gegründete Autorität vor. Es gab im Sachsenverlag hervorragende Spezialisten, die gegenüber den Arbeitern solche Autorität besaßen. Sie wählte ich zu meinen Vorbildern.

Die Parteifunktionäre, wozu noch die vielen neuen politischen Posten wie Kaderleiter, Kulturdirektor, Gewerkschafts-, Frauen-, Jugend- und sonstige Sekretäre kamen, begründeten dagegen ihre Stellung auf absolute Macht und verlangten bedingungslose Unterordnung. Die Fachkenntnisse der meisten Parteifunktionäre waren und sind meist heute noch gleich null. Der Fachmann entscheidet sofort und beseitigt Fehler an Ort und Stelle. Der Parteifunktionär registriert den Tatbestand zunächst wortlos. Er ist nicht in der Lage, sofort zu helfen, ja oft nicht einmal dazu, den Fehler zu erkennen. Er wartet, forscht hinter dem Rücken des Betreffenden und trifft, wenn der Schaden längst behoben ist, politische Entscheidungen.

Das Zünglein an der Waage zwischen Parteifunktionären und Fachleuten bilden die Werkdirektoren. Sie sind für politische und wirtschaftliche Erfolge gleichermaßen verantwortlich und schlagen sich, wie es gerade ihr eigener Vorteil gebietet, auf die eine oder andere Seite. Ehemalige Fachleute, die in den Parteiapparat versetzt wurden, kehren häufig auf eine Werkdirektorenstelle zurück und können sich dort auch halten. Dagegen erleiden »Nur- Parteifunktionäre« auf wirtschaftlichen Posten meistens Schiffbruch, allerdings erst, wenn sie den Betrieb ruiniert und die besten Fachleute vertrieben haben.

Diese verschiedenen Gruppen kristallisierten sich damals jedoch erst heraus, und zwar als Folge der 1. Parteikonferenz der SED im Januar 1949, auf der die Schaffung der »Partei neuen Typus« endgültig beschlossen wurde. Mit dem Anspruch, die »Avantgarde der Arbeiterklasse« zu sein, unterwarf die SED alle anderen Organisationen und alle Institutionen; sie wurden umgeformt in Ausführungsorgane der Partei.

In der SED, und bald darauf auch in ihren Satellitenorganisationen und in der Verwaltung, wurde der sogenannte Demokratische Zentralismus eingeführt, das wichtigste bolschewistische Organisationsprinzip. So soll zwar »von unten nach oben« demokratisch gewählt — eine Farce in allen kommunistischen Organisationen! — aber danach »von oben nach unten« bestimmt werden, d.h. alle Instanzen haben sich ohne Widerspruch den Anordnungen der jeweils vorgesetzten Dienststelle zu fügen und sie auszuführen. Von nun an war es auch nicht mehr möglich, daß jemand der Partei einfach beitrat. Jeder Parteianwärter muß seit 1949 zunächst eine Kandidatenzeit absolvieren und außerdem zwei Bürgen stellen, die seine Aufnahme unterstützen und ihn als Parteimitglied kontrollieren sollen.

Nach der 1. Parteikonferenz verschwanden auch die letzten Reste innerparteilicher Demokratie. Während bis dahin politische Abweichungen nur kritisiert worden waren, zogen sie jetzt für den, der sie äußerte, Parteiverfahren nach sich. Es gab die verschiedensten Verfahren gegen »Abweichler«. Die Wirtschaftsfunktionäre wurden meist als »Nur-Fachleute« angegriffen, weil sie sich bei politischen Fehlschlägen hinter alle möglichen technischen Schwierigkeiten verschanzten — die es in der Tat im Übermaß gab. Die FDGB-Funktionäre bezichtigte man des »Nur-Gewerkschaftlertums«, wenn sie Arbeiter gegen die Willkür der Lohndrücker verteidigten. Und die Parteifunktionäre klagten sich gegenseitig des Sozialdemokratismus, Sektierertums oder Objektivismus an. Die Mehrzahl der Mitglieder hat die verschiedenen Abweichungen nie begriffen. Die parteilosen Arbeiter machten sich lustig über das häufige »Schmutzige-Wäsche-Waschen« und zogen ihren Vorteil daraus, indem sie die leitenden Betriebsfunktionäre gegeneinander ausspielten.

Die Suche nach dem Mittelweg

Als Volontär gehörte ich zum Personalbereich der Direktion. Da ich jedoch von einer Abteilung in die andere wechselte, setzte die Chefsekretärin voraus, daß ich am Parteileben der jeweiligen Betriebsgruppe teilnähme, und lud mich deshalb nicht zu den Versammlungen des Direktionsbereiches ein. Den Parteisekretären der Betriebsgruppen sagte ich, daß ich zum Bereich der Direktion gehöre, und hielt mich vom dortigen Parteileben ebenfalls fern. Meine Parteibeiträge bezahlte ich im Sekretariat. Eine ganze Weile blieb ich unbehelligt.

Eines Tages kam es zum Knall. Ich wurde zu Parteisekretär Walter Rehnert bestellt, der mich sofort in die Zange nahm: »Ich habe dieser Tage deine fachlichen Ausbildungsberichte gelesen und den Eindruck gewonnen, daß du dich gut entwickelt hast. Die Parteileitung ist daran interessiert, gleiche Berichte über deine bisherige gesellschaftliche Arbeit zu erhalten.«

Warum hätte ich lügen sollen? Ich erwiderte:

»Ich kann keinen solchen Bericht schreiben.«

»Warum nicht?«

»Weil ich bisher kaum an Versammlungen teilgenommen habe.«

»Und das wagst du, so ohne weiteres zu sagen? So, als wenn du bisher nicht ins Kino gegangen oder kein einziges Mal im Theater gewesen wärst?«

»Das war ich auch nicht. Ich hatte bisher so viele fachliche Dinge zu tun, daß ich für anderes keine freie Minute fand.«

»Das ist nicht möglich. Zum Leben muß man Zeit haben. Die Partei ist unser Leben. Ein Genosse, der nicht am Parteileben teilnimmt, ist tot, der existiert nicht.«

Ich wußte, daß er mich provozieren wollte und schwieg. Das brachte ihn noch mehr in Fahrt.

»Wozu bist du eigentlich hier?«

»Zum Lernen, um ein Fachmann zu werden.«

»Falsch! Die Partei hat dich auf diesen Platz gestellt, damit du ihr hier dienst. Alles, was du geworden bist, verdankst du der Partei, nur durch sie und mit ihr kannst du weiterkommen, ohne sie bist du nichts.«

»Das ist wohl etwas übertrieben. Ein bißchen habe ich schon selbst getan. Die Partei kann schließlich nicht alles.«

»Wie alt bist du jetzt?«

»Neunzehn.«

»Keine zwanzig Jahre und voller Überheblichkeit! Glaubt, sich über die Partei stellen zu können!« Er schlug mit der flachen Hand auf den Schreibtisch.

»Ich will mich doch nicht über die Partei stellen, Genosse Rehnert. Ich begreife nur nicht, was ich verbrochen haben soll.«

Die Debatte zog sich hin. Rehnert beschimpfte mich, ich stammelte Entschuldigungen, die er nicht anerkannte und die mich immer weiter hineinrissen, weil sie Zweifel an der Allmacht der Partei offenbarten. Schließlich waren wir an einem Punkt angelangt, wo die Aussprache sinnlos wurde. Wir waren ohne Zeugen, es war kein beschlußfähiges Gremium da, das wirksam gegen mich vorgehen konnte.

Rehnert mußte Zeit gewinnen. Er entschied vorläufig nur, daß ich einer bestimmten Parteigruppe zugeteilt werden sollte, und entließ mich mit einem vielsagenden:

»Wir sprechen uns noch.«

Zwei Tage danach lud mich Stern in seine Wohnung ein. Nach dem Abendessen verwickelte er mich zunächst in eine allgemeine Diskussion. Dann wusch auch er mir den Kopf und meinte, daß ich mich in einem solchen Großbetrieb schon etwas anpassen müsse. In meiner Antwort ließ ich durchblicken, daß ich dann eher nach dem Westen gehen würde.

»So etwas hatte ich erwartet«, antwortete Stern. »Gewiß, Arbeit wirst du finden. Nur, meinst du, daß das der richtige Weg ist, bei den ersten Schwierigkeiten gleich davonzulaufen?«

»Wenn man mich hier nicht in Ruhe läßt und zu Dingen zwingt, die ich nicht tun will, natürlich!«

»Das ist leicht. Viele gehen auch diesen Weg. Aber ich kann das nicht gutheißen. Schließlich ist die Ostzone auch Deutschland. Die Russen haben sie zwar in ihrer Hand. Aber wo kämen wir hin, wenn deshalb gleich alle weglaufen wollten. Ich bin kein Nationalist. Doch einer fremden Macht sein Land kampflos überlassen, ist nicht der richtige Weg. Ich will dir einen Rat geben, weiter nichts. Sieh mal, zwischen ‚Mitziehen' und ‚Dagegenstemmen' gibt es noch einen dritten Weg: seine Stellung halten, weiter ausbauen und im Rahmen des Möglichen seinen eigenen Weg gehen — sauber bleiben, menschlich bleiben, seinen Kollegen helfen, die Hundertfünfzigprozentigen bremsen, beeinflussen, aufweichen. Davor hat das Regime die meiste Angst. Selbstverständlich mußt du dann auch ab und zu politische Reden halten. Das ist nicht angenehm, ich weiß das. Aber man kann ja jeder Rede einen Unterton verleihen, den die Mitarbeiter verstehen. Dazu muß man nur ein guter Fachmann werden, wie er gebraucht wird, und die politischen Schwankungen und Ereignisse genau verfolgen.«

»Das klingt alles sehr einfach, aber in der Praxis sieht es anders aus. Da sind die Parteileute eben doch die unantastbaren Gestalten und wir immer die Dummen.«

»Wenn man es geschickt und mit Überlegung anfängt, nicht! Du mußt auf jeden Fall vorsichtiger sein. Man kann durchaus einen Ton finden, der gegen das Regime gerichtet ist und sich trotzdem nicht als ‚Feindpropaganda' auslegen läßt.«

Ich ging nun öfters zu den Parteiversammlungen und nahm auch am Parteilehrjahr teil, wovon sich seit Ende 1949 ohnehin nicht einmal mehr parteilose Mitarbeiter drücken konnten. Außerdem beteiligte ich mich ein wenig an der Kulturgruppenarbeit, fuhr mit in die Ferienheime und trug in bunten Veranstaltungen vor Urlaubern Gedichte vor. Es begann die Zeit des »Lavierens«, des vorsichtigen Schlängelns zwischen Pro und Kontra. Ich achtete jetzt mehr auf meine Umwelt, zwang mich, im Parteijargon zu sprechen; statt Russen sagte ich »sowjetische Freunde«, statt Bonzen »unsere führenden Genossen«, und das Wort »Westen« mußte durch »das Lager der Imperialisten und Kriegstreiber« ersetzt werden. Statt zu fordern, »die Russen sollen abziehen«, schlug ich naiv in den Versammlungen vor: »Sollte unsere Partei den sowjetischen Freunden nicht empfehlen, als erste Besatzungsmacht das Gebiet Deutschlands zu verlassen, um somit den Friedenskräften in der Welt ein leuchtendes Beispiel ihrer volksnahen Politik zu geben und die angloamerikanischen Imperialisten zu zwingen, dem humanistischen Beispiel zu folgen oder ihre hinterhältigen Pläne bloßzustellen?« — Das war zwar unsinnig und abstoßend zugleich, aber die einzige Möglichkeit, gegen die amtliche Parteilinie zu sprechen. Die Parteisekretäre konnten einen nicht zum Feind stempeln, sie mußten »überzeugen« und stammelten zum Gaudi aller Klardenkenden die ulkigsten Argumente.

Pläne und Normen

Im September und Oktober 1949 wurde in unserem Betrieb nicht viel gearbeitet. Wir waren vollauf beschäftigt mit dem Besuch von Versammlungen, in denen wir »flammenden Protest« gegen die Gründung des westdeutschen »Separatstaates« erheben mußten. Fast jeden Tag zirkulierten Unterschriftslisten in den Abteilungen, und die stets einstimmig angenommenen Resolutionen nahmen kein Ende.

Dann wiederholte sich das Ganze mit positivem Vorzeichen: Die »DDR« wurde gegründet, und wir hatten nun ebenso einhellig und häufig begeistert zu sein. Ich gehörte sogar zu den Auserwählten, die am 12. Oktober mit Lastwagen nach Berlin transportiert wurden, um der neuen Regierung bei ihrem ersten öffentlichen Auftreten zuzujubeln. Allerdings versäumte ich dieses Schauspiel, weil ich mit zwei Kollegen die Gelegenheit zu einem Abstecher nach Westberlin benutzte.

Bald nach der Staatsgründung begann ein Prozeß der straffen Zentralisierung in Verwaltung und Wirtschaft. Er griff auch auf die Parteiunternehmen über, die bisher erheblich mehr Rechte genossen hatten als die volkseigenen Betriebe. Damit war es 1950 zu Ende; auch die Parteibetriebe kamen an das Gängelband der Zentrale.

Die Hauptdirektion des Sachsenverlages wurde in eine »Landesverlagsleitung« (LVL) umgewandelt. Die Direktoren und ein Stab von über fünfzig qualifizierten technischen und kaufmännischen Fachleuten bezogen eine Villa in der Gegend des repräsentativen Stadtteils »Weißer Hirsch«.

Die personellen Lücken im Hauptwerk wurden rasch geschlossen. Die Verwaltung dehnte sich so stark aus, daß im Produktionsgebäude Abteilungen zusammengelegt und Wände gezogen werden mußten, um Raum für neue Büros zu schaffen.

Ich verfolgte die mannigfachen Veränderungen fast unbeteiligt aus dem Hintergrund. Das Interesse der Parteistellen an mir war wieder eingeschlafen, und ich gab mir Mühe, es nicht von neuem zu wecken. Ich mied nach Möglichkeit das Verwaltungsgebäude und verkroch mich hinter meinen technischen Aufgaben.

Wenig später war es mit dem ruhigen Leben für mich vorbei. Zusammen mit meinem drei Jahre älteren Kollegen Micklisch wurde ich zum Hauptdirektor Gabelin gerufen.

An der Besprechung nahm das Direktionskollegium mit den wichtigsten Abteilungsleitern der Landesverlagsleitung teil. Wir beiden Jüngsten waren zum erstenmal in unserem Leben an einer derartigen Sitzung beteiligt. Während sich die anderen wie zu Hause fühlten und sich in den schweren Sesseln rekelten, saßen wir wie Bildsäulen auf unseren Plätzen und wagten kaum zu atmen.

»Ich habe ein Schreiben aus Berlin bekommen«, gab Gabelin bekannt. »Über Ostern findet eine Konferenz aller Betriebswirtschaftsfunktionäre unseres Zweiges in Oberhof statt. Die Zentrag-Werke sollen in diesem Jahr ebenfalls VEB-Pläne ausarbeiten, und wenn die Partei das für richtig hält, müssen wir wohl so verfahren. Ich habe deshalb diesen Kreis von Genossen zusammengerufen, um mit euch zu beraten, wen wir nach dort schicken. Daß die Betriebswirtschaftler fahren, versteht sich von selbst. Dann habe ich aber noch zwei junge Genossen hierherbestellt — den Genossen Schenk und den Genossen Micklisch —, die nach meiner Meinung mit einer verantwortungsvollen Aufgabe in der Leitung unserer Betriebe betraut werden können. Unsere Regierung hat ja schon mehrfach betont, daß es darauf ankommt, Jugendliche in leitende Funktionen einzusetzen. Und ich glaube, wir werden mit den beiden jungen Genossen innerhalb aller Zentrag-Betriebe einen beispielgebenden Durchbruch erzielen.«

Wir fuhren nach Oberhof. Ich kam mir recht überflüssig vor in diesem Kreis alter Parteifunktionäre und Fachleute, die sich untereinander gut kannten, herzlich begrüßten, Erfahrungen austauschten und sich über Dinge unterhielten, von denen ich recht wenig verstand. Meinem Kollegen Micklisch erging es ähnlich. Gabelin war tatsächlich der einzige, der den Aufruf der Partei gewissenhaft befolgt und Jugendliche geschickt hatte. Er heimste einen dicken politischen Pluspunkt ein.

Die Konferenz war eine Komödie. Zwei Planungsspezialisten aus Berlin klärten uns über die Methoden des nun auch für die Parteibetriebe obligatorischen stalinistischen Planungssystems auf. Sie überreichten uns sogenannte Schlüssellisten — das waren Bücher, ähnlich großen Telefonverzeichnissen —, in denen jedes nur denkbare Produkt mit einer sogenannten Planpositionsnummer versehen war. Da stand alphabetisch und nach Branchen geordnet: Stabstahl — dahinter die Abmessung — dann die Nummer, beispielsweise XY 257633 —, oder Zement — die Güte — wieder Buchstaben und sechsstellige Zahlen —, oder Dachziegel, Kochtöpfe, Hausschuhe, Kindersachen, Möbel, Stoffe; ja selbst Lebensmittel, untergliedert nach einzelnen Sortimenten, waren mit Planpositionsnummern und Gütezeichen einzeln aufgeführt — kurzum, Zehntausende von Ziffern, Buchstaben und Bezeichnungen. Entsprechend natürlich auch die verschiedensten Produkte der graphischen Industrie, die wir nun — so belehrten uns die Instrukteure — gemäß der Schlüsselliste im voraus planen müßten.

Die Teilnehmer lachten. Sie hielten das ganze für ein Versehen oder gar für einen üblen Scherz, und einige fragten die Instrukteure, ob sie im Ernst davon überzeugt seien, daß sich nach diesem Schema »planen« lasse.

Die Instrukteure verteidigten sich mit vagen Argumenten: »Ich glaube, ihr macht die Sache problematischer, als sie ist, Genossen. Jeder Betrieb hat doch Erfahrungswerte, die ihm einen Überblick über seine Produktion der vergangenen Jahre geben. Das heißt, ausgehend von dem, was ihr im vergangenen Jahr gedruckt habt, setzt ihr in den entsprechenden Spalten die geplante Produktion mit der vorgeschriebenen Steigerung ein.«

Sie packten Kisten voller Formulare aus, von denen einige den halben Tisch einnahmen. Die gesamte Planung sollte außerdem in Produktions-, Finanz-, Arbeitskräfte-, Investitions- und Generalreparaturplanung unterteilt werden. Es gab keinen unter uns, der die Notwendigkeit dieser bürokratischen Arbeit einsah. Das logische Argument: Wir haben bis jetzt produziert, ohne derartige Formulare auszufüllen, und sehen nicht ein, warum in Zukunft nur noch auf dieser Basis weitergearbeitet werden soll, blieb unbeantwortet.

Beladen mit Formularen und Vordrucken fuhren wir zurück. Alle Delegationen hatten sich untereinander am letzten Tage darauf geeinigt, ihre Hauptdirektoren aufzufordern, in Berlin gegen diese unverständliche Neuerung zu protestieren.

Gabelin regte sich furchtbar auf, als er unseren Bericht entgegennahm. Er setzte sich sofort mit seinen Kollegen aus den anderen Zonenländern in Verbindung und fuhr mit ihnen zum Zentralkomitee der Partei. Ich ging beruhigt in den technischen Betrieb zurück, froh, daß die neue Sache »abgebogen« war. Leider dauerte die Freude nicht lange. Gabelin kam kleinlaut aus Berlin zurück. Wieder trommelte er unseren Kreis zusammen, und ohne sich auf Diskussionen einzulassen, beauftragte er uns kurz angebunden mit der Ausarbeitung des VEB-Planes für die Sachsenverlag-Unternehmen.

Innerhalb unserer Gruppe wurden einzelne Sachgebiete verteilt. Ich erhielt den Auftrag, den Investitions- und Generalreparaturplan aufzustellen. Die anderen Genossen teilten sich in die übrigen Kapitel. Jeder mußte ein Schulungsreferat ausarbeiten, und eine Woche später zitierte Gabelin sämtliche Werkleiter unseres Landesverlages nach Dresden. Hier wiederholte sich dasselbe wie in Oberhof, nur mit dem Unterschied, daß diesmal wir ausgelacht und in die Enge getrieben wurden, denn wir mußten nun die Werkleiter von den Segnungen der Planung überzeugen. Gabelin gab den Werkleitern zu verstehen, er halte das Ganze ebenfalls für Unsinn. Aber es müsse doch gemacht werden: »Wenn die Partei etwas beschließt, Genossen, dann ist das richtig, auch wenn wir es im Moment noch nicht verstehen.«

Die Werkleiter fuhren nicht weniger enttäuscht nach Hause, als wir vorher Oberhof verlassen hatten. Wir hatten eine Genugtuung: Sie, die uns während der Dresdner Konferenz die Hölle heißt gemacht hatten, mußten zu Hause ebenfalls von Kontra auf Pro umspringen. Auch das ist typisch für den Stalinismus: Jede neue Maßnahme muß gegen den Willen des Apparates durchgesetzt werden. Doch entsprechend der hierarchischen Ordnung des Systems verleugnet die übergeordnete Instanz ihren anfänglichen Widerstand, wenn sie ihren Untergebenen die Neuheiten oktroyieren muß.

Die Folgen des neuen Planungssystems waren erschreckend. Abgesehen von der Unruhe, die damit in die

Betriebe kam, entwickelte sich die Aktion zu einer kostspieligen Angelegenheit. Unsere Abteilung war fast zehn Mann stark. Dennoch konnten wir die Arbeit nicht allein bewältigen. Wochenlang beschäftigten wir den gesamten Verwaltungsapparat des Hauptwerkes in Dresden. Alle Schreibkräfte mußten für uns arbeiten. Hauptbuchhaltung, betriebswirtschaftliche Abteilung und Kalkulation wurden genauso eingespannt wie die Partei-, Jugend- und Gewerkschaftsbüros.

Nicht anders erging es den Zweigwerken, die zusätzliche Finanzmittel anforderten, weil sie Schreibkräfte und kaufmännisches Personal neu einstellen mußten. Die Telefonkosten wuchsen ins Uferlose. Selbst die Redaktion beschwerte sich, weil ihre Fernschreiber mehr für die Durchgabe von Planzahlen beansprucht wurden als für politische Meldungen.

Die verschiedenen Planteile mußten auf die Abteilungen und Arbeitsbrigaden aufgegliedert und der Belegschaft erläutert werden. Das hieß im Parteijargon: den Plan in enger Verbindung mit den Werktätigen erarbeiten. Eigentlich sollten diese Planberatungen nach der offiziellen Arbeitszeit stattfinden. Da uns die Leute jedoch bei Betriebsschluß davonliefen, verlegten wir die Versammlungen in die Schichtzeiten. Die Zahl der unproduktiven Stunden kletterten in die Höhe, die Stimmung der Arbeiter dagegen sank, denn sie mußten nun ebenfalls nach diesen Plänen arbeiten und ihre Stunden danach abrechnen. Nach zehn Wochen war der Plan weisungsgemäß fertiggestellt. Wir arbeiteten am Ende so schematisch, daß wir nicht mehr wußten, was hinten und vorn war.

»Die Hauptsache, die Formulare sind erst mal in Berlin«, meinte Gabelin, »zu gebrauchen ist die ganze Sache sowieso nicht. Mir geht es nur darum, daß wir keinen Ärger kriegen. Soll die Zentrag zusehen, wie sie sich in den Plänen zurecht findet.«

Die Zentrag fand sich tatsächlich nicht zurecht. Die Unmengen beschriebenen Papiers mußten wieder abgeholt werden. Broschürenstarke Anweisungen lagen bei, nach denen das Spiel von vorn begann. Die Meuterei der Zweigwerke läßt sich kaum schildern. Aber die Partei hatte beschlossen — und so mußte von vorn begonnen werden. Da die widerstrebende Haltung der Fachleute bekannt war, erging eine gesonderte Verfügung über den Parteiapparat, und nun schalteten sich die Parteifunktionäre in die Planausarbeitung ein.

Wir saßen nächtelang in den Büros, an allen Sonntagen mußte gearbeitet werden — aber am Ende triumphierte der Parteiapparat, er heimste die Lorbeeren ein. Der Plan war fertig, zum zweitenmal — und schlechter als der erste. Zu einer dritten Auflage kam es Gott sei Dank nicht. Man begnügte sich damit, die Aktenberge als Probestück hinzunehmen. Die Planungsabteilung wurde verkleinert und beschränkte sich für den Rest des Jahres darauf, unser Meisterwerk so zu revidieren, daß es am Ende doch mit der Wirklichkeit übereinstimmte.

Als die zweite »Planrunde« zu Ende ging, durfte ich ins Hauptwerk zurückkehren und meine Ausbildung fortsetzen. Aber die Ruhepause dauerte nicht lange. Mit einem ungeheuren Propagandarummel wurde die Einführung von »technisch begründeten Arbeitsnormen« (TAN) zum »politischen Schwerpunkt« erklärt. In allen Betrieben sollten unverzüglich TAN-Büros eingerichtet werden, die die Normen festzusetzen hatten.

Wieder wurde ich aus dem Betrieb herausgezogen und diesmal zu einem Lehrgang nach Forst in der Lausitz abkommandiert. Die Normenschulung dauerte wesentlich länger als die Planungskonferenz. Denn während sich die Planungsinstrukteure nur damit zu befassen brauchten, uns die Neuheiten beizubringen, mußten die Normeninstrukteure viel Zeit zum Verdrehen der Vergangenheit verwenden. In Deutschland war ja schon vor dem Kriege das REFA-Akkordsystem weit verbreitet. Die Kommunisten bekämpften es (»Akkord ist Mord«) und gehen auch heute in vielen westlichen Ländern dagegen an. Das TAN-System unterscheidet sich technisch in nichts von der REFA-Methode. Deshalb schlugen die Schulungsbeauftragten wahre ideologische Purzelbäume, um uns »grundlegende Unterschiede« nachzuweisen. Es gelang ihnen nicht. Aber wie bei allen anderen politischen Aktionen siegte die Partei am Ende auch hier.

Zurückgekehrt, zog ich zum zweitenmal in allen Zweigwerken neue »Apparate« auf. Wieder wurden die Werkleiter mit entsprechenden Experten nach Dresden zitiert. Wieder stöhnten sie, wieder gab es Kritiken und Gegenargumente, und wieder mußten sie am Ende nachgeben.

Der Tritt nach oben

Nach dem Besuch der Parteischule, auf der ich erneut politisch angeeckt war, wurde ich im Mai 1951 zu Gabelin bestellt.

Er hielt mir eine energische Standpauke. Wieder erinnerte er mich an die einzigartigen Ausbildungsmöglichkeiten, die die Partei mir gewähre, und überschüttete mich mit Vorwürfen, daß ich mich nicht dankbar erwiese, sondern oft nörgele, Weisungen der Partei widerspräche und kein gesundes Verhältnis zur Selbstkritik hätte. Dann wurde er freundlicher, deutete an, er habe im Gegensatz zu anderen leitenden Funktionären noch immer Vertrauen zu mir, und eröffnete mir schließlich, ich solle noch einmal eine Chance erhalten. In allen größeren Zweigwerden würden den Werkleitern Assistenten beigegeben, und ich sei für diesen Posten im Werk Niedersedlitz ausersehen. Damit war ich entlassen — und sogar eine Stufe höher gestolpert.

Im Sommer 1951 flüchtete der Direktor des Zweigwerkes Meißen nach Westdeutschland. Solch ein Vorkommnis in einem Betrieb oder einer Verwaltung hat immer umfangreiche Kontrollen und Untersuchungen zur Folge. So auch hier. Die Landesverlagsleitung setzte eine Kommission ein, die die Lage im Betrieb analysieren und Vorschläge für die Neubesetzung der verwaisten Stelle unterbreiten sollte.

Ich wurde — für eine Woche, wie es hieß — von Niedersedlitz nach Meißen abkommandiert, um in der Überprüfungskommission mitzuarbeiten. Außer mir gehörten ihr der Normensachbearbeiter Lampert und der ZK- Instrukteur Willi Heinrich an, der Chef unserer Gruppe war. Lampert war ein eifriger Stalinist und nahm seine Parteiaufträge genauso ernst wie früher den SA-Dienst. Bei Heinrich, der erst einige Tage später anreiste, befürchtete ich ähnliches; denn Leute aus dem Apparat des ZK glaubte ich grundsätzlich in die Kategorie der Scharfmacher einreihen zu müssen.

Doch Heinrich war kein Stalinist. Ich spürte das bereits bei der informatorischen Besprechung, in der Lampert über die Arbeit der ersten Tage berichtete. Heinrich unterbrach seine langatmigen Ausführungen: »Also nun mal zur Sache, Genosse Lampert. Was ich bisher gehört habe, war eine rein politische Analyse. Das ist zwar alles sehr wichtig, wir wollen das für unseren Abschlußbericht auch festhalten, aber zunächst möchte ich einen Überblick über die wirtschaftliche Lage des Werkes gewinnen.«

Ich horchte auf. Jeder ZK-Stalinist hätte aus den mit vielen Verdächtigungen und zweideutigen Vermutungen gespickten Worten Lamperts eine Agentenfabel zusammengesponnen. Auch daß Heinrich kein Parteiabzeichen trug, war auffällig, ebenso seine saloppe, modische Kleidung. Diese Kleinigkeiten sind im SED-Staat aufschlußreich. Ein Stalinist vergißt wohl die Krawatte, nie aber das Parteiabzeichen.

Etwa vier Wochen zog sich unsere Überprüfung hin. Mehrmals erschienen Gabelin oder andere Experten der Landesverlagsleitung, um sich zu informieren. Dann wurde folgende Entscheidung gefällt:

Da fast 50 Prozent aller Betriebsangehörigen unter 25 Jahre alt sind, wird das Werk zum Jugendbetrieb ausgebaut. Innerhalb von sechs Monaten sind Voraussetzungen zu schaffen, um das »Meißner Druckhaus« — so lautet sein neuer Name — zum Jugendbetrieb zu erklären. Genosse Schenk wird als Leiter eingesetzt. Genosse Heinrich bleibt so lange als Bevollmächtigter im Betrieb, bis die neue Maßnahme Rechtsgültigkeit erhält.

Zwischen Heinrich und mir entwickelte sich ein überaus gutes Verhältnis. Schon in den ersten Tagen, als wir von Meißen nach Dresden fuhren (Heinrich wohnte ebenfalls in Dresden),kam es zu offenen Diskussionen, in denen wir feststellten, daß wir in gleicher Opposition zur SED-Politik standen. Als er die Funktion in Meißen übernahm, wußte er bereits, daß ihn das ZK in die Staatliche Plankommission versetzen wollte. Er hatte aber die schwache Hoffnung, daß er am Ende doch in Meißen bleiben dürfe.

Aber Heinrich wurde abberufen. Am 1. Februar 1952 übernahm er die »Org.-Instrukteur-Abteilung« der Staatlichen Plankommission in Berlin. Alles Sträuben half nichts, das ZK war stärker, er mußte gehorchen.

Von dem Antrittsbesuch in seiner neuen Arbeitsstelle berichtete er mir: die »Org.-Instrukteur-Abteilung« bestehe noch gar nicht, sie solle erst aufgebaut werden. Man sei sich noch nicht einmal schlüssig, womit sie sich eigentlich beschäftigen solle.

Marta Jendretzky, die Frau des Berliner Parteisekretärs (nach dem 17. Juni 1953 wurde er degradiert), war Kaderleiterin der Staatlichen Plankommission. Sie hatte Heinrich eröffnet, er habe so schnell wie möglich anzufangen.

Er solle sich im ZK und in der Verwaltungsakademie »Walter Ulbricht« in Forst-Zinna erkundigen, welche Aufgaben die Org.-Instrukteur-Abteilungen hätten. In Abwandlung eines Lenin-Zitates meinte sie: »Die politische Linie unserer Partei und Regierung ist jetzt klar, und damit erhalten die Organisationsfragen entscheidende Bedeutung.«

»Du bist dir doch darüber klar«, sagte mir Heinrich, »daß ich dich nach Berlin hole, wenn ich weitere Leute brauche. Ich habe keine Lust, mit jemandem zusammenzuarbeiten, bei dem ich mir jedes Wort überlegen muß.«

Bald darauf wurde ich nach Berlin zitiert. Heinrich war erkrankt. Marta Jendretzky hatte von ihm verlangt, einen Vertreter vorzuschlagen, der dann gleich in der Plankommission bleiben könne. Er hatte meinen Namen genannt.

Nun saß ich Marta Jendretzky gegenüber. Die etwa vierzig Jahre alte, gutaussehende und modisch gekleidete Frau machte einen energischen Eindruck. Für sie war meine Delegierung nach Berlin gar kein Problem. Sie schien überhaupt nicht zu verstehen, daß ein Genosse auch nur die leisesten Bedenken äußern konnte, wenn die Partei etwas befahl.

»Deine Kaderakten haben wir von der Zentrag schon angefordert und durchgesehen«, sagte sie, »ich glaube, da ist alles in Ordnung. Du mußt jetzt nur schnell mit deiner Verwaltung regeln, wer deine Arbeit im Betrieb weitermachen soll, und uns sofort mitteilen, wann du hier anfängst.«

Der Form halber mußte ich noch ein Bewerbungsschreiben abfassen: »An sich können wir ja niemanden zwingen, hier zu arbeiten. Formalrechtlich sichert unsere Verfassung die freie Arbeitsplatzwahl zu. Na, als Genosse weißt du ja, wie das ist.« Damit war ich, gerade 22 Jahre alt, »Angestellter der Regierung der Deutschen Demokratischen Republik« und »Mitarbeiter der Staatlichen Plankommission der DDR« im Range eines Hauptreferenten (Regierungsdirektors) geworden.

Mit gemischen Gefühlen trat ich am 1. April 1952 meine neue Tätigkeit an, von der ich keinerlei Vorstellung hatte.

IM ÜBERBAU

Die Staatliche Plankommission

Am Abend vor meiner Abreise aus Dresden besuchte ich Heinrich, der krank zu Hause lag.

»Du brauchst dir keine Sorgen zu machen«, sagte er, »so schlimm, wie wir uns das anfangs vorstellten, ist es in der Plankommission gar nicht. In den paar Wochen habe ich schon gemerkt, daß die auch nur mit Wasser kochen. Buttgereit, das ist der stellvertretende Kaderleiter, hat mir geschrieben, daß ich dich entsprechend unterweisen soll — das ist hiermit geschehen.«

»Aber entschuldige mal, Willi. Ich möchte etwas über die Aufgaben der Org.-Instrukteur-Abteilung wissen.«

»Das möchte ich auch. Ich habe bis heute tatsächlich nicht herausbekommen, was die Org.-Instrukteur-Abteilungen tun sollen.«

»Das ist doch nicht möglich.«

»Wenn ich's dir sage! Ich war im ZK, die haben mich zur Verwaltungsakademie Forst-Zinna geschickt. Dort hielt ich mich fast eine Woche lang auf. Ergebnis: Die Leiter aller staatlichen Dienststellen sind verpflichtet, Org.-Instrukteur-Abteilungen einzurichten und ihnen auf Grund der besonderen Aufgaben ihrer Ämter entsprechende Weisungen zu erteilen. Und diese ‚Weisungen' habe ich bis heute noch nicht erhalten.«

»Wozu soll ich dann überhaupt nach Berlin fahren?«

»Das habe ich mich auch gefragt. Aber höre weiter: Ich war dann bei Buttgereit und informierte ihn entsprechend. Er verwies mich an das Sekretariat Rau* und von dort wurde ich ins Sekretariat von Leuschner — das ist Raus erster Stellverteter — geschickt. Die schimpften zwar alle furchtbar auf das ZK und die Verwaltungsakademie, konnten mir aber ebenfalls nichts Näheres sagen. Für mich hatten sie nur einige ‚Stoßarbeiten'. Da gibt es z. B. die Hauptabteilung Plankoordinierung — das ist die Stelle, die alle Teilpläne zusammenträgt und den gesamten Staatsplan zusammenstellt, so wie er vom Ministerrat und der Volkskammer beschlossen wird —, die beschäftigte mich etwas mit Terminkontrolle und solchem Kleinkram, den eigentlich eine Sekretärin erledigen könnte.«

»Mein Gott, da sind wir ja in einen Laden hineingeraten!« Jetzt mußte ich auch lachen.

»Ja, daran wirst du dich gewöhnen müssen. Je höher du kommst, um so größeres Durcheinander herrscht. Wenn ich bedenke, wie wir uns in Meißen abrackerten, für 1000 Mark Gehalt, und welche Kugel ich für 1500 Mark in der Plankommission geschoben habe! Also, mach dir keine unnötigen Sorgen. Geh zuerst zu Buttgereit und erledige in Ruhe alle Formalitäten, du brauchst dazu mindestens drei Tage. Und dann sieh dir ein bißchen Berlin an.«

Ich benutzte den Nachtzug nach Berlin und betrat am nächsten Morgen das riesige Gebäude in der Leipziger Straße, das ehemalige »Reichsluftfahrtministerium« Hermann Görings mit seinen 4000 Zimmern, das jetzt »Haus der Ministerien« hieß. Beim Einlaßdienst am Hauptportal herrschte zu dieser frühen Stunde schon Hochbetrieb. Einen Passierschein erhielt man nur, wenn die Abteilung, die man aufsuchen wollte, den Wachtposten die Genehmigung zum Einlaß gab.

* Heinrich Rau war seit 1947 erst »Vorsitzender der Deutschen Wirtschaftskommission« der Sowjetzone und dann seit Gründung der DDR »Vorsitzender der Staatlichen Plankommission«.

Buttgereit ließ mich sofort hinaufkommen. Er hatte meinen Anstellungsvertrag bereits vorbereitet und erledigte die Einstellungsformalitäten mit mir. Ich mußte einen Vordruck unterschreiben, der mich zu Wachsamkeit, Treue und Verschwiegenheit verpflichtete, auch wenn das Dienstverhältnis in der Staatlichen Plankommission einmal beendet sei. Dann erhielt ich meinen Dienstausweis. Danach drückte er mir den Laufzettel in die Hand und meinte: »Nun erledige erst mal diese Wege, stelle dich in den Abteilungen vor, damit geht die Woche bestimmt zu Ende.«

Der Leiter der Abteilung Organisation, Heinz Bieber, war nicht viel älter als ich. Er spielte den vielbeschäftigten Mann, redete unentwegt von Politbürobeschlüssen, Ministerratsbeschlüssen, Beschlüssen der Plankommission und wurde erst dann etwas sachlicher und zugänglicher, als er merkte, daß er einen Laien vor sich hatte. Nun ließ er sich herbei, mir einiges über Struktur und Arbeitsweise der Plankommission zu erzählen. Ich erfuhr: Die Kommission bestand aus sieben Funktionären, nämlich dem Vorsitzenden Heinrich Rau, dem ersten Stellvertreter Bruno Leuschner, dem zweiten Stellvertreter Paul Straßenberger, sowie Walter Hieke (Chef der Plankoordinierung), Hermann Kaulfuß (Hauptabteilungsleiter für Leicht- und Lebensmittelindustrie, Innen- und Außenhandel), Erwin Kerber (Staatssekretär für Materialversorgung) und Max Scholz (Leiter der statistischen Zentralverwaltung). Zu ihren Sitzungen wurde Professor Eva Altmann, die Leiterin der Hochschule für Planökonomie in Karlshorst, hinzugezogen, außerdem nahmen häufig Funktionäre aus dem Apparat der Kontroll-Kommission, aus Ministerien, Landesregierungen und Ämtern mit beratender Stimme teil. Außer ihrem eigenen Apparat waren der Kommission eine ganze Reihe Dienststellen angegliedert, — wie das Staatssekretariat für Materialversorgung, das Statistische Zentralamt, das Zentralamt für

Forschung und Technik, das Amt für Erfindungs- und Patentwesen, das Deutsche Amt für Material- und Warenprüfung, das Deutsche Amt für Maß und Gewicht, das Amt für Standardisierung und das Deutsche Wirtschaftsinstitut.

Nachdem Bieber das alles aufgezählt hatte, meinte er: »Ich bin ja schon seit der DWK-Zeit hier. Ich habe gewissermaßen die Anfänge der Planung miterlebt.«

Das ermunterte mich zu der Frage: »Wie hat sich denn das alles entwickelt?«

Er lächelte überlegen: »Damals lag ja die Hauptverantwortung in den Händen der sowjetischen Freunde. Unsere Aufgabe war, die von der Wirtschaftsverwaltung der SKK in Karlshorst geforderten Produktionsauflagen und -befehle an die Zentralverwaltungen und Länder weiterzugeben, die Produktion etwas zu lenken und vor allem zu überwachen. Vom Planen konnte damals noch gar keine Rede sein. Bevor wir die ersten Pläne aufstellen konnten, haben wir uns zunächst einen Überblick über die Wirtschaftsmöglichkeiten verschaffen müssen. Das heißt, wir brachten zunächst mal die Statistik in Gang, um feststellen zu können, was der Krieg an Produktionsstätten übriggelassen hatte. Erst danach begannen wir mit Monats- und Quartalsplänen, an die sich schließlich der Halbjahresplan von 1949 anschloß. Ihm folgte der Zweijahrplan 1949/50, und seit dieser Zeit haben wir nun den Fünfjahrplan, der die Grundlage unserer heutigen Jahrespläne bildet und eine völlig neue Etappe unserer Entwicklung einleitete.«

Karlshorst

Anfang Mai 1952 kam ich zum erstenmal in Berührung mit »Karlshorst«, das heißt mit der Sowjetischen Kontrollkommission (SKK), die in diesem Berliner Stadtteil ihren Sitz hatte. Karl Linke, der Leiter des Büros von Bruno

Leuschner, hatte mich angemeldet und gab mir mit auf den Weg: »Die Staatliche Plankommission erhält eine neue Struktur. Genosse Odinokow, der Sekretär des Leiters der Wirtschaftsverwaltung der SKK, wird uns in dieser Frage beraten. Bevor wir die innerbetriebliche Strukturkommission einsetzen, sollst du dich mit ihm unterhalten, seine Anregungen notieren und entsprechend diesen Hinweisen in der Struktur- und Stellenplankommission beratend mitarbeiten.«

Am Eingang zum sowjetischen Sperrgebiet stand das Wachgebäude. Hier hatte ich mich zu melden, wurde gefragt, ob ich Waffen, Sprengstoffe und dergleichen bei mir habe; meine Aktentasche mußte ich jedoch nicht zeigen. Danach schrieb mir ein Offizier einen großen Passierschein aus, auf den er einen dicken Stempel drückte. Meinen Dienstwagen mußte ich vor dem Passierscheinbüro stehen lassen, dafür fuhr mich ein Sowjetsoldat in einem amerikanischen Jeep bis vor das Stabsgebäude im Innern des Sperrgebiets.

Das ehemalige Gymnasium, das die Sowjets bei der Eroberung Berlins 1945 beschlagnahmt hatten (und in dem auch die Kapitulationsurkunden durch Keitel unterzeichnet worden waren), war frisch verputzt. Über dem Portal hing das Staatswappen der Sowjetunion. In der großen Vorhalle stand eine Stalinbüste, die pyramidenförmig mit Blumen umstellt war. Zu meinem Erstaunen verunzierten keine weiteren Bilder und Spruchbänder die Halle.

Das Zimmer Odinokows wirkte wenig gepflegt. Das Mobiliar bestand aus einem einfachen Schreibtisch, vor dem ein Sitzungstisch mit ungefähr zehn wackligen Stühlen stand. Außer dem riesigen Bücherschrank, einem fast ebenso großen Safe und zwei abgeschabten Klubsesseln befand sich nichts weiter in dem ehemaligen Schulraum. Odinokow war ein bulliger blonder Mann von etwa 35 Jahren. Mit seiner flachen Nase und den etwas tiefliegenden Augen hätte man ihn für einen

Schwergewichtsboxer halten können. Vielleicht betrieb er sogar diesen Sport; als er mir die Hand drückte, hätte ich beinahe aufgeschrien. Er war sehr freundlich und sprach einigermaßen deutsch.

Er bot mir einen Platz an der rechten oberen Ecke des Sitzungstisches an, zog ein Blatt Papier aus dem Schubfach und begann das übliche Frage- und Antwortspiel nach Name, Herkunft, beruflichem Werdegang — vergleichbar einer polizeilichen Protokollaufnahme —, einer Prozedur, die bei den Sowjets auch in ländlichen Kommandanturen Selbstverständlichkeit war. Besonderen Wert legte er auf die Frage, wie ich mich weiterbilde.

Erst als wir zum eigentlichen Thema übergingen, ließ er eine Dolmetscherin kommen. Die neue Struktur, so erklärte er mir, sollte sich der Regierungsstruktur angleichen. Bis dahin hatte zum Beispiel die Staatliche Plankommission eine Hauptabteilung »Industrie«, in der die Gebiete Kohle, Energie, chemische Industrie, Maschinenbau, Verkehr, Bau- und Baustoffindustrie vereinigt waren. Jetzt sollten alle diese Abteilungen den Rang selbständiger Hauptabteilungen erhalten und direkte Partner der gleichen Ministerien werden. Die Zahl der Stellvertreter des Planungschefs sollte sich von zwei auf sechs erhöhen, die gesamte Mitarbeiterzahl der Plankommission von 500 auf etwa 700.

Er hatte die gültige Strukturskizze der Plankommission vor sich liegen und zeichnete darin die Veränderungen ein, die ich mir sorgfältig zu notieren hatte. Die wichtigste organisatorische Neuerung, die er mir als »sehr vertraulich« und »noch nicht spruchreif« unterbreitete, war die Bildung einer Hauptabteilung für örtliche Wirtschaft und regionale Fragen. Er deutete dabei an, daß die Auflösung der fünf Länder: Sachsen, Sachsen-Anhalt, Thüringen, Brandenburg und Mecklenburg bevorstehe und daß an ihre Stelle fünfzehn Bezirke treten würden — so, wie es wenige Wochen später die 2. Parteikonferenz der SED beschloß.

Mit dem organisatorischen Umbau sollte sich das Planungssystem selbst weiterentwickeln. Odinokow sprach vom »Übergang zur komplexen Planung«.

»Gegenwärtig«, erklärte er, »plant die Hauptabteilung Industrie nur die Höhe der Produktion. In der Abteilung Maschinenbau zum Beispiel gibt es ein Referat für die Automobilindustrie. Der zuständige Referent bestimmt die Anzahl der zu produzierenden Autos und teilt diese Zahl dem Ministerium mit, während das Material dazu im Staatssekretariat für Materialversorgung geplant und von diesem auch verteilt wird. Genauso verhält es sich mit den übrigen ökonomischen Kategorien. Arbeitskräfte, Produktivität und Lohnsumme plant die Hauptabteilung Arbeitskräfte. Die Finanzmittel und die Selbstkostenentwicklung werden wieder von einer anderen Hauptabteilung bestimmt, ebenso die Investitionen und Generalreparaturen. Diese Vielgleisigkeit führt zu Überschneidungen und Doppelarbeit, verzögert die Aufstellung des Planes und birgt Fehlerquellen in sich. Jetzt kann dazu übergegangen werden, daß das Referat für die Automobilindustrie — um bei dem Beispiel zu bleiben — den entsprechenden Planteil komplex, das heißt einschließlich Produktion, Material, Finanzen, Investitionen, Arbeitskräfte, Selbstkosten usw. plant und kontrolliert. Wir glauben, daß sich die Mitarbeiter der Plankommission inzwischen so qualifiziert haben, daß man zu dieser höheren Stufe der Volkswirtschaftsplanung übergehen sollte.«

Das war neu für mich. Das hatte mir auch Bieber nicht so erklärt. Nun wurde mir auch verständlich, warum es in unseren Betrieben oft ein so entsetzliches Durcheinander gab.

»Der Übergang zur komplexen Planung bedingt auch«, fuhr Odinokow fort, »daß das Staatssekretariat für Materialversorgung in eine Staatliche Verwaltung für Materialversorgung umgewandelt und wieder enger mit der Plankommission zusammengebracht wird. Diese Verwaltung soll sich künftig hauptsächlich mit der Verteilung des Materials befassen, während der Staatlichen Plankommission mehr und mehr die Planung und Bilanzierung des Materialaufkommens übertragen werden muß. Das ist eine gewaltige Umstellung, die man nicht von heute auf morgen vollziehen kann. Es ist jedoch damit zu beginnen, und die neue Struktur soll diesen Prozeß einleiten. Schließlich wird die Weiterentwicklung der Planmethodik auch eine Änderung des Arbeitsstils der Fachministerien und des Staatsapparates überhaupt einleiten. Damit werden sich jedoch andere Stellen befassen. Ich sage das nur zur allgemeinen Information.«

Bevor ich ging, konnte ich noch eine Frage nach den Org.-Instrukteur-Abteilungen anbringen. »Die Aufgabe, die wir soeben besprachen«, sagte ich, »ist für mich ein Sondereinsatz. Mein eigentliches Arbeitsgebiet ist die Org.-Instrukteur-Abteilung. Allerdings haben die deutschen Stellen noch keine Erfahrungen auf diesem Gebiet. Können Sie mir vielleicht einige Tips geben, wie die Verwaltungsarbeit in der Sowjetunion organisiert wird?«

»Wir wissen, daß die DDR erst mit der Festlegung grundsätzlicher Organisationsprinzipien in der Verwaltung beginnen muß. Die Grundlage für die gesamte innerbetriebliche Verwaltungsarbeit müssen Geschäftsverteilungspläne bilden, die die Aufgaben- und Verantwortungsbereiche jedes Mitarbeiters genau umreißen. Jeder Angestellte der Plankommission muß wissen, welche Planteile er bis zu welchem Termin an welche übergeordnete Stelle weiterzugeben hat, für welche Kontrollen er verantwortlich ist usw. Ich mache Ihnen einen Vorschlag: Wenn der neue Struktur- und Stellenplan bestätigt ist und Rechtsgültigkeit erhält, beraten wir über den Geschäftsverteilungsplan und die Rolle, die die Abteilung für Organisations-Instruktion — so muß sie nach unserer

Meinung richtig heißen — zu spielen hat. Die Bezeichnung Org.- Instrukteur-Abteilung schießt am Ziel vorbei. Es liegt darin etwas Unsystematisches, was nach Feuerwehrarbeit riecht. Das soll und darf jedoch nicht sein.«

'War doch richtig, daß du die Frage gestellt hast', sagte ich mir auf dem Rückweg. 'Es hätte ja mit dem Teufel zugehen müssen, wenn die Org.-Instrukteur-Sache nicht auch von den Russen ausgegangen wäre.'

»Es wird verändert«

Am nächsten Tag lernte ich Leuschner, den ersten Stellvertreter Raus, kennen. Er hatte außer mir zwei Männer zu sich bestellt, die ich noch nicht kannte, sowie den Parteisekretär der Plankommission, Ernst Apel, und den Verwaltungschef, Hugo Hartung.

Leuschner begrüßte uns freundlich, aber mit fühlbarer Distanz. Er war ein untersetzter, sehr elegant gekleideter Mann mit energischen Gesichtszügen. Ich schätzte ihn auf etwa fünfzig Jahre, obwohl er damals erst die Vierzig überschritten hatte. Während wir noch auf Linke warteten, der ebenfalls an der Besprechung teilnehmen sollte, saß Leuschner an seinem Schreibtisch und sah unentwegt auf einige vor ihm liegende Notizzettel. Im Raum herrschte eisiges Schweigen. Die Atmosphäre war ganz anders als etwa im Direktionszimmer Gabelins. Hier rekelte sich niemand in schweren Klubsesseln, hier wurde auch nicht geraucht und unbekümmert geflachst. Ich hatte sofort den Eindruck, daß in diesen Höhen der Hierarchie jeglicher Spaß aufhört, daß hier mit harten Bandagen gekämpft wird und hinter jedem Satz, jeder Bemerkung, jeder Geste Gefahren lauern.

Der etwa fünf mal fünf Meter große Raum war sehr viel einfacher eingerichtet als die meisten Direktionszimmer in den Staatsbetrieben der DDR. Von der Tür fiel der Blick auf eine weißgetünchte Wand, an der ein Bild von Wilhelm Pieck, dem ersten DDR-Präsidenten, hing. Davor stand der Schreibtisch, an den der Sitzungstisch, umgeben von sieben einfachen Stühlen, gestellt war. Links zwischen den Fenstern hing ein Bild Stalins in der Uniform des Generalissimus, an der rechten Wand stand unter einem Lenin- Porträt eine Couch. Die Front neben der Tür nahm ein Bücherschrank ein, der, wie alle Möbel, im Chippendale-Stil gearbeitet war. Den einzigen Luxus bildete der Fußbodenbelag aus rotem Velour.

Ich hatte meine Notizen vor mir liegen und mich schon mit dem Gedanken vertraut gemacht, daß ich die Meinung Odinokows vortragen müßte. Ich war unsicher. ‚Ich werde mich schön blamieren', dachte ich. ‚Die Strukturfragen kann ich erklären. Aber die Sache mit der komplexen Planung ist sicherlich viel verzwickter, als sie mir Odinokow schilderte. Wahrscheinlich kommt es jetzt zu speziellen wirtschaftswissenschaftlichen Erörterungen, von denen ich keinen blassen Schimmer habe. Es sind doch umwälzende Neuerungen, die hier vorbereitet werden; da soll ich hergeholter Laie mitreden?'

Inzwischen war Linke gekommen, und Leuschner ergriff das Wort. Mir fiel auf, daß er uns nicht direkt ansprach.

»Ich habe diese Genossen hierher gebeten, um über unsere neue Struktur zu sprechen«, begann er. »In der Plankommission und im gesamten Regierungsapparat wird einiges verändert. Das soll von den Genossen vorbereitet werden. Unsere Aufgaben werden immer größer. Da die Regierung schon mehrmals erweitert wurde, ist unser jetziger Rahmen zu eng geworden. Früher, das heißt bei der Bildung der Staatlichen Plankommission, gab es beispielsweise das Ministerium für Industrie unter dem Genossen Selbmann. Daraus sind inzwischen sechs selbständige Verwaltungen geworden. Bei uns dagegen liegt alles noch in der Hand einer Hauptabteilung. Das müssen wir ändern. Die neue Struktur müßte ungefähr so aussehen, daß jedes Ministerium und jedes Staatssekretariat mit eigenem Geschäftsbereich einen entsprechenden Partner in der Staatlichen Plankommission hat, und zwar in Form einer Hauptabteilung oder selbständigen Abteilung.«

Er hatte die damals gültige Struktur mit den eingezeichneten Veränderungen vor sich. Sie glich fast aufs Haar derjenigen, die mir am Vortage Odinokow gezeigt hatte. Auch über die komplexe Planung sagte er kein Wort mehr oder anders als der Russe.

Danach deutete er beiläufig an, daß ich diese Gedanken kannte — ohne zu erwähnen, woher sie stammten — und daß ich in der Strukturkommission mitarbeiten solle. Er stellte mir nun auch die zwei anderen Genossen vor. Es waren Heinz Köhler, Leiter der Kontroll- und Inspektionsabteilung, und Dr. Friedrich Lange, Hauptabteilungsleiter für Finanzen und Preispolitik. Wir erhielten den Auftrag, innerhalb einer Woche mit Hilfe der verantwortlichen Mitarbeiter den neuen Strukturvorschlag samt Stellenplan auszuarbeiten.

Leuschner ging mit keinem Wort auf die Russen ein und unterbreitete das Ganze als seine Gedanken, die noch nicht in allen Punkten zu Ende gedacht seien. Erst später, als ich in seinem Sekretariat arbeitete, kam ich dahinter, daß er diese Methode in jedem Fall anwandte. Nach jeder Aussprache mit seinen Auftraggebern in Karlshorst rief er die Mitarbeiter, die er brauchte, zusammen und teilte ihnen die sowjetischen Befehle als seine Bemerkungen mit. Er verfuhr so, seitdem die SMAD in SKK umbenannt worden war, und wollte damit wohl dokumentieren, daß die Sowjets nicht mehr direkt in die inneren Belange der »DDR« hineinredeten. Genauso verhielten sich auch Ulbricht, Grotewohl und die anderen Spitzenführer.

Den Ausführungen Leuschners schloß sich eine Diskussion an, in der Dr. Lange als erster das Wort ergriff: »Ich möchte vorausschicken, daß ich den Übergang zur komplexen Planung, wie du es nanntest, Bruno, begrüße. Endlich, möchte ich sagen, oder auch: höchste Zeit, daß wir damit anfangen. Ich habe in der Vergangenheit wiederholt betont, daß Planen überhaupt nur als komplexer Vorgang denkbar ist. Müssen wir immer erst so lange warten, bis uns Karlshorst mit der Nase darauf stößt? Ich lehne es ab, den Mitarbeitern gegenüber so zu tun, als wäre uns über Nacht ein göttlicher Einfall gekommen oder als wäre alles nur eine Sache der Parteiführung.«

‚Donnerwetter', dachte ich, ‚hier geht es ja offen zu. Der legt sich ja ganz schön ins Zeug.' Mir sprach dieser Doktor aus dem Herzen.

Leuschner ließ ihn aber nicht weiterreden: »Ich kenne deine Ansichten, aber ich teile sie nicht. Du vergißt leider, daß sich unser System ständig weiterentwickelt. Du vergißt, wo wir angefangen haben und mit welchen Leuten wir begannen. Deshalb sind dein Ausgangspunkt und deine Kritik falsch. Wir gehen nicht zur komplexen Planung über, weil uns das von Karlshorst angeraten wurde — das haben sie zwar auch getan, es spielt aber nicht die entscheidende Rolle —, sondern weil die Entwicklung so weit fortgeschritten ist, daß die neuen Verhältnisse es verlangen. Das ist ein Unterschied, mein Lieber. Wir hätten das schon eher tun können, wenn wir mehr Dr. Langes im Wirtschafts- und Staatsapparat gehabt hätten. Aber wir mußten unsere Leute nun mal nehmen, wie sie waren, und sie erst heranbilden. Sie mußten mit den Aufgaben wachsen. Das ist ein komplizierter Prozeß. Also bitte, Schluß mit dieser Fehlerdiskussion.«

Am nächsten Tag begann unsere dreiköpfige Kommission mit der Arbeit.

Sie zog sich über Wochen hin. Zwar legten wir nach acht Tagen Leuschner einen Rohentwurf vor, aber dieser überschritt die uns genehmigte Stellenzahl um fast 300. Die Abteilungsleiter - die zu Hauptabteilungsleitern aufrücken sollten — gedachten nämlich wahre Mammutapparate zu errichten. Mit dem neuen Begriff der komplexen Planung konnten die meisten nichts anfangen; sie wollten nur vergrößerte Ressortbereiche schaffen und mit vielen neuen Mitarbeitern besetzen.

Wiederholt erschienen wir bei Leuschner zum Rapport, setzten ihm die Lage auseinander und mußten von neuem beginnen. Rau trat überhaupt nicht in Erscheinung. Er sei in Urlaub, hieß es. Den Stellenplanbereich des Vorsitzenden bearbeitete zu unserer Verwunderung Linke und nicht Rothe vom Sekretariat Rau.

In der letzten Mai-Dekade holte mich Heinrich aus einer unserer Kommissionssitzungen heraus. »Du mußt mir einen Tag helfen. Linke hat uns mit einer eiligen und wichtigen Arbeit beauftragt.« Als wir in unserem Zimmer waren, gab er mir einen etwa 60 Schreibmaschinenseiten umfassenden Text und sagte: »Das muß fürs Politbüro vervielfältigt werden. Wir sollen die Arbeit organisieren. Schreiben dürfen nur Sekretärinnen, die Genossen sind. Keine darf zwei aufeinanderfolgende Seiten zu sehen bekommen. Papier und Kohlebogen werden ihnen abgezählt zugeteilt. Ich könne das ja allein schaffen, aber ich will, daß du es liest, eine tolle Sache!«

Das Schriftstück war eine Selbstkritik der Staatlichen Plankommission, eine kritische Einschätzung der Arbeit von Rau und der wirtschaftlichen Lage überhaupt.

Leuschner, aus dessen Feder die Arbeit stammte, führte die wirtschaftlichen Mißstände in der Zone auf das zu starke Eingreifen staatlicher Stellen in das Wirtschaftsgeschehen zurück. Er führte aus, daß es die Plankommission seit ihrer Gründung unter Rau nicht verstanden habe, sich vom operativen Arbeitsstil der DWK-Zeit zu lösen. Nach wie vor beschäftige sie sich mit einer Fülle von Einzelaufgaben, greife ständig in die Kompetenzen der Ministerien, Länder und sogar Betriebe ein und verhindere damit, daß Ruhe und Systematik in den Wirtschaftsablauf komme. Die Plankommission müsse von diesem Ballast befreit und zum objektiven Wirtschaftsorgan der Partei und Regierung gemacht werden. Alle operativen Maßnahmen, die sich aus der täglichen Durchführung des Planes ergäben, müßten den Ministerien vorbehalten bleiben, wobei man auch deren Eingriffe in die Kompetenzen der Betriebe durch genau formulierte Statuten auf ein Minimum begrenzen solle.

Danach kritisierte Leuschner den individuellen, oft selbstherrlichen Arbeitsstil Raus. Er habe es nicht verstanden, die Planungs- und Wirtschaftsarbeit auf ein höheres Niveau zu heben. Im Gremium der Staatlichen Plankommission sei keine kollektive Arbeit möglich. Sitzungen fänden nur sporadisch, oft in großen Abständen statt, und dann sei Rau mit so vielen politischen Detailaufgaben überlastet, daß er sich um seine Stellvertreter und den Apparat kaum kümmern könne. Deshalb widersprächen die Beschlüsse der Plankommission, die meist ohne ihren Vorsitzenden tagen müsse, oft den Einzelentscheidungen Raus. Außerdem neige der Vorsitzende zu Überheblichkeit und Mißachtung der Kritik. Er höre sich nicht geduldig genug die Meinung seiner Mitarbeiter an, daher erfahre das Politbüro zwar die Ansichten Raus, nicht aber die der Staatlichen Plankommission.

Zum Schluß führte Leuschner alle praktischen Vorschläge auf, die mir schon Odinokow dargelegt hatte. Seine Empfehlungen gingen weit über den Rahmen der Plankommission hinaus. Er forderte die Bildung von Koordinierungs- und Kontrollstellen, die ein Bindeglied zwischen der Plankommission, dem Ministerrat und den Ministerien sein sollten. Der Ministerrat sei nicht mehr in der Lage, die vielen Beschlußvorlagen seiner Mitglieder zu behandeln. Die Folge davon sei, daß wichtige Entscheidungen hinausgezögert und so durch das Verschulden zentraler Stellen Stillstände in den Betrieben verursacht würden. Auch die Auflösung der Landesregierungen und die Bildung von Bezirken wurde gefordert, um ein straff zentralisiertes Planungs- und Wirtschaftssystem zu gewährleisten.

In Aufbau und Sprache unterschied sich das Dokument kraß von den offiziellen Verlautbarungen des Regimes. Zwar war es im Parteijargon geschrieben, aber die Kritik war so scharf und unverblümt, daß sie als nahezu realistisch gelten konnte. Deswegen wurde es auch als Staatsgeheimnis erster Ordnung behandelt; in die Öffentlichkeit drang nichts von seinem Inhalt. Sie erfuhr lediglich, daß die Volkskammer am 23. Mai ein »Gesetz über die Regierung der Deutschen Demokratischen Republik« beschloß, in dem die Vorschläge Leuschners juristisch fixiert wurden. Gleichzeitig wurden zahlreiche Um- und Neubesetzungen in den höchsten Regierungsämtern bekanntgegeben. Für uns war die wichtigste die Ernennung Leuschners zum Vorsitzenden der Staatlichen Plankommission, während Rau auf den Posten des Leiters der neugeschaffenen Koordinierungs- und Kontrollstelle für Industrie und Verkehr abgeschoben wurde.

Die Mitarbeiter des Staatsapparates waren auf die Veränderungen genauso wenig vorbereitet worden wie die Bevölkerung. Überall spürte man Nervosität und Ungewißheit. Bis weit in den Sommer hinein hielt das Umorganisieren und Reorganisieren in allen Apparaten an; seinen eigentlichen Höhepunkt erreichte es sogar erst nach der 2. Parteikonferenz im Juli 1952.

Eines war mir bei diesem Hin und Her klargeworden: All unsere klugen, gutgemeinten Gedanken vom »Stellunghalten und Dagegenstemmen«, unsere Vorsätze, dem System eine demokratische Richtung zu geben, waren Utopie. Die Angestellten des zentralen Apparates wurden viel mehr getrieben, waren viel mehr bloße

Werkzeuge des Systems als die Fachleute in der Produktion.

Völlig aussichtslos schien es mir, jemals hinter die Kulissen schauen zu können. Wirklich wichtige Entscheidungen wurden in einem derart engen Führungskreis vorbereitet und beschlossen, daß selbst Hauptabteilungsleiter (nach westlichen Begriffen immerhin Ministerialdirektoren) nur mehr oder weniger Sachbearbeiterrollen spielten. Wie viele Briefe und Beschwerdesachen zeigten, war sogar ein Fachminister in seiner Entscheidungsfreiheit bis zur Machtlosigkeit eingeengt. Je ferner ein Aufgabengebiet der wirtschaftlich-technischen Praxis lag, um so unerträglicher waren die Arbeitsbedingungen. Das galt für die Kontroll-, Inspektions-, Revisions-, Schulungs- und Kaderabteilungen — wie auch für unsere Org.-Instrukteur- Abteilung. Hier wurde praktisch nur noch »Parteiarbeit« geleistet. Diese Erkenntnis ließ die nie begrabenen Fluchtgedanken in mir wieder aufleben. ‚Du hast hier nichts mehr zu suchen', sagte ich mir. ‚Früher oder später tust du den Schritt nach dem Westen doch — das Leben und die Arbeit in diesem »Staat« werden immer sinnloser.'

Meine Ansichten deckten sich mit denen Heinrichs. Im Apparat der Plankommission war er ebenfalls nur ein Rädchen im Getriebe des Stalinismus. Er mußte sich sagen, daß sein Aushalten den Sinn verloren hatte. Systematisch bereitete er seine Flucht vor, und auch ich wurde mit Rosemarie einig, daß wir die Zone verlassen wollten.

Da trat ein Ereignis ein, das mich bewog, alle meine Fluchtgedanken erst einmal zurückzustellen.

Versetzung zu Leuschner

Ende Mai ließ mich Linke zu sich rufen. Ehe er sich mir zuwandte, trug er der Sekretärin auf, niemand hereinzulassen und auch keine Telefongespräche durchzustellen. Nachdem er am Schreibtisch Platz genommen hatte, musterte er mich lange und nachdenklich. Die Atmosphäre war bedrückend.

Ich erkannte auf dem Schreibtisch eine Mappe, die meinen Namen trug. ‚Also etwas Unangenehmes', durchzuckte es mich, ‚er hat sich die Kaderakte geholt.'

Dann schien Linke seine Gedanken geordnet zu haben: »Es wird sich in den nächsten Wochen viel ändern. Wie du weißt, ist unser Chef an die Stelle des Genossen Rau getreten. Auch auf anderen Gebieten wird es Umstellungen geben. Ich bleibe auch nicht hier, aber im Sekretariat werden Leute gebraucht. Wir wollen dich hierher nehmen.«

Darauf war ich nicht gefaßt gewesen. Ich war wie vor den Kopf geschlagen, und Linke sah es mir wohl an, denn er sagte lächelnd: »Nun ja, das kommt überraschend für dich, aber ich will mich ja mit dir darüber unterhalten. Du hast eine sehr gute Entwicklung. Du hast praktische Erfahrung. Du hast Schulen besucht. Deine Arbeiten für uns hatten Hand und Fuß.«

Ich raffte mich zu einem Einwand auf: »Aber Genosse Linke, das reicht doch nicht aus, um bei euch zu arbeiten. Und es stimmt auch nicht, daß ich eine ordnungsgemäße Entwicklung hinter mir habe. Ich habe viel erledigen müssen, man hat mich hierhin gesteckt und dahin, und das hat auch irgendwie immer geklappt, aber trotzdem, ich bin der Meinung, das geht zu weit, zu schnell. Ihr wißt, daß ich mich der Plankommission nicht aufgedrängt habe, daß ich auf normalem Wege mein Studium beenden und zumindest noch mehrere Jahre Praxis haben wollte.«

Linke ließ mich nicht ausreden: »Wir sehen die Dinge anders!« Sein Tonfall war energischer geworden. Und nun bekam ich all das zu hören, was mir schon einmal bei ganz ähnlicher Gelegenheit an den Kopf geworfen worden war: Auf solche privaten Wünsche werde man vielleicht in zehn Jahren Rücksicht nehmen können, jetzt aber noch nicht; ich solle mir doch klarmachen, welch ehrenvoller Vertrauensbeweis dieser Auftrag sei; die älteren Genossen hätten von Möglichkeiten, wie sie meiner Generation in den Schoß gelegt würden, nicht einmal zu träumen gewagt; und schließlich der stärkste Trumpf: ich hätte doch Pflichten gegenüber der Partei.

Verstört kehrte ich in mein Zimmer zurück. ‚Bist du wirklich so machtlos dagegen?' ging es mir durch den Kopf. ‚Bist du ihnen restlos ausgeliefert, oder warst du doch zu weich? Vielleicht hättest du ihm sagen sollen, daß dir die ganze Politik zum Halse heraushängt.'

Ein Anruf riß mich aus den Grübeleien. Die Kaderleiterin bestellte mich zu sich. Marta Jendretzky empfing mich freundlich: »Ich habe nur ein paar Formalitäten mit dir zu regeln. Genosse Linke hat dir ja schon gesagt, worum es geht. Du wirst dort mit geheimen Regierungssachen zu tun haben, und da muß ich dich auf Verschlußsachen verpflichten.« Sie legte mir ein vorgedrucktes Formular hin und bat mich, es durchzulesen und zu unterschreiben.

Ich las: *Ich verpflichte mich, entsprechend der Dienstordnung der Regierung der DDR alle Verschlußsachen entsprechend der Bestimmung zu behandeln, zu registrieren und nur in den dafür vorgesehenen Panzerschränken aufzubewahren. Ich weiß, daß ich diese Materialien nur an Personen weitergeben darf, die Verschlußsachen entgegennehmen dürfen. Ich bin darüber aufgeklärt worden, daß ich auch nach Beendigung des Arbeitsverhältnisses in der Staatlichen Plankommission oder einer anderen Dienststelle der Regierung der DDR über die bekanntgewordenen Tatsachen Stillschweigen zu bewahren habe. Ich weiß, daß Zuwiderhandlungen entsprechend der bestehenden Gesetze und Verordnungen geahndet werden.*

»Das hätte ohnehin jetzt getan werden müssen«, sagte sie, »denn auch in deiner jetzigen Funktion wirst du mit solchen Unterlagen in Berührung kommen.«

Ich unterschrieb.

Als ich die Kaderabteilung verlassen hatte, erwartete mich schon die Sekretärin auf dem Gang. »Der Chef ist frei, komm gleich mit.« Sie ging voraus und übergab mich Linke, der bereits im Vorzimmer wartete. Wir betraten das Zimmer des Vorsitzenden.

Leuschner begrüßte mich freundlich: »Ein bißchen kennen wir uns ja schon«, sagte er lächelnd, indem er mir die Hand reichte. Etwas umständlich forderte er auf, Platz zu nehmen. »Ich kann eigentlich gar nicht viel sagen«, begann er die Unterhaltung. »Von der Sekretariatsarbeit habe ich selbst wenig Ahnung. Für mich ist wichtig, daß ich das auf den Tisch bekomme, was ich brauche. Das übrige muß draußen irgendwie erledigt werden.« Er machte eine Pause, zog die Augenbrauen zusammen und verzog den Mund, als wenn er pfeifen wollte — eine Angewohnheit, die ich später oft bei ihm beobachtete.

Etwas nervös holte ich tief Luft. Leuschner blickte mich an und forderte mich zum Sprechen auf: »Bitte.«

»Für mich kam das alles ein bißchen überraschend. Ich selbst habe mir nie über etwas Derartiges Gedanken gemacht. Außerdem gingen meine persönlichen beruflichen Vorstellungen in anderer Richtung. Um ehrlich zu sein, ich bin nicht gerade begeistert von diesem Vorschlag.« Ich hatte das kaum ausgesprochen, da ärgerte ich mich schon darüber, daß ich meine Ablehnung nicht in schärfere Worte gekleidet hatte.

Aber Leuschner warf mir sofort an den Kopf: »Meinst du, lieber junger Genosse, ich könnte mir keinen besseren Posten vorstellen als den des Vorsitzenden der Staatlichen Plankommission? Präsident des Anglervereins zum Beispiel wäre gewiß eine angenehmere und weniger nervenaufreibende Beschäftigung.«

Trotz des Zynismus imponierte mir die Offenheit, mit der er das sagte. Leuschner sah mir ins Gesicht und lachte breit.

»Das stimmt schon«, erwiderte ich etwas kleinlaut.

»Es ist doch nun mal so im Leben«, fuhr der Chef fort, »man wird oft vor eine Aufgabe gestellt, man muß sie lösen und kann dabei zeigen, daß man sich im Leben behauptet — oder man geht dieser Chance aus dem Wege und wird dabei gleich von drei, vier anderen Gelegenheiten im Stich gelassen. Wenn jeder das tun könnte, was er sich mal erträumt hat, dann würde die Welt vielleicht nur noch aus Filmschauspielern, Rennfahrern und Generaldirektoren bestehen.« Wieder lachte er, und wir anderen stimmten etwas gekünstelt in das Gelächter ein.

Linke hatte bisher im Hintergrund gestanden und der Unterhaltung zugehört. Jetzt sagte er: »Ich habe ja nun mehr mit ihm zu tun gehabt als du, Bruno, aber ich denke, er wird sich schon durchbeißen.« Und an mich gewandt, fuhr er fort: »Du mußt dich durchsetzen. Du kannst und mußt auch selbst entscheiden, du hast viel freie Hand, der Chef wird dich immer unterstützen. Vor allem darfst du dich hier nicht vor den Karren der Stellvertreter und Hauptabteilungsleiter spannen lassen. Die versuchen nämlich alle, ihre heiklen Probleme beim Chef abzuladen, schreiben lange Aktenvermerke und Briefe und drücken sich so vor der Verantwortung.«

»Nichts annehmen«, sagte Leuschner scharf. »Die sollen selbst kommen. Und wenn ich keine Zeit habe — was meistens der Fall ist —, werden sie schon entscheiden lernen. Wir müssen hier überhaupt einiges verändern. Beim Genossen Rau war das etwas anders. Ich will damit nichts gegen ihn sagen, aber Rau hat so eine Art, sich um viele Einzelheiten zu kümmern. Das rührt noch aus der DWK-Zeit her, wo eben hier jeder Kleinkram entschieden wurde. Das muß jetzt in andere Bahnen gelenkt werden. Es muß Ruhe in den Apparat gebracht werden.« Er machte eine Pause und schien seine Worte nochmals zu überdenken. Dann sagte er und sah mich dabei fest an: »Wenn ich das hier so ausspreche, dann nur, damit ein

Einblick gegeben wird, worauf es ankommt. Überhaupt ist es wichtig, wenn man hier arbeitet, sich von alten Vorstellungen zu trennen. Von dieser Warte sieht nämlich vieles anders aus. Hier wird festgelegt, in welcher Richtung sich unsere Republik entwickelt, und zum anderen wird sehr realistisch analysiert, was das Vorwärtskommen bremst. Das heißt, hier werden die wichtigsten politischen Entscheidungen vorbereitet. Damit ich richtig verstanden werde: wir machen keine Tageszeitungen!« Er sprach das betont langsam, als wollte er mir Zeit zum Nachdenken lassen.

»Ja«, sagte er dann, »was wollen wir da noch lange reden. Wollen wir in dem Sinne verfahren ...«

Ich schluckte. ‚Der Alte ist ein Fuchs', dachte ich. ‚Der nagelt nicht zum erstenmal jemanden fest, der hat Routine.' Laut erwiderte ich: »Es soll doch, wie mir Genosse Linke sagte, nur eine Urlaubsvertretung sein.« Befriedigt stellte ich die Wirkung meiner Worte fest: Es entstand eine Pause, Leuschner und Linke wechselten einen flüchtigen Blick: »Wir werden uns in sechs Wochen wieder unterhalten«, sagte der Chef dann. »Man kann heute nicht endgültig entscheiden. Es wird natürlich noch jemand hier gebraucht, und es ist nicht gut, wenn die Leute an dieser Stelle zu oft wechseln. Aber darüber werden wir später sprechen.«

Er zeigte sich nicht gewillt, die Frage weiter zu behandeln. Linke war schon zur Tür gegangen, und auch Leuschner hatte sich erhoben. Ich war etwas deprimiert. Leuschner schien nicht recht zu wissen, was er noch sagen sollte. Er kam auf mich zu, gab mir lächelnd die Hand und sagte kurz: »Also dann, bis morgen.« Ich nickte nur und ging.

Als ich schon an der Tür war, rief er mich zurück: »Du bist noch sehr jung, Genosse Schenk. Ich meine das nicht als Vorwurf, im Gegenteil, ich wollte, ich wäre noch einmal so jung« — er lachte wieder übertrieben, brach aber jäh ab und fuhr fort: »Ich wollte noch einen Rat geben: Ich würde so viel wie möglich telefonisch oder schriftlich erledigen. Das ist eine Erfahrung, die ich selbst gemacht habe und auch von anderen immer wieder bestätigt fand. Wenn man Leuten, die bedeutend älter sind, Aufträge und dergleichen übermitteln muß, dann kann man noch so klug sein — die anderen werden immer den Versuch machen ...« Er suchte nach Worten, doch ich sprach es aus: »... einen übers Ohr zu hauen.«

»Nun ja«, sagte er lächelnd, »das klingt vielleicht ein bißchen zu hart, aber auf dieser Linie liegt das schon. Mit der Zeit wird sich das aber einspielen.«

Als wir wieder im Sekretariat standen, rief Linke die Sekretärinnen herbei. Auch Falkner war inzwischen erschienen. »Genosse Schenk wird also ab morgen bei uns arbeiten ...«

»... für sechs Wochen«, warf ich wieder ein.

Aber Linke fuhr fort, ohne mich zu beachten: »Er wird zunächst den Genossen Falkner während des Urlaubs vertreten — du mußt ihn dann entsprechend einweisen«, sagte er an diesen gewandt, »und wahrscheinlich wird er für immer bei uns bleiben.«

Damit begann ein neuer Abschnitt in meinem Leben. Ich hatte, ohne daß ich es wollte, die höchste Stufe erklommen, die wohl jemand in diesem Alter erreichen konnte. Ich war persönlicher Mitarbeiter des obersten Planungschefs der »DDR« geworden. Als ich im Herbst 1952 meine offizielle Bestätigung erhielt, war ich »Gruppenleiter«, das ist nach westlichen Dienstgraden der Rang eines Ministerialdirigenten. Meinem Vater wagte ich dies lange nicht zu beichten.

DIE RECHTE HAND

Bruno Leuschner

Bruno Leuschner — Mitglied des Politbüros des Zentralkomitees der SED, Stellvertreter des Vorsitzenden des Ministerrates, bis 1961 Vorsitzender der Staatlichen Plankommission der DDR, danach bis zu seinem Tod im Februar 1965 Erster Stellvertreter von Ministerpräsident Willi Stoph für die gesamte Wirtschaft — war in der westlichen Welt weniger bekannt. Auch die Bürger drüben wußten von ihm viel weniger als von seinem Vorgänger Rau, dem früheren Industrieminister Selbmann oder gar von Ulbricht und Grotewohl. Als ich zur Staatlichen Plankommission versetzt wurde, hatte ich zwar schon mehrmals von Leuschner gehört, aber sein Name war mir kein Begriff.

Die Gründe dafür waren in der Person Leuschners zu suchen, aber auch in seinem Amt. Kein Planungschef eines kommunistischen Landes hat jemals solche Popularität erlangt wie die führenden Parteigrößen, außenpolitischen Experten oder Ideologen des Stalinismus.

Wenn ich mich rückblickend frage, wie es möglich war, daß ich über fünf Jahre auf das engste mit einem Mann zusammenarbeiten konnte, der in hohem Maße mitverantwortlich war für Verhältnisse, die ich innerlich ablehnte, so finde ich die Antwort wiederum in der Persönlichkeit des Mannes, vor allem aber in den Besonderheiten des Systems, dem er diente. Wer engen Kontakt zu einem Spitzenfunktionär bekommt, wird schwerlich unmenschliche Züge an ihm finden. Er wird ihm sogar in vielem recht geben müssen, wenn er sich mit seinen Ressortproblemen innerhalb des totalitären Systems befaßt. Leuschner war eine wichtige und aktive Stütze des Totalitarismus; doch in der täglichen Arbeit trat der Funktionär in den Hintergrund und ließ den Menschen sichtbar werden, mit dem man arbeiten, leben und sich verständigen konnte, solange man zu ein und demselben Ressort gehörte. Dieselbe Lage hätte sich wahrscheinlich ergeben, wenn ich zu einem anderen Spitzenfunktionär gekommen wäre; denn mir ist bekannt, daß diese keine schlechteren menschlichen Beziehungen zu ihren engsten Mitarbeitern hatten als mein Chef zu mir. Ich war häufig bei Grotewohl und Ulbricht — teils in den Büros, mehr jedoch in den Wohnungen —, um redaktionelle Zuarbeit beim Abfassen der Wirtschaftsteile von Reden, Artikeln oder wichtigen Verlautbarungen zu leisten. Auch ihnen gegenüber konnte ich verhältnismäßig offen reden, hatte gewissermaßen gedankliche Narrenfreiheit, ohne Zurechtweisungen befürchten zu müssen, die bei ähnlichen Bemerkungen in einer Parteiversammlung sofort erfolgt wären.

Bruno Leuschner beherrschte virtuos die Technik des stalinistischen Machtapparates. In der Öffentlichkeit wirkte er stets unsicher, ja schüchtern und menschenscheu. Massenversammlungen und politischer Rummel waren ihm ein Greuel. Im Umgang mit seinen Mitarbeitern und den Funktionären des Partei- und Staatsapparates war er in seinem Element, da ging er aus sich heraus.

Mit nie erlahmender Ausdauer konnte er Beschlußvorlagen für die Parteiführung oder den Ministerrat ausarbeiten, Analysen und Lageberichte anfertigen, Vorschläge in den verschiedensten Varianten ausknobeln, die der Behebung wirtschaftlicher Mißstände dienen sollten. Mit einem sicheren Blick für das Wesentliche griff er stets die aktuellen Probleme heraus und vermied es, den Apparat mit Arbeiten zu belasten, die der Parteiführung und der offiziellen Politik zum jeweiligen Zeitpunkt unwichtig erschienen.

Auch im privaten Leben konnte man keine autoritären Züge an ihm finden. Er unterschied sich in seinem äußeren Auftreten von den meisten Spitzenfunktionären durch seine Eleganz und seinen »Hang zum Bürgerlichen«. Er trug niemals zwei Tage hintereinander denselben Anzug. Deshalb nannten ihn die Stalinisten mit verächtlichem Unterton den »wandelnden Kleiderschrank«.

Leuschner war Arbeitersohn. Er wurde 1910 in Berlin geboren, besuchte die Mittelschule und absolvierte in einer Neuköllner Firma die kaufmännische Lehre. Als Mitglied der Arbeitersportbewegung schloß er sich dem Kommunistischen Jugendverband an und wurde 1931 Mitglied der KPD. 1935 wurde er wegen Hochverrats zu sieben Jahren Zuchthaus verurteilt und verbrachte die Jahre bis zum Kriegsende in den Konzentrationslagern Sachsenhausen und Mauthausen sowie in dem berüchtigten Zuchthaus Brandenburg. 1945, gleich nach Gründung der KPD, übernahm er die Abteilung Wirtschaft und Finanzen im Parteiapparat. In dieser Funktion kam er in enge Verbindung mit den Sowjets, und das gab den Ausschlag dafür, daß er 1946 mit dem Aufbau der Deutschen Wirtschaftskommission (DWK) beauftragt wurde. Er war inoffiziell ihr erster Präsident, bis er im März 1948 von Rau abgelöst wurde. Seit dieser Zeit beschäftige er sich ausschließlich mit Wirtschaftsplanung und mit der wirtschaftlichen Zusammenarbeit zwischen der Sowjetunion und der Zone. Bis 1952 war er ständiger Stellvertreter von Rau, sowohl in der DWK als auch später im Ministerium für Planung und in der Staatlichen Plankommission.

Leuschner war einer der zuverlässigsten Anhänger Ulbrichts. Ihn und den Finanzminister Willi Rumpf bezeichneten alte Parteigenossen im vertrauten Kreise als »die

Brustkinder Walters«. Aber sein Verhältnis zum Diktator wurde nicht so sehr von der Person Ulbrichts bestimmt als von dessen Stellung. Leuschner wußte: Ulbricht saß als Statthalter Moskaus so fest im Sattel, daß man ihn nicht angreifen konnte, ohne gleichzeitig die Herren im Kreml zu treffen.

Leuschner, dem Pragmatiker, zeigte sich auch das Dasein im Sozialismus sehr viel realistischer als den vielen von der Praxis abgewandten Ideologen und Propagandisten. Er wußte, daß einer Veränderung der mitteldeutschen Verhältnisse tiefgreifende Umwandlungen des Sowjetsystems vorausgehen müßten, und er dachte nicht daran, die Rolle des SED-Staates in der Weltpolitik zu überschätzen und etwa eine Position zwischen den großen Machtblöcken anzustreben.

Das war der Punkt, an dem er sich mit Ulbricht traf und sich gleichzeitig von ihm schied: Ulbricht wußte, daß mit der Wiedervereinigung Deutschlands seine Laufbahn beendet wäre, deshalb bemühte er sich, den Geist Stalins wachzuhalten. Leuschner wünschte eine Liberalisierung des Systems — die aber nach seiner Ansicht von Moskau ausgehen müßte — um den Einfluß der SED auf ganz Deutschland ausdehnen zu können.

Mitglieder der neuen Plankommission waren Willi Sägebrecht (Erster Stellvertreter Leuschners), Paul Straßenberger (verantworlich für Industrie), Kurt Opitz (verantwortlich für Handel und Verkehr), Erwin Kerber (verantwortlich für Land-, Forst- und Wasserwirtschaft), Alfred Binz (Materialversorgung) und Max Scholz (Statistik). Von ihnen ist heute niemand mehr im Amt.

Bürokratie

Meinen ersten Arbeitstag im Sekretariat Leuschner leitete Linke mit einer kurzen Arbeitsbesprechung ein.

Außer ihm und dem bisherigen persönlichen Referenten Günter Falkner gehörten zum Sekretariat die Sekretärinnen Elsa, Inge und Elly.

Falkner war 27 Jahre alt, Diplom-Volkswirt, kam von der Berliner Universität und war seit 1950 bei Leuschner. Auf ihm lastete die gesamte Sekretariatsarbeit; denn Linke fungierte hauptsächlich als Verbindungsmann Leuschners zu den Sowjets. Der etwa 55jährige oberschlesische Altkommunist Linke war, wie ich bald erfuhr, sowjetischer Staatsbürger. Im Kriege hatte er an führender Stelle in der Partisanen-Bewegung gestanden, und gutinformierte Genossen wollten sogar wissen, daß er zeitweilig eine größere Rolle gespielt habe als Ulbricht. 1951 kehrte er nach Deutschland zurück. Er war von vornherein für einen leitenden Posten in der im Aufbau befindlichen Armee vorgesehen; die vorübergehende Tätigkeit bei Leuschner sollte ihm nur Einblick in die Probleme des SED-Staates verschaffen. Wenige Tage nach meinem Dienstantritt ging er als Generalmajor zu den »bewaffneten Streitkräften«.

Anfang der 60er Jahre war es einem westlichen Geheimdienst gelungen, einen Agenten in die Nähe Linkes zu bringen, der in dessen Zimmer eine Abhörvorrichtung installierte. Als dies entdeckt wurde, mußte Linke vorzeitig in die Sowjetunion zurück. Willi Sägebrecht kam auf Linkes Posten, erhielt aber nur den Rang eines Obersten.

Linke eröffnete die Besprechung, indem er, zu Falkner gewandt, sagte: »Wir wollen uns nicht lange bei der Vorrede aufhalten. Übergib dem Genossen Schenk deine Sachen und sage ihm, worauf er zu achten hat.«

Was ich nun zu sehen bekam, überstieg alle meine Befürchtungen. Falkners Panzerschrank war vollgepfropft mit Briefen aus allen Ministerien, unerledigten Politbüro- und Ministerratsbeschlüssen, Wirtschaftsanalysen, Aufstellungen und Beschlußvorlagen für die Plankommission. Es war ein Wust von Papier, den ich nicht zu überschauen vermochte.

Falkner lachte: »Du brauchst nicht zu erschrecken. Bevor ich in Urlaub gehe, hoffe ich das meiste zu erledigen, so daß für dich nur das jetzt Hinzukommende übrigbleibt. Außerdem werden wir so verfahren, daß du von heute ab mit mir zum Chef gehst, um einen Eindruck von unserem Arbeitsstil zu bekommen.«

»Gut. Und was ist sonst noch zu tun?«

»Der Arbeitsrhythmus ist jede Woche fast der gleiche. Montags bringt der Alte meist einen Packen Politbürovorlagen mit, zu denen die einzelnen Stellvertreter oder Hauptabteilungsleiter Gutachten ausarbeiten müssen. Da mußt du verdammt hinterher sein; denn wenn die nicht am Abend vorliegen, gibt's Ärger. Dienstags wirst du den Chef kaum zu Gesicht bekommen. An diesem Tag finden nämlich die Politbürositzungen statt, und dazu braucht er die Gutachten.«

»Mittwochs ruft er in der Regel, gleich wenn er ins Büro kommt, die wichtigsten Leute zusammen und erteilt neue Aufträge, die sich aus der Sitzung vom Dienstag ergeben. An diesem Tag müssen außerdem die Beschlußvorlagen für den Ministerrat durchgearbeitet werden, der donnerstags zusammentritt. Wenn du Glück hast, kommt das Ministerratsmaterial schon dienstags. Dann kannst du dich in Ruhe damit befassen. Leider treffen die meisten Vorlagen aber erst am Mittwoch ein, und dann ist die Zeit knapp; denn abends will der Chef das gesamte Material auf dem Tisch haben, damit er es zu Hause durcharbeiten und sich für den nächsten Tag vorbereiten kann.«

Ich wiederholte: »Also montags Politbüro-Vorlagen, dienstags Politbürositzung, außerdem Ministerrats-Vorlagen, mittwochs Auswertung Politbüro und Vorbereitung Ministerrat. Und wann ist der Chef einmal hier?«

Falkner lachte wieder. Er machte überhaupt einen unbeschwerten Eindruck, wenngleich er mit seinen 27 Jahren schon so zitterte, daß ihm manchmal die Zigarette aus den Fingern fiel. »Darauf komme ich später zu sprechen. Zunächst laß mich weiter erklären: Am Mittwoch nachmittag fährt er meistens nach Karlshorst. Sein Partner in der SKK ist der Genosse Chomjakow, der Leiter der Planwirtschaftsverwaltung. Den Namen mußt du dir gut merken. Wenn Chomjakow in Leuschners Abwesenheit hier anruft, mußt du den Alten über seine Wünsche gut informieren. Das gilt übrigens auch für Anrufe von Ulbricht, Grotewohl, Rau und Selbmann; auch bei Rumpf rate ich dir aufzupassen. Die übrigen Minister und Staatssekretäre oder irgendwelche Abteilungsleiter aus dem ZK mußt du rigoros abwimmeln. Ganz egal, was dir einfällt, die Hauptsache, du hältst sie Leuschner vom Halse. So, das war also der Mittwoch. Am Donnerstag ist er, wie schon gesagt, im Ministerrat. Da wirst du ihn auch kaum sehen. Die Sitzungen erstrecken sich meist über den ganzen Tag, manchmal dauern sie bis in die Nacht hinein. Trotzdem mußt du sowohl am Dienstag, während der Politbüro-Sitzung, als auch am Donnerstag auf der Hut sein. Der Alte ruft oft hier an, weil er irgendwelche Leute braucht oder besondere Auskünfte — und das hast du dann zu organisieren. Du mußt unbedingt da sein oder hinterlassen, wo man dich schnell erreicht.«

»Verstehe.«

»Am Freitag tagt dann die Plankommission. In der Vergangenheit fanden die Sitzungen sehr unregelmäßig statt. Genosse Leuschner will sie jedoch unbedingt jeden Freitag durchführen.«

»Nach deiner Schilderung ist Leuschner ja nur montags und freitags im Büro.«

»Ja — und am Sonnabend noch, darauf wollte ich jetzt noch zu sprechen kommen. Der Sonnabend ist der einzige Tag, an dem du mit dem Chef Postsachen und sonstige laufende Angelegenheiten regeln kannst. Ich versuche zwar immer, in der Woche zwischen den Sitzungen oder um die Mittagszeit dieses und jenes zu erledigen. Aber meistens bekomme ich dann nur neue Aufträge und kann meine brennenden ‚Krampen‘ nicht loswerden. Er tut immer so, als ginge ihn das nichts an und ich wollte ihn bloß ärgern. Du darfst dich davon nicht beirren lassen.«

»Das war eine ganze Menge auf einmal«, sagte ich. »Und nun gehst du auch noch in Urlaub. Ich glaube, es wird in den kommenden Wochen hier noch mehr Durcheinander geben. Aber das soll mir gleich sein, ich habe vor diesem Experiment gewarnt.«

Falkner versuchte mich erneut zu beruhigen: »So schlimm, wie du glaubst, wird es bestimmt nicht. Ich hatte, als ich ins Sekretariat kam, weit weniger Praxis als du. Bei dieser Arbeitsweise, wo du von den Ereignissen getrieben wirst, findest du dich von selbst in die Probleme hinein.«

Bei seinen letzten Worten war Linke ins Zimmer getreten. »Wenn ihr fertig seid«, meinte er, »möchte ich den Genossen Schenk noch einen Augenblick sprechen.«

Wir gingen in sein Zimmer. Linke trat dicht an mich heran, sah mir fest in die Augen, legte eine Hand auf meine Schulter und flüsterte mehr als er sprach: »Wer hier auf diesem Posten arbeitet und erst einmal in das Sekretariat hineingerochen hat, für den gibt es drei mögliche Entwicklungswege: Der erste und günstigste ist der, daß er die Aufgaben meistert und sein Gebiet fest in die Hand bekommt. In diesem Fall öffnen sich ihm alle Wege nach oben.

Der zweite Fall wäre der, daß sich die Aufgabe doch als zu schwer für ihn erwiese. Dann würde er zwar nicht hierbleiben, aber man würde im Guten einen Platz für ihn finden, an dem er seinen Fähigkeiten entsprechend arbeiten könnte. Das hätte keine Nachteile für seine Zukunft.

Und der dritte Weg — den ich eigentlich nur der Vollständigkeit halber erwähne, weil ich überzeugt bin, daß du ihn nicht gehen wirst, ich halte dich für zu klug dazu — wäre der, daß er entweder den Mund nicht halten könnte oder sich mit den Feinden unseres Staates einließe. Dieser Fall wäre das Ende seiner Karriere und — ich hoffe, auch das weißt du — bestimmt noch etwas mehr.«

»Ich bin mir darüber im klaren.«

»Dann haben wir uns verstanden.«

Falkner ging in Urlaub und hatte nur einen Bruchteil von dem erledigt, was er schaffen wollte. Als ich am Montag nach Berlin zurückkam (ich wohnte noch immer in Dresden, denn selbst für einen Mitarbeiter Leuschners war in Berlin nicht so schnell eine Wohnung zu besorgen), fand ich einen langen Merkzettel von ihm vor, nach dem ich verfahren sollte.

Ich hatte ihn noch nicht richtig gelesen, als Leuschner gegen 10 Uhr im Büro erschien. Mit ihm stürmten Straßenberger, Binz, Dr. Lange und Walter Bayer, der Leiter der Hauptabteilung Investitionen, in das Zimmer des Vorsitzenden. Wenig später rief er mich hinzu.

»Ich muß einige Aufträge verteilen und bitte, die Sachen zu notieren und dafür zu sorgen, daß ich alles bis heute abend zurückbekomme. Sollte es später werden, muß man es mir in die Wohnung bringen. Es handelt sich um Aufträge für das Politbüro.«

Die nun folgende Besprechung zog sich bis zum Nachmittag hin. Aus einer dicken Mappe zog Leuschner hektographierte Schriftstücke, die ausnahmslos den Stempel »Persönliche Verschlußsache« und eine mehrstellige Nummer trugen. Er erklärte jeweils: »Hier ist eine Beschlußvorlage von Selbmann (Schwerindustrie), mit der zusätzliche Investitionen für das Stahlwerk Riesa beantragt werden« oder: »Eine Beschlußvorlage von Ziller (Maschinenbau). Er will eine Plankürzung für die Automobilproduktion erreichen« oder: »Eine Beschlußvorlage von Georg Handke (Außenhandel), der den Importplan kürzen will, weil ihm die Ministerien die Exportprodukte nicht rechtzeitig geliefert haben und weil er nicht weiß, wovon er die Importe bezahlen soll.« So ging er etwa zwei Dutzend Beschlußvorlagen und Eingaben an das Politbüro durch, die insgesamt mindestens 200 Schreibmaschinenseiten umfaßten. So verfuhr er auch mit den weiteren Sachen, wobei er auch da nicht die Bezeichnungen der Ressorts nannte, sondern immer nur die Namen der Chefs.

Auf jede kurze Bemerkung Leuschners hatten die Anwesenden eine ebenso knappe Antwort parat. Auf die Investitionsforderung Selbmanns antwortete Bayer: »Da muß er das Geld bei anderen Planteilen einsparen, wir haben keine Reserven.« Zur Planänderung der Automobilproduktion bemerkte Straßenberger, daß Ziller dann auch das Material zurückgeben oder umverteilen müsse. Und zur Senkung des Importplanes wandten alle fast gleichlautend ein: »Dann müssen wir auch die anderen Pläne über den Haufen werfen.«

Leuschner gab sich mit diesen Bemerkungen nicht zufrieden. »So kann ich nicht im Politbüro argumentieren. Was ihr mir sagt, weiß ich selber. Ich will von euch hieb- und stichfeste Beweise für unseren Standpunkt haben, das heißt Zahlenmaterial und Fakten, die die anderen nicht anfechten können.«

Seine Mitarbeiter schienen an Diskussionen wie diese schon gewöhnt zu sein. Sie schlossen ihre Erläuterungen meist mit dem Satz: »Kann man dem Politbüro nicht klarmachen, daß der Plan ein Ganzes darstellt und am Jahresende nicht mehr stimmen kann, wenn wir ständig Einzelheiten verändern?«

Dem hielt Leuschner entgegen, daß der Plan »kein Dogma« sei und man die Minister nicht im Ungewissen lassen dürfe. Manchmal wurde die Debatte recht laut, zwischendurch wich man aber auch vom Thema ab und machte spöttische Bemerkungen über die Ministerwünsche. Besonders Binz tat sich darin hervor. Sooft das Wort

»Material« fiel, fragte er: »Ich höre Material? Ham wa nich, krieg'n wa ooch vorläufig nich wieda rein.« Leuschner hatte das Heft jedoch in der Hand und forderte stets zur Sachlichkeit auf, was die übrigen ohne Zögern respektierten.

Ich wußte am Ende nicht, was ich zu Protokoll nehmen sollte und welche Entscheidungen getroffen waren. Auf meine Frage sagte mir Leuschner, ich solle mir nur Titel und Nummer derjenigen Beschlüsse notieren, die die Funktionäre mitnahmen — die wüßten schon, was sie zu machen hätten.

Am späten Nachmittag versuchte ich dann die Stellungnahmen einzuholen. Zunächst ohne Erfolg. Die Stellvertreter und Hauptabteilungsleiter saßen bis in die späten Abendstunden mit ihren Fachgebietsleitern zusammen und knobelten diplomatische Begründungen aus, mit denen Leuschner am nächsten Tag im Politbüro den Standpunkt der Plankommission verteidigen sollte.

So wie der erste verliefen fast alle Tage im Sekretariat. Die Prozedur mit den Beschlüssen wiederholte sich, als die Vorlagen für den Ministerrat kamen. Diese deckten sich nämlich fast aufs Wort mit den Politbüro-Beschlüssen und wurden im Ministerrat — wie wir immer sagten — nur wiedergekäut. Sehr bald merkte ich, daß es hier vor allem darauf ankam, die politischen Hintergründe und Zusammenhänge eines jeden Vorganges schnell zu erfassen und richtig darauf zu reagieren. Viel wichtiger als ökonomische Kenntnisse war eine gehörige Portion Routine.

Weniger glücklich verlief die Erledigung der übrigen laufenden Angelegenheiten, besonders der Tagespost. Leuschner zeigte absolut kein Interesse an den unzähligen Briefen. Mich beunruhigte das natürlich, da mir diese Schriftstücke genauso wichtig erschienen wie die Politbüro- und Ministerratsbeschlüsse, weil sich Betriebsleiter oder Behörden mit Sorgen an Leuschner wandten, die ich nur allzugut aus dem Sachsenverlag kannte.

Am nächstfolgenden Samstag fuhr ich nicht zu meiner Familie nach Dresden. Gegen Mittag hätte ich Berlin verlassen müssen, aber ich nahm mir vor, so lange zu bleiben, bis Leuschner nach Hause gehen wollte, und ihn dann einfach festzuhalten.

Meine Rechnung ging auf. Nachdem er drei Stunden mit Ziller zusammengesessen hatte, kam er endlich heraus — aber mit Hut und Mantel. Als er mich mit meinen Papierstößen erblickte, wehrte er sofort ab: »Aber nicht doch«, das klang fast bittend, »darf ich denn nicht auch endlich mal Feierabend machen?«

Er ging mit Ziller essen und kam nach kurzer Zeit tatsächlich zurück. »So, nun mal her mit dem Zeug«, rief er. Und an die Sekretärin gewandt, fuhr er fort: »Sie kommen auch und bringen leere Papierkörbe mit, soviel Sie haben. Jetzt werde ich Schenk mal zeigen, wie wir Post erledigen.«

Er setzte sich an den Schreibtisch, ich stellte mich an die linke Seite, und Elsa postierte sich mit den Papierkörben neben mich.

»Also von oben weg. Was ist das?«

Ich erklärte ihm in Stichworten den Inhalt: »Brief von Selbmann, betrifft zusätzliche Materialanforderung für das Walzwerkprogramm ...« oder: »Brief von Ziller, zusätzliche Investitionsmittelanforderung zur Erweiterung des Werkzeugmaschinenbaus ...« oder »Brief von Hamann, beklagt sich über mangelhafte Zuteilung von Butter ...«

Leuschner nahm jeden Vorgang in die Hand, überflog ihn und riß die meisten in der Mitte durch. Danach gab er die Stücke der Sekretärin und sagte: »Sehen Sie nur noch mal nach, daß auch keine Verschlußsachen dazwischen sind, sonst weiter zerreißen und alles in den Papierwolf werfen.«

Auf meinen unsicheren Blick griente er: »Nur keine Angst, Genosse Schenk. Ich erkläre nachher, was das zu bedeuten hat.«

In fünf Minuten war diese Arbeit natürlich nicht abgetan, wir saßen bis in die Abendstunden zusammen. Aber »erledigt« wurde alles. Nachdem meine Papierstöße getilgt waren, öffnete Leuschner seinen Panzerschrank, in dem es noch wüster aussah als in meinem, und verfuhr mit den meisten Papieren in gleicher Weise. Bald waren sämtliche Papierkörbe vollgepfropft, und am Ende mußten wir sogar die unteren Fächer der Panzerschränke mit den Schnitzeln füllen; denn die Gesetze der Wachsamkeit verboten, daß selbst Abfallpapier über Nacht unverschlossen in den Zimmern liegenblieb.

Leuschner war bei dieser Arbeit in bester Laune. Solchen Eifer hatte ich noch nie an ihm bemerkt. Von den rund hundert Vorgängen, die ich ihm auf den Tisch gelegt hatte, behielt er höchstens zehn zurück, die er der Beantwortung würdig fand. Ähnlich verfuhr er mit dem restlichen Inhalt der Panzerschränke.

Als wir fertig waren, lehnte er sich zufrieden in seinen Sessel zurück, zündete sich eine Zigarette an und sagte nach einem tiefen Zug: »So, das wäre geschafft! Hast ja recht, das mußte unbedingt mal getan werden. Mich hat das viele Papierzeug ja selbst nervös gemacht. Doch nun will ich erklären, warum ich das getan habe — aber das bleibt unter uns. Die Sachen, die ich zerriß, lassen sich nämlich nicht erledigen. Ich habe weder Material noch Geld noch Arbeitskräfte. Ich kann mir auch keine Devisen aus den Rippen schneiden, und dem Hamann kann ich bestenfalls meine eigene Butterkarte geben. Der Plan ist beschlossen. Was zur Verfügung stand, wurde kontingentiert und verteilt. Wenn nun im Laufe des Planjahres diese oder jene Ausfälle eintreten, müssen die Minister die Lücken mit ihren eigenen Mitteln schließen, das heißt, sie müssen auf anderen Gebieten zusätzliche Produktionserfolge organisieren. Dazu sind sie da. Ein Minister ist doch ein hoher Mann! Wenn er bisher nicht so gearbeitet hat, müssen wir ihn eben dazu erziehen. In Wirklichkeit wissen die Leute das natürlich. Und jetzt kommt der Knalleffekt, Schenk, den mußt du kennen: Die schreiben ihre Briefe nämlich nur, damit ich den Kopf für sie hinhalte, damit ich ihnen den Rücken decke. Aber ich denke gar nicht daran. Die Plankommission muß aufhören, sich — auf gut deutsch — um jeden Dreck zu kümmern. Wir müssen endlich das tun, wozu wir da sind, nämlich planen, vorausschauend festlegen, wie sich auf Grund unserer politischen Zielsetzung die Wirtschaft entwickeln soll. Noch eins: Wenn die Leute aus den Ministerien anrufen und auf die Beantwortung ihrer Briefe drängen, dann sagst du ihnen einfach: ‚Die Sache hat Leuschner, geht zu eurem Minister und richtet ihm aus, daß er ihn persönlich über die direkte Leitung anrufen soll.' Und ich sage dir: Ich werde keinen Anruf bekommen!«

»Das möchte ich bezweifeln. Ich befürchte sogar, daß einige Minister tüchtigen Krach machen.«

»Nein, sie werden keinen Krach schlagen. Für sie ist wichtig, daß sie ihre Briefe geschrieben haben — und für mich, daß ich sie nicht beantworte. Wir sprechen uns wieder. Verlaß dich darauf, das weiß ich nun wirklich besser. Das muß ich besser wissen, denn ich kriege ja mehr Geld als du.« Er lachte laut, nahm seinen Hut und verschwand.

Und er behielt recht. Es gab keinen Anruf — und schon gar keinen Krach.

Von diesem Tage an herrschte Klarheit über meine Arbeit. Der Kontakt zu Leuschner war hergestellt, ich wußte, worauf es ankam. Mit der Unbekümmertheit meiner 22 Jahre begann ich mich auf dem Glatteis der kommunistischen Staatsbürokratie zu bewegen.

In dem aufgeräumten Panzerschrank richtete ich drei Fächer ein. In das größte kamen diejenigen Vorgänge, die ich »schmoren« und »sich von selbst erledigen« ließ. Von Zeit zu Zeit wanderten die ältesten davon, nach denen niemand mehr fragte, in den Reißwolf. Im zweiten Fach lag ein kleinerer Teil, der mir wichtig genug erschien, um ihn im Auge zu behalten, weil doch hin und wieder einmal »etwas hochkam«. Außerdem ließ ich einiges davon an die Hauptabteilungen gehen, damit sie auf dem laufenden blieben. Zwar hatte das Leuschner streng verboten, doch schien mir seine Anweisung überspitzt und auch gefährlich. Im dritten Fach lagen griffbereit und übersichtlich die »brennenden« Vorgänge vom Politbüro und den Spitzenfunktionären des Partei- und Staatsapparates. Alles, was direkt von Ulbricht, Grotewohl oder aus Karlshorst kam, legte ich Leuschner sofort auf den Tisch. Erst Jahre später, in der Untersuchungshaft, wurde mir völlig bewußt, auf welch gefährliches Spiel ich mich da eingelassen hatte. Mein Vorgehen ließ sich zu jeder Zeit als »Sabotage« auslegen, und ich besaß keinerlei Sicherheiten, daß Leuschner im Ernstfall auch zu seinem Wort stand und mich deckte.

Es ist jedoch bezeichnend für den östlichen Bürokratismus, daß bei meiner Absetzung mein Verhalten gerade in dieser Hinsicht nicht nur nicht gerügt, sondern sogar gelobt wurde. Alle entscheidenden Instanzen würdigten meine »positive und umsichtige fachliche Arbeit«, aber den Besitz von Leonhards Buch *»Die Revolution entläßt ihre Kinder«* stempelten sie zum Verbrechen.

Ich hatte bei Leuschner vom ersten Tage an den Eindruck, daß er von der Unzweckmäßigkeit des Systems überzeugt war und gar nicht den Ehrgeiz besaß, alles meistern zu wollen. Er wollte die unzähligen Briefe, Situationsberichte, Analysen und Resolutionen deshalb nicht sehen, weil er wußte, daß sie nur negative Momente enthielten. Und was anderes als Hiobsbotschaften konnten ihm seine engsten Mitarbeiter überbringen? Nahm er diese Meldungen zur Kenntnis, so war er verpflichtet, Stellung zu beziehen und Entscheidungen zu fällen. Das mußte die Kraft eines einzelnen übersteigen, und in den meisten Fällen hätte es keinen anderen Ausweg gegeben, als die von der Partei gesteckten Ziele zurückzuschrauben — was er ja doch nicht durfte.

So drängte er sich selbst einen Arbeitsstil auf, der ihn und seinen Apparat vorwärtstrieb und kein Verweilen bei ungeklärten Gegenwartsfragen zuließ. Je schlechter die Lage war, um so weniger war er gewillt, Meldungen über Mißstände auch nur zur Kenntnis zu nehmen.

Einige Wochen nach mir kam zu uns noch Horst Gumprecht als Sekretär der Plankommission, und damit bestand unser Sekretariat aus drei Funktionären, deren Arbeitsgebiete wir fest abgrenzten:

Gumprecht übernahm den Bereich Plankommission, bereitete die Sitzungen vor, in seiner Hand lagen die Protokollführung und die Beschlußkontrolle.

Falkner, als Mitarbeiter für theoretische Fragen, beschäftige sich mit wissenschaftlichen Problemen, war Verbindungsmann Leuschners zu den wissenschaftlichen Instituten, den Universitäten, zur Parteihochschule und zu der uns direkt angeschlossenen Hochschule für Planökonomie. Er bereitete für Leuschner Lektionen, Vorträge, Reden und Artikel vor und nahm die Aufgaben wahr, die sich aus Leuschners Mitgliedschaft im Redaktionskollegium der theoretischen Parteizeitschrift »Einheit« ergaben.

Die übrigen laufenden Probleme — wozu auch besondere politische oder private Angelegenheiten Leuschners gehörten — blieben mir vorbehalten.

Ich hatte nicht nur mit den Dienststellen innerhalb der Plankommission zusammenzuarbeiten, sondern auch mit den Spitzen des Partei- und Staatsapparates.

An erster Stelle rangierte das Politbüro, in der Umgangssprache der Funktionäre stets PB genannt. Ich merkte bald, daß das Politbüro die Stelle war, an der Leuschner das größte Interesse zeigte. Wenn von dort etwas kam, ließ er alles andere stehen und liegen. Die Beschlüsse der Plankommission, die entweder zu Gesetzen oder zu Verordnungen und Anordnungen des Ministerrates erhoben werden sollten, gingen samt und sonders, bevor sie dem Ministerrat oder der Volkskammer zugeleitet wurden, an das Politbüro. Ein großer Teil blieb allerdings geheim und ging nach Beschlußfassung durch das Politbüro jeweils als Einzelauftrag an die zuständigen Minister oder Staatssekretäre (soweit sie SED-Mitglieder waren), ein anderer Teil kam an die Plankommission zurück und wurde von uns als Planänderung oder Zusatzaufgabe den betreffenden Staatsorganen übergeben. Der gesamte Verkehr lief über das Büro des Politbüros, das von Otto Schön geleitet wurde.

Ehemalige kommunistische Parteifunktionäre, die im Westen über das stalinistische System berichtet haben, werten als zweithöchste Instanz der östlichen Hierarchien das Sekretariat des jeweiligen Zentralkomitees. Ich bezeichne das Sekretariat des ZK lediglich als Spitze des Parteiapparates und setze es in seiner Bedeutung mit dem Ministerrat gleich. Die Plankommission und die Ministerien hatten mit dem Sekretariat des ZK so gut wie gar nichts zu tun, Leuschner ließ sich vor den Sekretariatsmitgliedern, die nicht gleichzeitig zum Politbüro gehörten, genauso verleugnen wie vor gewöhnlichen Ministern oder Staatssekretären. Nur wenn wir einen verantwortlichen Funktionär des Parteiapparates in den Bereich der Staatsbürokratie versetzen lassen wollten, holten wir die Stellungnahme des Sekretariats ein — das letzte Wort aber mußte auch in diesen Fällen das Politbüro sprechen.

Viel wichtiger als das Sekretariat des ZK war für uns die Regierungskanzlei, die koordinierende Stelle des Ministerrates. Dr. Fritz Geyer, ein ehemaliger Sozialdemokrat war dort als Chef der Regierungskanzlei und Staatssekretär der Regierung die Schlüsselfigur. An ihn waren die Beschlußvorlagen für den Ministerrat einzureichen. Mit den Sekretariaten von Ulbricht und Grotewohl hatten wir weniger Kontakt.

Schließlich ist Karlshorst zu nennen das heißt der Chef der Wirtschaftsabteilung der SKK, Chomjakow, ein etwa 45jähriger Planungsfachmann, der 25 bis 30 Mitarbeiter hatte. Dem wirklichen Arbeitsablauf und der Machtstellung nach müßte Karlshorst natürlich zuerst genannt werden; denn bevor eine Angelegenheit dem Politbüro oder dem Ministerrat auch nur zur Kenntnis gebracht wurde, mußte das volle Einverständnis der SKK vorliegen: »Was sagt Karlshorst dazu?« — diese Frage mußte eindeutig beantwortet sein, ehe Ulbricht entschied.

Die Kompetenzen der Russen waren nirgends klar festgelegt. Die deutschen Spitzenfunktionäre standen zu den »sowjetischen Freunden« in dem gleichen Verhältnis wie die leitenden Männer der Plankommission zu Leuschner; man holte sich bei den Sowjets Absolution, und der Satz »Die Genossen in Karlshorst meinen ...« bedeutete in jedem Fall sichere Rückendeckung.

Eine weitere Dienststelle, mit der wir eng zusammenarbeiteten, war die Abteilung Planung und Finanzen des SED-Zentralkomitees. Ein Funktionär dieser Abteilung nahm regelmäßig an den Sitzungen der Plankommission teil. Dafür gab es keinerlei Rechtsgrundlage, wie denn überhaupt von den praktisch bestehenden Vorrechten des Parteiapparates in der DDR-Verfassung kein Wort zu finden war.

An nächster Stelle unserer Rangordnung stand die Zentrale Kommission für Staatliche Kontrolle (ZKK, auch ZKSK), deren Vorsitzender damals Fritz Lange war. Sie glich strukturell den anderen Instanzen und hatte die Aufgabe, die Einhaltung der Gesetze und Regierungsbeschlüsse zu kontrollieren.

Alle Produktionsfragen, die besonders vertraulich oder geheim waren, besonders Rüstungsangelegenheiten, liefen über das Büro für Wirtschaftsfragen beim Ministerpräsidenten (BfW), dessen Leiter Bernd Weinberger war. Die gesamte Korrespondenz, auch die belanglosesten Briefe, zwischen der Plankommission und dem BfW galt als Geheime Verschlußsache. Das gleiche war bei unserem Verkehr mit dem Amt für Reparationen der Fall.

Eine weitere sowjetische Dienststelle, mit der die Plankommission zusammenarbeitete, hatte ihren Sitz in Berlin-Weißensee und nannte sich Verwaltung für sowjetisches Vermögen in Deutschland. Ihr unterstanden alle SAG- Betriebe in der Zone. Chef des Riesenkonzerns, der mehr als eine halbe Million deutsche Arbeitskräfte beschäftigte, war der Russe Bebenin.

Und dann gab es noch zwei deutsche Verwaltungen, die der Staatlichen Plankommission unterstanden: das Staatssekretariat für die Verwaltung der Staatsreserve und die Hauptabteilung Regierungsaufträge des Staatssekretariats für Materialversorgung. Verantwortlich für die Verwaltung der Staatsreserve war bis Ende der 70er Jahre Kurt Stoph, ein Bruder des DDR-Ministerpäsidenten.

Die Hauptabteilung Regierungsaufträge hatte die Aufgabe, für besonders wichtige Objekte vorrangig Materialien, finanzielle Mittel und Arbeitskräfte bereitzustellen. Dabei gab es mitunter heftige Differenzen zwischen den Partei- und Regierungsinstanzen. Die Plankommission und auch Ulbricht waren bestrebt, möglichst wenig Objekte als Regierungsaufträge zu deklarieren, während Grotewohl, von den Ministern gedrängt, sich eher dazu bereitfand. Das führte wiederholt dazu, daß dann nicht einmal mehr für die Sonderangelegenheiten ausreichend Material zur Verfügung stand.

Das waren die Gremien und Behörden, mit denen ich in den fünf Jahren meiner Tätigkeit bei Leuschner hauptsächlich zu tun hatte. Im wesentlichen bestehen diese Instanzen auch noch heute. Im Laufe der Zeit wurden wohl Namen oder Zuordnungen von Behörden geändert (und natürlich viele Funktionäre ausgetauscht), aber die Wesenszüge der zentralistischen Organisation sind geblieben. Den Bürgern drüben sind sie zwar größtenteils dem Namen nach bekannt, aber über ihre wirkliche Bedeutung und über ihr Zusammenspiel erfahren sie kaum etwas. Für mich erwiesen sie sich als die wichtigsten Zentren der riesigen stalinistischen Bürokratie, soweit sie sich mit Wirtschaftsfragen befaßte. Alle übrigen Partei- und Staatsinstanzen wurden von uns ignoriert, hingehalten oder mit allgemeinen Phrasen abgespeist.

Geplantes Chaos

Das wichtigste Ereignis des Jahres 1952 war für uns die 2. Parteikonferenz der SED vom 9. bis 12. Juli in Berlin. Ihren Höhepunkt bildete Ulbrichts Ankündigung, nunmehr werde mit dem »Aufbau der Grundlagen des Sozialismus in der DDR« begonnen. Diese programmatische Erklärung erregte in Parteikreisen ungeheures Aufsehen. Freilich war die Reaktion unterschiedlich. Bei den wenigen alten Genossen, die sich ihre Ideale über alle Verzerrungen hinweg bewahrt hatten, herrschte Begeisterung. Sie vernahmen nur das Wort »Sozialismus« und sahen die Verwirklichung eines alten Menschheitstraumes greifbar nahe. Ganz anders die jungen geschulten Stalinisten. Sie hielten sich an das häufig beschworene »Beispiel der Sowjetunion« und an diejenigen Passagen der Ulbricht-

Rede, in denen von »Festigung der Staatsmacht«, »eiserner Disziplin« und »Verschärfung des Klassenkampfes« die Rede war. Dieses Verhalten der Jungen ernüchterte die Alten sehr bald und dämpfte ihren anfänglichen Enthusiasmus.

In der Plankommission war zu überschwenglichen Reden ohnehin nicht viel Zeit; denn sobald es an die praktische Auswertung der Parteikonferenz ging, begannen die Sorgen.

Zum besseren Verständnis der damaligen Lage und des stalinistischen Systems überhaupt muß ich an dieser Stelle einiges über den Rhythmus der Planung im Laufe eines Jahres sagen. Dabei sei dem Leser versichert, daß die hier geschilderten Vorgänge und Begriffe, die ihm fremd und unverständlich klingen mögen, den meisten unserer berufstätigen Landsleute in Mitteldeutschland so geläufig sind wie dem Bundesbürger die Steuererklärung. Und es sei darüberhinaus gesagt, daß sich am Grundsatz dieses wirtschaftlichen Planungsablaufs auch seitdem nichts geändert hat. Wohl wird in Abständen am zentralen Planungssystem laboriert — mal etwas mehr örtliche Befugnisse, dann wieder mal etwas weniger — aber davon haben die Betriebe meist nicht viel und die Bevölkerung so gut wie nichts gemerkt.

Für den Zeitraum von 1951 bis 1955 gab es den *Fünfjahrplan.* Er bildete die Grundlage für die einzelnen Jahrespläne, die als *Volkswirtschaftspläne* bezeichnet werden.

Das Jahr 1952 (und das trifft für jedes Planjahr zu) begann mit der Ausarbeitung einer »Analyse über die Erfüllung des Volkswirtschaftsplanes 1951«. In ihr wurde, was laut Plan erreicht werden sollte, mit dem verglichen, was wirklich geschafft worden war. Die Ausarbeitung der Analyse zog sich über das ganze erste Quartal hin. Zu jeder Sitzung der Plankommission wurden ein Hauptabteilungsleiter und sein »Partner« vorgeladen. (»Partner« oder »Planträger« waren Minister, Staatssekretäre, Ministerpräsidenten der Länder — später Vorsitzende der Bezirksräte — und Leiter wichtiger Betriebe oder Kombinate.) Sie mußten Rede und Antwort stehen, warum dieser Planteil nicht erfüllt, jener schlecht und wieder ein anderer so wesentlich übererfüllt war.

Im Laufe des ersten Quartals gingen vom Statistischen Zentralamt auch die ersten »Erhebungen über den Anlauf des Volkswirtschaftsplanes 1952« ein. An Hand dieser statistischen Unterlagen hängte man der »Analyse« eine »vorläufige Einschätzung über die voraussichtliche Erfüllung des Volkswirtschaftsplanes 1952« an. Diese Dokumente wurden sodann mit den Zielen des Fünfjahrplanes für die Jahre 1951, 1952 und 1953 verglichen und zur Grundlage für die »Direktive zur Ausarbeitung des Volkswirtschaftsplanes für das Jahr 1953« gemacht. Bis 1955 nannte sich diese Direktive, an die sich die »Planträger« bei der Aufstellung ihrer Pläne unbedingt zu halten hatten, »Dokument der Kontrollziffern«.

Im Laufe des zweiten Quartals 1952 wurde dann die »Direktive« mit Karlshorst abgestimmt und nach Bestätigung durch die Russen im Politbüro und im Ministerrat behandelt und beschlossen. Dabei spielte sich das gleiche ab wie vorher in der Plankommission. Stunden-, manchmal tagelang saßen die »Planträger« im Vorzimmer des Politbüros und wurden einzeln hineinzitiert, um ihre Befehle in Empfang zu nehmen.

War diese »vorbereitende Planrunde« beendet, ging es, nach Übergabe der »Direktive« an die »Planträger«, an die »Ausarbeitung des Volkswirtschaftsplanes für das Jahr 1953«. In dieser Phase der Arbeit kamen auch die Betriebe nicht mehr zur Ruhe; denn die zentralen Instanzen schlüsselten die Aufgaben der »Direktive« auf ihre Hauptverwaltungen auf, die ihrerseits den Betrieben vorschrieben, bis zu welchem Termin sie ihren Planvorschlag an die Hauptverwaltung zurückreichen mußten. Bis in den September hinein liefen die Arbeiten zur »Aufstellung des Planes«, und zwar getrennt bei den »Planträgern« sowie den ihnen unterstellten Betrieben und der Staatlichen Plankommission.

Danach begann der »Planrücklauf«. In der gleichen Stufenfolge, wie die »Direktive« nach unten gegangen war, wurden nun die fertigen Projekte nach oben gereicht.

Sobald die Dokumente der »Planträger« in der Plankommission vorlagen, arbeiteten unsere Abteilungen für das Politbüro eine »Gegenüberstellung« aus. Die vom Politbüro und der Regierung bestätigte »Direktive« und die Plandokumente unserer Hauptabteilungen wurden mit den Vorschlägen der »Planträger« verglichen. Wichen die eingereichten Pläne von der »Direktive« ab (was jedes Jahr der Fall war), so wurden die Minister, Staatssekretäre und Länder- bzw. Bezirkschefs erneut vor das höchste Gremium der Partei zitiert und beauftragt, alle Hebel in Bewegung zu setzen, um die von der Partei vorgeschriebenen Ziele in ihren Plänen verbindlich festzulegen. Nur selten kam es vor, daß die Plankommission nachgeben mußte. Unser Apparat ging nur von der politischen Zielrichtung aus und konnte unangenehme ökonomische Faktoren ignorieren; die »Planträger« hingegen hatten engeren Kontakt zur Praxis und ließen sich folglich mehr von wirtschaftlichen Aspekten leiten. Das politische Argument erwies sich aber fast stets als das stärkere.

Waren diese Auseinandersetzungen beendet, dann wurde das »Staatsplandokument« fertiggestellt und wieder zunächst nach Karlshorst, dann dem Politbüro, dem Ministerrat und zuletzt der Volkskammer zugeleitet, wo es als »Gesetz über den Volkswirtschaftsplan 1953« verabschiedet wurde.

Den Jahresrhythmus beschloß die »Übergabe der bestätigten Pläne« — zunächst an die Ministerien, Staatssekretariate und Länder, und von diesen dann an die Betriebe. Das geschah in der gleichen Stufenfolge wie bei der »Direktive«. Die so bestätigten VEB-Pläne sind für die Staatsbetriebe bindend. Die Honecker-Administration hat Mitte der 70er Jahre noch eine weitere Stufe hinzugefügt: Die Betriebe sollen »Gegenpläne« einreichen, worin mit genauer Begründung vorgeschlagen wird, wie die Staatsaufgaben übererfüllt werden können.

Besondere Schwierigkeiten erwuchsen der Plankommission aus der neuen Gebietsgliederung. Durch das »Gesetz über die weitere Demokratisierung des Aufbaues und der Arbeitsweise der staatlichen Organe in den Ländern« vom 23. Juli 1952 wurden die fünf Länder aufgelöst, und an ihre Stelle traten 15 Bezirke (mit Ostberlin). Auch die Struktur der Landkreise wurde verändert.

Aber nicht nur die Plankommission, der gesamte Partei- und Regierungsapparat waren mit Arbeit überlastet. Der Ministerrat zum Beispiel hatte wöchentlich 60 bis 70 Tagesordnungspunkte zu behandeln, wobei viele Vorlagen 80 bis 100 Seiten stark waren. Das heißt, einem Ministerratsmitglied wurden wöchentlich 400 bis 600 Seiten beschriebenes Papier auf den Tisch gelegt, die binnen 24 Stunden durchzuarbeiten und zu beurteilen waren.

Am 17. Juli 1952 sah sich der Ministerrat gezwungen, ein Präsidium zu bilden, das seitdem zwischen den normalen Kabinettssitzungen einzelne Entscheidungen trifft.

Unser Wochenplan kam nun noch mehr durcheinander. Die Präsidiumssitzungen fanden jeden Montag statt. Das bedeutete, daß Leuschner montags ganztägig in der Sitzung des Ministerratpräsidiums war; dienstags saß er im Politbüro; mittwochs hatte er in Karlshorst zu erscheinen; donnerstags war normale Ministerratssitzung; am Freitag endlich konnte er sich mit der Plankommission beschäftigen, und dann blieben ihm samstags noch wenige Stunden für sonstige Probleme übrig.

Es muß davor gewarnt werden, die kommunistischen Parteibeschlüsse als Propaganda oder Bluff abzutun. Sie erheben Unfehlbarkeitsanspruch und sind Grundlage der gesamten Politik. Selbst die Parteispitze bindet sich damit die Hände. Sie kann ihren Kurs nicht willkürlich ändern, denn sie muß Rücksicht auf den Apparat nehmen, der jede Äußerung der Führung im Zusammenhang mit den großen Parteibeschlüssen beurteilt. Was die Machthaber in der Zeit zwischen bedeutsamen Parteiveranstaltungen (Parteitagen, Plenartagungen des Zentralkomitees, Sonderkonferenzen der Partei- und Staasfunktionäre, Aktivtagungen) reden oder schreiben, muß »eine wertvolle Bereicherung« der Parteibeschlüsse sein, wenn sich im Apparat nicht unerwünschte Diskussionen ausbreiten sollen.

Vor allem müssen die praktischen Maßnahmen die Richtigkeit der Parteilosungen beweisen. Und wenn sich diese Beweise nicht von selbst ergeben, werden sie notfalls mit Gewalt geschaffen. Hatte Ulbricht in seiner Rede vom »verschärften Klassenkampf« gesprochen, so konnte man sicher sein, daß dieser auch einsetzte. Es zeigte sich bald, wie das praktisch aussah.

Wachsamkeit und Disziplin

Ich war wieder einmal in Karlshorst. Diesmal bei Silajew, einem schwindsüchtig aussehenden verantwortlichen Mitarbeiter der Wirtschaftsverwaltung der SKK.

»Die Genossen Leuschner und Chomjakow haben sich über die Eindämmung des Papierkrieges in der Verwaltung unterhalten«, sagte ich, »und dabei hat Genosse Chomjakow vorgeschlagen, Sie möchten mir zeigen, wie Sie es fertigbringen, in Ihren Panzerschränken nicht die Übersicht zu Verlieren.«

Silajew lächelte: »In der Sowjetunion ist Papier etwas besonders Wertvolles. Es wird in äußerst begrenztem Umfang zugeteilt. Bevor bei uns ein Bogen beschrieben wird, muß man sich sehr genau überlegen, was man schreiben will. Wir haben festgestellt, daß die Arbei an Qualität gewinnt, wenn weniger geschrieben, dafür aber mehr und länger überlegt wird. Ich habe dem Genossen Binz deshalb schon geraten, die Papierkontingente für die Verwaltung drastisch zu kürzen. Aber das wird natürlich nicht ausreichen, wenn nicht gleichzeitig der Arbeitsstil verändert wird.«

Er zog eine buchähnliche Schreibmappe aus seinem Tischkasten und erklärte: »Sehen Sie hier: dieses Buch ist unser wichtigstes Arbeitsinstrument. Es heißt auch Arbeitsbuch. Es enthält hundert numerierte Bogen Papier, die als Verschlußsache gelten. Wenn wir zu unserem Vorgesetzten gerufen werden, haben wir mit diesem Buch zu erscheinen. Aufträge, die wir erhalten, oder protokollarische Notizen werden darin niedergelegt, und der Vorgesetzte notiert sich die Nummer der Seite, auf der wir den Auftrag festhielten. Dadurch entfallen unzählige schriftliche Anweisungen, Aktenvermerke, Hinweise und überhaupt der größte Teil des jetzt üblichen Schriftverkehrs.«

Silajew erhob sich, ging an seinen Panzerschrank und öffnete beide Türen: »Sehen Sie, so sieht es in meinem Stahlschrank aus.«

In den einzelnen Fächern lagen sauber geordnet ganz wenige Schriftstücke. Das letzte Fach barg eine große Aktentasche. Er nahm sie heraus und erklärte weiter: »Die Verschlußsachen, andere wichtige Dokumente und das Arbeitsbuch — auch der Stenoblock der Sekretärin, da stehen mitunter wichtige Sachen drin — werden jeden Abend in dieser Aktentasche untergebracht und in unserer Verschlußsachenstelle abgegeben. Mehr Arbeitsmaterial, als in diese Tasche hineingeht, darf kein Mitarbeiter haben. Mehr kann er nämlich auch nicht übersehen. Diese Methode dient aber nicht nur der Einschränkung des Papierkrieges, sondern dem Schutz vor Agenten und Spionen. Die Tasche trägt eine Nummer, läßt sich verschließen und muß mit einem Petschaft, das dieselbe

Nummer trägt, versiegelt werden. Dadurch läßt sich feststellen, ob ein Unbefugter Zugang zu den Unterlagen hatte. Die Maßnahme wird um so notwendiger, wenn mehrere Genossen in einem Zimmer sitzen und einen Panzerschrank gemeinsam benutzen müssen. Wir sind der Meinung, daß der sich verschärfende Klassenkampf, der mit dem Aufbau des Sozialismus in der DDR beginnt, sich auch in der Staatlichen Plankommission bemerkbar machen wird. Dort sogar am ehesten! Wir empfehlen deshalb, diese Neuerungen in den wichtigsten Organen der DDR einzuführen, und die Staatliche Plankommission sollte den Anfang machen.«

»Unsere Mitarbeiter haben aber eine Menge Unterlagen aus vergangenen Jahren, die sie immer wieder als Gedächtnisstütze und zu Vergleichen brauchen. Wo lagern Sie solche Akten, und sind sie so leicht zugänglich, daß sie im Bedarfsfalle zur Verfügung stehen?«

»Die alten Dokumente befinden sich in der Archiv-Verwaltung. Jeder Mitarbeiter hat ein Verzeichnis, auf dem genau vermerkt ist, in welchem Regal seine alten Arbeitsunterlagen zu finden sind. Aber Sie können mir glauben, die alten Dokumente werden wenig eingesehen. Es ist ein Irrtum, wenn man meint, das Papier aus vergangenen Jahren in seinem Stahlschrank aufheben zu müssen, weil man sonst nicht arbeiten kann. Man ist ja gar nicht in der Lage, alles zu übersehen.«

Danach kam er auf einen weiteren Punkt zu sprechen: »Zu einem guten Arbeitsstil gehört auch die termingerechte und sachlich richtige Erledigung von Aufträgen. In der Sowjetunion hat es der Vorsitzende der Staatlichen Plankommission, Genosse Saburow, leichter als Genosse Leuschner, weil er berechtigt ist, Befehle zu erteilen. Das heißt: Wenn es ein ungeklärtes Wirtschaftsproblem gibt, zu dem die Partei Stellung nehmen oder weitreichende Beschlüsse fassen muß, läßt sich der Vorsitzende (oder auch ein Minister — diese sind ebenfalls dazu berechtigt) einen verantwortlichen Mitarbeiter kommen, schildert ihm die Lage und gibt ihm den ‚Befehl' zur Durchführung des entsprechenden Auftrages. Diese Befehle werden auf besondere Vordrucke geschrieben — sie kommen nicht ins Arbeitsbuch — alle Termine werden bis auf die Minute festgelegt. Die Durchführung solcher Befehle rangiert in der UdSSR an erster Stelle. Sie befreien den Mitarbeiter von jeder anderen Aufgabe und statten ihn mit allen Sondervollmachten aus. Eine so weitreichende Maßnahme kann Genosse Leuschner gegenwärtig nicht veranlassen, da es noch kein beschlossenes Statut der Staatlichen Plankommission gibt und ihre Stellung gegenüber den Ministerien nicht exakt festgelegt ist. Aber für den internen Dienstverkehr kann etwas Derartiges eingeführt werden. Aus politischen Gründen würden wir raten, es nicht Befehl, sondern Anordnung des Vorsitzenden zu nennen.«

Er gab mir den Entwurf eines Vordruckes mit sowie den Beschlußtext zur Einführung solcher Anordnungen, den das Gremium der Plankommission verabschieden sollte.

Leuschner, dem Chomjakow diese Methoden schon in großen Zügen geschildert hatte, verspach sich Wunder von ihnen. Er war überhaupt für organisatorische Neuerungen leicht zu entflammen, wahrscheinlich um sich nicht eingestehen zu müssen, daß der Grundfehler im System lag.

Hannemann, der Leiter unserer Verschlußsachenabteilung, wurde sofort mit den technischen Vorbereitungen beauftragt. Außerdem beschloß die Plankommission die Einführung der »Anordnungen«. Die Formulare mußten über Nacht gedruckt werden, Gumprecht wurde die Kontrolle übertragen. Mit äußerster Strenge und unter Einschaltung der Parteiorganisation sollten die Wirtschaftsexperten »auf Vordermann gebracht werden«.

Wochenlang stand das Thema »Wachsamkeit« auf den Agitations- und Schulungsplänen. Leuschner ging mit gutem Beispiel voran, und so lange die Sache neu war, trug er abends brav seine Aktentasche in die Verschlußstelle. Allen Mitarbeitern, die er zu sich rief, zeigte er seinen aufgeräumten Panzerschrank. Und nicht selten ließ er sich in ihre Zimmer führen, um die Gegenprobe zu machen.

Die Kaderabteilungen säuberten nach der 2. Parteikonferenz erneut den gesamten Partei- und Staatsapparat. Drei Gruppen waren davon betroffen: die Westemigranten, d.h. die Genossen, die in der Hitlerzeit nach Westeuropa oder Amerika emigriert waren; die Westgefangenen, nämlich alle ehemaligen Landser, die mehr als 8 Wochen in westlichen Gefangenenlagern zugebracht hatten; und schließlich all jene, die nahe Verwandte in der Bundesrepublik und in Westberlin hatten. Die meisten Angehörigen dieser drei Gruppen verloren ihre Posten im zentralen Apparat und wurden in Betriebe versetzt. Begleitet war die Säuberungswelle von Schulungen und Versammlungen, in denen uns wahre Schauergeschichten über die teuflischen Methoden der Imperialisten, Agenten anzuwerben, erzählt wurden.

In diesem Klima wurde die Arbeit immer schwerer. Ein jeder suchte nach der größtmöglichen Rückendeckung, und kaum einer fand noch den Mut zu Entscheidungen. Jede Kleinigkeit wurde auf das Kollektiv abgewälzt. Die Mitarbeiter waren am Ende sogar froh, daß die lästigen Wachsamkeitsmethoden eingeführt worden waren. Wenn sie nämlich auf eine Dienstreise gingen, brauchten sie nicht mehr andere über ihre schwebenden Probleme zu informieren, sondern verschlossen befehlsgemäß ihre Sachen und fuhren ab. Es verging fast keine Sitzung der Plankommission, in der nicht wichtige Punkte von der Tagesordnung abgesetzt werden mußten, weil bestimmte Fachleute abwesend waren und niemand über ihr Gebiet Bescheid wußte.

Bald sah sich Leuschner gezwungen, eine zusätzliche Anweisung zu verabschieden: Die Verschlußsachenabteilung wurde autorisiert, die Arbeitstaschen unter Kontrolle zu öffnen und Einblick in die Unterlagen von Abwesenden zu gewähren. Aber das hatte nicht viel Sinn; da jeder seine eigene Methode hatte, Notizen zu machen, fand sich kein Fremder darin zurecht. Das löste eine dritte Anweisung aus. Sie belehrte die Mitarbeiter darüber, wie das Arbeitsbuch zu führen war, und verbot stenographische Aufzeichnungen.

Die Auswirkungen der 2. Parteikonferenz waren mit alledem noch nicht erschöpft. Mit sofortiger Wirkung wurde uns das Betreten und Durchfahren der Westsektoren verboten. Alle Mitarbeiter des zentralen Partei- und Staatsapparates mußten einen Vordruck unterschreiben, auf dem sie sich zur Einhaltung dieser Verfügung verpflichteten. Für Angestellte, die in Potsdam und den Randgebieten Berlins wohnten, wurden Sonderfahrzeuge zur Umgehung der Westsektoren eingesetzt.

In den Verwaltungen wurden sämtliche Telefonverzeichnisse eingezogen. Man durfte sich am Telefon nicht mehr mit seinem Namen, sondern nur noch mit der Rufnummer melden und sich erst dann zu erkennen geben, wenn der Anrufer nach dem richtigen Namen fragte. Ferner zog man die Strukturskizzen ein, entfernte die Namensschilder von den Türen der Arbeitszimmer und machte alle Verzeichnisse der Angestellten zur geheimen Verschlußsache.

Die wehrfähigen Genossen wurden aufgefordert, sich freiwillig zur Kasernierten Volkspolizei zu melden. Wer Ausreden vorbrachte, sah sich sofort in ein Parteiverfahren verwickelt. Und schließlich sollte, um die Disziplin zu erhöhen, auch unter Genossen das vertrauliche »Du« abgeschafft werden. Die Anrede hatte nun zu lauten: Genosse — Titel — und »Sie«.

DER TOD DES TYRANNEN

Hexenjagd

Der Jahresplan für 1953 hatte keinen guten Start. Überall herrschte großer Mangel an Arbeitskräften und vor allem an Material. Die westlichen Embargobestimmungen, die wegen des Koreakrieges gegen den Ostblock verhängt worden waren, brachten die Wirtschaft in größte Schwierigkeiten. Im Dezember erhielten wir an manchem Tag über hundert Briefe mit Hilferufen aus den Betrieben. Das SED-Zentralorgan »Neues Deutschland« konnte beinahe nicht mehr erscheinen, weil Ersatzteile für die Setz- und Druckmaschinen fehlten, die seit jeher hauptsächlich aus der Bundesrepublik und aus England kamen. Das Fernsehen wartete auf Kameras aus Westdeutschland, um ein durchgehendes Programm gestalten zu können. In den Schächten fehlten Förderseile, und täglich rechneten die Fachleute mit schweren Unfällen. In allen Maschinenbaubetrieben standen halbfertige Anlagen, weil Kugellager, Schrauben und andere Normteile aus dem Westen fehlen. In der Textilindustrie blieben immer mehr Maschinen stehen, weil die nur im »kapitalistischen Lager« erhältlichen Ersatzteile nicht kamen.

Die Stimmung aller Funktionäre war unter den Nullpunkt gesunken. Wir ahnten, daß etwas in der Luft lag, daß etwas Außergewöhnliches geschehen mußte, weil es so nicht weiterging. Ulbricht hatte schon vor dem Beschluß über den Volkswirtschaftsplan 1953 einen Bittbrief an Stalin geschrieben und um Materialhilfe gebeten. Nun war das Jahr 1952 in wenigen Tagen zu Ende, der neue Plan sollte anlaufen — und keine Antwort traf ein. »Wie geht es weiter?« Diese Frage stellten wir uns gegenseitig, aber keiner konnte sie beantworten.

Am 20. Dezember 1952 räumte die Partei alle Zweifel aus dem Wege. An diesem Tage faßte das ZK einen Beschluß über die »Lehren aus dem Prozeß gegen das Verschwörerzentrum Slansky«. Es billigte die Todesurteile gegen den Generalsekretär der Kommunistischen Partei der Tschechoslowakei, Rudolf Slansky, und 13 Mitangeklagte, geißelte — zum wievielten Male? — die »Tito-Clique, diese Bande von Spionen und Mördern«, und unterstrich besonders die »Enthüllungen über die verbrecherische Tätigkeit der zionistischen Organisationen«. Und dann zog es die Lehren: die Partei dürfe in ihren Reihen keine ungeklärten Verhältnisse mehr dulden. Das Verhalten der Mitglieder, die während der Hitlerzeit in westlichen Ländern gelebt hatten, müsse genau überprüft werden, es gelte, »diese Dinge bis zu Ende zu klären«.

Die Westpresse berichtete täglich über »erbitterte Machtkämpfe« in der Führungsspitze der SED. Ich hatte solche Berichte früher mit großem Interesse gelesen. Jetzt mußte ich darüber lächeln. Ich sah keinen, der um Macht kämpfte. Der Apparat bestand nur noch aus Feiglingen, die sich nach allen Seiten hin absicherten und dabei — bewußt oder unbewußt — andere ins Unglück stürzten. Es war ein Kampf aller gegen alle, bei dem es keine Führung und kein Ziel gab, bei dem jeder auf sich allein angewiesen war und niemandem vertrauen durfte.

Die höchsten Funktionäre hatten die meiste Angst. Sie zitterten nicht weniger als die ehemaligen Westemigranten und die Juden, gegen die besonders strenge Untersuchungen eingeleitet wurden. Leuschner lag oft stundenlang auf der Couch in seinem Arbeitszimmer, kühlte seinen heißen Kopf mit feuchten Taschentüchern und war für keinen Menschen zu sprechen. Er war nur noch für Ulbricht da. Jeder Auftrag, den er vom Parteichef erhielt, wurde jetzt noch schneller, noch gewissenhafter, mit noch mehr Varianten und Vorschlägen ausgeführt. Im übrigen sann er nur darüber nach, wie er sich und seinen Apparat gegen das schleichende Mißtrauen schützen konnte.

Überall wurde hektischer Arbeitseifer vorgetäuscht. Die Spitzenfunktionäre hielten stundenlange Sitzungen mit vielen Experten ab, die zu keinen Ergebnissen führten. Niemand traf Entscheidungen. Inhaltsschwere Beschlußvorlagen für das Politbüro wurden angefertigt und die Begründungen dafür so hochtrabend formuliert, daß am Ende selbst die Bewilligung von 50 Tonnen Zement, die irgendein Betrieb zusätzlich brauchte, als staatspolitische Aufgabe ersten Ranges erschien.

Je schlechter die allgemeine Situation wurde, um so radikaler gebärdeten sich die Parteisekretäre. Die Sicherheitsbestimmungen wurden noch verschärft. Nach Ansicht der orthodoxen Stalinisten lauerten hinter jeder Ecke imperialistische Agenten. Und wo sie sich nicht gleich zeigten, wurden sie oft »geschaffen«.

Stalins Erbe

Da trat ein Ereignis ein, das alle hektische Unruhe erstarren ließ, alle Spekulationen zunichte machte: am 5. März 1953 starb Stalin. Mit einem Schlag war die Lage verändert. Niemand interessierte sich mehr für Sonderaktionen und Kampagnen; die Maschine stand still. Auf einmal hatten die höchsten Funktionäre Zeit, still in ihren Zimmern zu sitzen und aus Kohlepapier Trauerränder für ihre Roten Propaganda-Ecken zu schneiden. Und dann saßen sie mit ernster Miene in den Trauerversammlungen, scheinbar ganz dem Gedenken an den »weisen Führer aller Werktätigen« hingegeben. Aber von echter Ergriffenheit war nur bei naiven Gemütern etwas zu spüren. Alle anderen beherrschte die Frage: Was kommt nun?

Die Ruhe hielt nur wenige Tage an. Noch war der tote Diktator nicht beigesetzt, da gab Moskau schon die Zusammensetzung der neuen Führung bekannt. Wir horchten auf: zum erstenmal seit langen Jahren war wieder von kollektiver Führung die Rede. Kündigte sich hier ein ernsthafter Wandel an? Würde mit Stalin auch das System, der Stalinismus, verschwinden? Würde es wenigstens Erleichterungen geben? Nie waren die Westzeitungen so gefragt gewesen wie in diesen Tagen. Ein hoher Funktionär nach dem anderen kam in mein Zimmer und las aufmerksam die Artikel und Kommentare. Aber schlüssige Antworten waren auch da nicht zu finden.

Erste Andeutungen über die Absichten der neuen Herren im Kreml erhielten wir, als Grotewohl, der die Regierungsdelegation zu den Beisetzungsfeierlichkeiten geleitet hatte, wieder in Berlin eintraf. Leuschner hatte mit ihm eine längere Aussprache und kam niedergeschlagen ins Büro zurück. Er rief seine engsten Mitarbeiter zusammen und unterbreitete ihnen die Hiobsbotschaft: »Also, liebe Genossen! Die Würfel sind gefallen. Wir werden keine großen Lieferungen aus der Sowjetunion bekommen. Wir müssen mit den Schwierigkeiten im wesentlichen allein fertig werden. Was nun?«

»Da gibt's nur zwei Möglichkeiten«, meinte Straßenberger, »was nicht mit Material gedeckt ist, muß aus dem Plan gestrichen werden, und wo sich zusätzliche Produktionen organisieren lassen, müssen wir sie mit allen Mitteln herausholen und versuchen, die Lücken zu stopfen.«

»Das wird nicht viel werden.«

»Das befürchte ich allerdings auch.«

In Leuschners Zimmer herrschte jetzt erst die richtige Trauerstimmung. So deprimiert hatten die Funktionäre nicht dagesessen, als die Nachricht von Stalins Tod eintraf. Lange Zeit wurde kein Wort gesprochen.

Dann brach der Planungschef das Schweigen: »Ihr müßt euch sofort zusammensetzen und erst mal Bilanz ziehen. Zunächst darf auf keinen Fall etwas über unser Dilemma in den Apparat dringen. Grotewohl hat ausdrücklich betont, daß unter keinen Umständen eine Panikstimmung aufkommen darf; vor allem muß unsere Lage dem Westen unbekannt bleiben. Die Ministerien waren so lange im Ungewissen, da kommt es auf ein paar Tage mehr nicht an. Erst wenn wir einen genauen Überblick haben, werde ich ins Politbüro gehen, und dann soll die Parteiführung beschließen, welche Pläne zu kürzen sind.«

Für die nächsten Tage waren Sägebrecht, Straßenberger, Opitz, Hieke, Bayer, Dr. Lange und der stellvertretende Leiter der Materialversorgung, Hugo Meiser, wie vom Erdboden verschwunden.

Der stellvertretende sowjetische Planungschef Nikitin kam früher nach Ostberlin, als wir erwartet hatten. Er bezog im April in Karlshorst Quartier und verhandelte tagelang mit der SED-Führung. Die Weisungen, die er mitbrachte, widersprachen aller bisherigen Politik. Er teilte mit, daß die Russen keine Sonderlieferungen mehr schicken könnten. Die Sowjetführung plane einen Neuen Kurs, der auf die Verbesserung des Lebensstandards der Bevölkerung abziele. Dazu müsse sie alle verfügbaren Reserven einsetzen. Der SED werde empfohlen, ihre Wirtschaftspolitik ebenfalls zu ändern und Maßnahmen zu ergreifen, die eine rasche Verbesserung der mitteldeutschen Lebensverhältnisse zur Folge hätten.

Wieder saß Leuschner mit seinen engsten Mitarbeitern zusammen, aber diesmal herrschte anfangs eine andere Atmosphäre als an dem Tage, an dem er uns die Hiobsbotschaft Grotewohls unterbreitet hatte. Zwar sah man die Schwierigkeiten, die sich auf wirtschaftlichem Gebiet ergeben würden, weil keine Reserven vorhanden waren und die Staatskasse leer war. Aber die politische Seite dieser Schwenkung erweckte bei allen Anwesenden Hoffnungen.

Straßenberger sah die wirtschaftlichen Schwierigkeiten am klarsten voraus: »Hoffentlich weiß das Politbüro, daß ein solcher neuer Kurs Stillstände in der Produktion und vielleicht sogar Arbeitslosigkeit mit sich bringt.«

»Das Politbüro weiß überhaupt nichts«, erwiderte Leuschner sehr bestimmt. »Das Politbüro will einen neuen Kurs machen und über Nacht gebratene Tauben fliegen sehen; eine Art Schlaraffenland, verstehst du?«

»Das ist doch nicht möglich, Bruno. Die müssen sich doch über die ökonomischen Folgen eines solchen Schrittes im klaren sein.«

»Das ahnen vielleicht drei oder vier Mann. Aber das Politbüro besteht immerhin aus vierzehn Leuten.«

Straßenberger schüttelte mit dem Kopf, worauf Leuschner ärgerlich wurde: »Mit wem willst du denn im Politbüro über diese Dinge reden? Mit Matern, Ebert, Zaisser, Elly Schmidt, Herrnstadt, Dahlem? Mit Ulbricht kannst du reden, der weiß Bescheid, vielleicht noch mit Grotewohl und Rau. Mit Oelßner wird es schon schwierig; wenn etwas kommt, was nicht fix und fertig bei Lenin und Stalin nachzulesen ist, dann ist's bei ihm aus! Paul, du kennst doch die Atmosphäre!«

Die zuversichtliche Stimmung, die zu Anfang der Aussprache geherrscht hatte, war schon wieder verflogen. Die versammelten hohen Funktonäre mochten etwa das gleiche denken wie ich: Stalins Nachfolger hatten vielleicht die besten Vorsätze, aber ihr Meister hatte einen auf seine starre Linie gedrillten Apparat hinterlassen, der jedes Wort und jede Handlung seiner neuen Führer mit der Elle stalinistischer Glaubenssätze maß. Solange diesem Apparat kein neues, ebenso präzise festgelegtes

Dogma vorgesetzt wird, kommt kein Kollektiv und auch kein neuer Einzelherrscher über den toten Tyrannen hinweg.

Der Neue Kurs

Die Plankommission teilte sich in den folgenden Wochen in zwei Gruppen. Die eine bereitete unter Leuschners Leitung hinter verschlossenen Türen den Neuen Kurs vor, die andere, der Sägebrecht vorstand, erledigte die laufenden Arbeiten.

Nikitin hatte zwar sehr klug geraten, die SED solle die Versorgungslage verbessern, aber wie und womit, darüber hatte er kein Wort verloren. Die Deutschen versuchten, wenigstens noch einige Posten der »Wunschliste« zu bekommen, aber die Russen äußerten sich lange Zeit nicht. Nikitin, der mehrmals zwischen Ostberlin und Moskau pendelte, hatte keine Vollmacht, verbindliche Lieferungszusagen zu machen. Er hatte nur angedeutet, daß sich vielleicht einige Lieferungen der DDR an die Sowjetunion günstiger berechnen ließen. Das hätte für uns schon eine gewisse Hilfe bedeutet. Trotzdem fehlten zum Schlaraffenland, wie es Leuschner immer nannte, nahezu alle Voraussetzungen.

Ulbrichts Auftrag, Leuschner solle sich auf die Ausarbeitung des Neuen Kurses konzentrieren, war für ihn ein erwünschter Anlaß, alle Tagesfragen auf andere abzuwälzen. Im April und Mai gelang es ihm sogar, die »Feuerwehrmaßnahmen« am laufenden Plan ganz auf das Finanzministerium abzuschieben. Er begründete das mit eigener Überlastung und der Unfähigkeit Sägebrechts. Unter anderen Verhältnissen hätte er das nie getan. Zwischen der Plankommission und dem Finanzministerium bestand scharfe Rivalität. Von Finanzfragen verstand die Mehrheit des Politbüros noch weniger als von Wirtschaftsplanung; daher hatte es die Plankommission leichter als der Finanzapparat, ihre Meinung bei der Parteiführung durchzusetzen. Finanzminister Willi Rumpf blieb meist im Hintertreffen. So nutzte er denn im Frühjahr 1953 mit Übereifer die Chance, erstmals seine Vorschläge zur Erfüllung der Finanz- und Staatshaushaltspläne verwirklichen zu können, ohne von der Plankommission gestört zu werden.

Seine Aktivität schlug sich in Anordnungen und Verordnungen des Ministerrats nieder, die für die Bevölkerung äußerst negative Auswirkungen hatten. Geschäftsleuten, Handwerkern, Angehörigen freier Berufe entzog man die Lebensmittelkarten. Zahlreiche Lebensmittelsubventionen wurden abgebaut und die Preise der betreffenden Waren zum Teil beträchtlich erhöht. Die verbilligten Arbeiterrückfahrkarten wurden praktisch abgeschafft; nur Arbeiter mit sehr geringem Einkommen behielten diese Vergünstigung. Ärztlich verordnete Kuraufenthalte sollten künftig auf den Jahresurlaub angerechnet werden. Für Millionen bedeuteten diese Maßnahmen ein Sinken des Lebensstandards. Was aber ihren Zorn ganz besonders erregte, war der Zynismus, mit dem Presse und Rundfunk diese offensichtlichen Verschlechterungen als Fortschritte im sozialistischen Aufbau priesen.

Den Clou bildete dann der Regierungsbechluß vom 28. Mai 1953, der kategorisch eine Erhöhung der Arbeitsnormen um 10 Prozent anordnete. Das war gleichbedeutend mit einer Lohnsenkung um diesen Satz; denn die Normen waren damals schon so hoch, daß es den Arbeitern unmöglich gewesen wäre, den Verlust durch erhöhte Leistung auszugleichen.

Es wäre natürlich übertrieben, wollte man sagen, daß diese Maßnahmen allein den Aufstand auslösten und die Volkserhebung sozusagen eine Folge des Alleinganges von Willi Rumpf gewesen wäre. Ihre Wurzeln lagen selbstverständlich viel viel tiefer und reichten bis in die unmittelbare Nachkriegszeit zurück. Die übereilten Verordnungen lieferten jedoch den unmittelbaren Zündstoff. Sie gaben der Bevölkerung im Übermaß Argumente für berechtigte Kritiken, gegen die nicht einmal die hartgesottensten Stalinisten etwas einwenden konnten. Als die Beschlüsse rückgängig gemacht wurden, faßte sich Leuschner immer wieder an den Kopf und fragte: »Wie war es nur möglich, solchen Quatsch zu beschließen?«

Am 9. Juni kam Leuschner verstört aus dem Politbüro. Ohne Gruß ging er in sein Zimmer und verlangte aufgeregt nach Straßenberger. In den nächsten zwei Stunden ging es dann bei uns zu wie in einem Taubenschlag. Straßenberger kam, lief wieder aus dem Zimmer und kehrte nach kurzer Zeit mit dicken Aktenbündeln zurück. Dann erschienen Minister, Hauptabteilungs- und Hauptverwaltungsleiter aus anderen Dienststellen, die entgegen den sonstigen Gepflogenheiten einfach in Leuschners Zimmer stürmten und stets nach kurzer Zeit wieder gingen.

Ich selbst spielte eine Art Eilboten. Leuschner wollte alle möglichen Unterlagen haben, die ich in der Verschlußsachenabteilung heraussuchen mußte. Kaum war ich mit der einen zur Stelle, drückte er mir einen neuen Zettel in die Hand, auf dem weitere Wünsche standen. Mehrmals ließ er mich aus dem Suchen herausreißen und zu sich rufen, weil ich Protokoll führen sollte. Zu meinem Erstaunen hatte er dann meist schon vergessen, was er mir vorher aufgetragen hatte.

Es war wie in einem Irrenhaus. Gegen Abend verzog sich der Schwarm. Auch Leuschner ging; er sagte nur, er fahre wieder ins Politbüro, ich solle noch warten, bis er sich wieder melde. Die anderen mußten der Sekretärin angeben, wo sie zu jeder Tages- und Nachtzeit zu erreichen waren.

Als sich der Sturm gelegt hatte, ging ich mit Straßenberger in mein Zimmer. Er ließ sich müde in einen Sessel fallen, bat mich um eine Zigarette, tat einen kräftigen Zug und sagte dann in resignierendem Ton: »Ich glaube, jetzt haben sie den größten Quatsch vor, den es überhaupt gibt. Das Politbüro hat den Neuen Kurs beschlossen. Morgen wird der Beschluß in den Zeitungen stehen. Die unglückseligen Anordnungen der letzten Monate sollen schnellstens wieder aufgehoben werden. Deshalb hat Bruno diesen Wirbel hier veranstaltet. Es ist beabsichtigt, die Lebenslage noch mehr zu verbessern, als wir das in unseren ersten Ausarbeitungen vorgeschlagen hatten. Man will auch einiges auf juristischem Gebiet tun; Häftlinge freilassen, Strafbestimmungen mildern, den Ost-West-Reiseverkehr lockern — und noch 'ne ganze Menge guter Sachen.«

Bis dahin hatte die Tür zu meinem Vorzimmer offengestanden. Jetzt erhob sich Straßenberger, zog sie zu und blieb vor mir stehen: »Was ich dir jetzt sage, bleibt unter uns. Ich glaube, es sind auch Diskussionen über Ulbricht im Gange. Er soll seine Funktion niederlegen. Ich weiß nicht, wer das angeregt hat. Du kennst ja die sowjetischen Genossen, sie äußern sich in diesen Dingen sehr vorsichtig. Aber mich hat jemand aus Karlshorst gefragt, ob es die Bevölkerung begrüßen würde, wenn Ulbricht zurückträte. Was das heißt, ist dir wohl klar. Na, wir werden ja bald erfahren, was sie da drüben (damit war das ZK gemeint) aushecken.« Damit verließ er den Raum.

Am nächsten Tag fand sich der Politbürobeschluß über den Neuen Kurs in großer Aufmachung auf der ersten Seite von »Neues Deutschland«. Er enthielt, was Straßenberger angekündigt hatte, und dazu das Eingeständnis, Partei und Regierung hätten »in der Vergangenheit eine Reihe von Fehlern begangen« und die Interessen mancher Bevölkerungsteile vernachlässigt. Die beschlossenen Maßnahmen sollten dazu dienen, diese Fehler wiedergutzumachen und eine Annäherung der beiden Teile Deutschlands zu erleichtern.

Der Beschluß löste unterschiedliche Reaktionen aus. Die Rollen waren gleichsam vertauscht. Diesmal waren es die Stalinisten, die gegen die amtliche Politik opponierten. Ausgerechnet jene, die bei allen Verhärtungen predigten, ein Genosse habe den Beschluß seiner Parteiführung auch dann gutzuheißen, wenn er ihn noch nicht voll verstehe, rümpften jetzt die Nasen und schüttelten mißbilligend die Köpfe.

In der Nacht vom 9. zum 1o. Juni fuhren zahlreiche Wagen durch Ost-Berlin. Sie holten verantwortliche Funktionäre des Staatsapparates an ihre Arbeitsplätze zurück. Es galt, den Politbürobeschluß — formell enthielt er ja nur »Empfehlungen« — zu einem Beschluß des Ministerrats umzuarbeiten, der dann am 11. Juni verabschiedet wurde. Die unpopulären Maßnahmen der letzten Zeit wurden rückgängig gemacht und politische und wirtschaftliche Lockerungen angekündigt. Der Beschluß über die Normenerhöhung aber blieb bestehen. Und gerade dieser war allen Werktätigen der ärgste Dorn im Auge. Als in der darauffolgenden Woche die Parteiagitatoren in allen Betrieben und Verwaltungen den Neuen Kurs zwar mit Superlativen priesen, dabei jedoch die Normenerhöhung verteidigten, spitzte sich die Diskussion immer mehr auf diese eine Frage zu.

Aufruhr

Am Vormittag des 16. Juni begannen Auseinandersetzungen zwischen Parteifunktionären und Bauarbeitern auf der Stalinallee. Als die Forderung der Arbeiter nach Zurücknahme des Beschlusses über die Normenerhöhung nicht erfüllt wurde, setzten sie sich nach dem Haus der Ministerien in Marsch. Sie beabsichtigten, ihr Anliegen Grotewohl persönlich vorzutragen.

Doch es war Dienstag, der Tag der Politbürositzungen; Grotewohl hielt sich im Parteigebäude in der Wilhelm-Pieck-Straße auf. Den Streikenden mußte die Auskunft des Pförtners, Grotewohl sei nicht im Hause, wie eine Ausrede erscheinen; sie ließen sich nicht abweisen. Der Pförtner benachrichtigte also das Büro Grotewohl vom Wunsch der Bauarbeiterdelegation. Das Büro gab den üblichen Bescheid, sie solle an den zuständigen Minister verwiesen werden. Die Delegation lehnte das Ansinnen ab. Es kam zu den ersten lauten Worten. Der Pförtner wagte einen neuen Anruf im Sekretariat des Regierungschefs und schilderte die Lage etwas genauer. Ein Mitarbeiter des Büros wurde auf Erkundungsgang geschickt. Das Sekretariat Grotewohl lag nämlich im Innenhof, und man konnte von dort aus nicht sehen, was sich am Eingang abspielte.

Der Bericht dieses vorgeschobenen Beobachters löste den ersten Anruf im Politbüro aus. Dort saß im Vorzimmer eine resolute Genossin aus dem Büro Otto Schöns, ein echter weiblicher Zerberus, darauf dressiert, alle unliebsamen Störungen vom Politbüro fernzuhalten. Sie war schnell mit einer patzigen Antwort bei der Hand: »Ist denn im janzen Haus der Ministerien keen handfester Jenosse, der mal soon paar Männecken beruhjen kann?«

Das Büro Grotewohl, nun schon nervös geworden, versuchte andere ins Gefecht zu schicken. Eine Sekretärin klingelte bei mir an und trug mir im Befehlston auf: »Genosse Schenk, richten Sie bitte dem Genossen Leuschner aus, daß er im Auftrage des Ministerpräsidenten zu den Bauarbeitern sprechen soll. Die Sache ist sehr eilig.«

Ein Jahr früher wäre ich vielleicht auf den Trick hereingefallen. Ich hätte mir auch zugetraut, Sägebrecht auf so eine Art in den Tumult zu beordern. Aber ich hatte nicht umsonst ein Jahr lang die Praktiken der SED-Bürokratie studiert. So antwortete ich höflich: »Tut mir leid, Genossin, aber unser Chef ist ebenfalls im Politbüro. Sie wissen ja, heute stehen vorwiegend wirtschaftliche Themen auf der Tagesordnung. Es wundert mich übrigens, daß Ihr Chef dem Genossen Leuschner diesen Auftrag nicht persönlich erteilt hat. Sie sitzen doch in der Wilhelm-Pieck-Straße zusammen.«

Damit hatte ich Ruhe. Das Mädchen hängte schnell ein, weil es sich ertappt fühlte.

Inzwischen steigerte sich die Ungeduld der Bauarbeiter, die immer noch vergeblich Einlaß in das Regierungsgebäude forderte. Ihre Schar wuchs ständig. Als sie sich schließlich in Sprechchören Gehör zu verschaffen suchten, erschienen die ersten Funkstreifen der Polizei.

An Stelle von Grotewohl wurde Selbmann in den Kampf geschickt. Dieser versuchte zuerst, eine Abordnung von nur wenigen Maurern als Unterhändler ins Haus der Ministerien zu bekommen. Aber diese Taktik verfing nicht. Die Bauarbeiter ließen sich nicht darauf ein, irgend jemanden zu ihrem Sprecher zu wählen, und sie wollten sich auch nicht mit Selbmann begnügen. Als der Minister einen Tisch auf den Vorplatz stellen ließ und von dort zu der Menge sprechen wollte, ließen ihn die Streikenden nicht zu Wort kommen. »Entweder Grotewohl erscheint«, riefen sie, »oder es dreht sich morgen kein Rad mehr.« Selbmann blitzte ab, und der Zug setzte sich wieder in Richtung Stadtmitte in Bewegung. Überall schlossen sich weitere Demonstranten an, und in kämpferischer Begeisterung riefen sie allen Passanten zu: »Macht mit! Seid nicht feige! Wir habe es satt! Morgen ist Generalstreik!«

Als Leuschner am späten Nachmittag aus dem Politbüro kam, schien er ganz verwundert über das, was sich vor unserem Hause zugetragen hatte. Meine Schilderung nahm er mit einem fast ungläubigen Lächeln hin, so daß ich den Eindruck gewann, er war sich der Bedeutung der Ereignisse nicht bewußt. Er hörte mir auch nicht lange zu. »Lassen wir dieses Thema jetzt«, wehrte er ab, »ich habe morgen eine Menge zu erledigen. Zunächst muß ich heute nachmittag noch einmal in die Wilhelm-Pieck-Straße. Sie aber laden heute noch alle Vorsitzenden der Bezirksräte, die Minister, Leiter zentraler Ämter und alle Verantwortlichen für Planung, Industrie, Wohnungsbau, Handel und Versorgung, Investitionen, d.h. alle wichtigen Leute, für morgen früh 10 Uhr zu mir ein. Setzen Sie sich sofort an den Sonderapparat und sprechen Sie mit allen Vorsitzenden, Ministern usw. persönlich. Sagen Sie ihnen, es handelt sich um einen Auftrag des Politbüros, von dem niemand entbunden werden kann. Das Politbüro macht jeden für sein Erscheinen verantwortlich und überläßt es jedem selbst, welche und wie viele Funktionäre er mitbringen will. Wir müssen morgen über die wichtigsten Veränderungen des Fünfjahrplanes Klarheit schaffen.«

Und da er die Trägheit der kommunistischen Bürokratie kannte, setzte er mit Nachdruck hinzu: »Sie wissen doch, wie das sonst immer ist. Wir bestellen die Leute hierher, sie sitzen wie die Grafen da, rauchen dicke Zigarren und denken, sie brauchen nur zuzuhören. Das geht morgen nicht! Morgen müssen sie hier an Ort und Stelle entscheiden. Ich will konkret wissen, bis wann welche Objekte stillgelegt werden können, was für Material und wieviel Arbeitskräfte dabei frei werden, wieviel Wohnungen man dafür bauen kann und so weiter. Ist das klar?«

»Klar!«

Bis in die späten Abendstunden saß ich am Telefon. Es dauerte mitunter sehr lange, ehe ich die einzelnen Funktionäre an den Apparat bekam. Die Bezirksratsvorsitzenden, die noch weniger vom Neuen Kurs erfahren hatten als die Angestellten des zentralen Apparates, waren nicht leicht zu bewegen, auf einen Anruf hin Hals über Kopf nach Berlin zu fahren und auch noch ihre wichtigsten Berater mitzunehmen. Sie brachten viele Einwände vor. Die Vorsitzenden der Industriebezirke Dresden, Chemnitz,

Magdeburg, Halle und Leipzig befürchteten schon an diesem Abend die Unruhen, die am nächsten Tag Wirklichkeit wurden.

»Ihr müßt doch völlig verrückt sein da oben«, schimpften die meisten, »uns zu einem Zeitpunkt nach Berlin zu rufen, wo wir hier dringend gebraucht werden. Habt ihr denn gar keine Ahnung, wie es hier aussieht?« Und fast jeder sicherte sich mit dem Schlußsatz ab: »Ich möchte mit allem Nachdruck betonen, daß ich jede Verantwortung ablehne, wenn während meiner Abwesenheit Dinge geschehen, die man jetzt noch nicht übersehen, aber ahnen kann. Hinterher heißt es dann wieder: Das hättet ihr wissen müssen.«

Auf der Fahrt nach Hause bot sich mir ein Bild, wie ich es noch nie gesehen hatte. Überall waren kleinere und größere Trupps von Arbeitern unterwegs, die in Sprechchören zum Generalstreik aufriefen. In der Nähe des Ostbahnhofs und in den Bezirken Friedrichshain und Treptow waren die meisten Parteilosungen von den Wänden gerissen oder Arbeiter gerade damit beschäftigt, sie zu vernichten. In der Stralauer Allee beschriftete eine Gruppe von Jugendlichen die rote Ziegelsteinmauer des Osthafens mit den Losungen »Freiheit« — »Gegen die Normenerhöhung« — »Freie Wahlen«.

Ich schlief spät ein an diesem Abend und wurde früh geweckt. Aber es war nicht die Stimme meiner Wirtin, die mich aus dem Schlaf riß, sondern ein Geräusch, das ich 1945 zum erstenmal gehört hatte. Gegen vier Uhr früh mochte es sein, als ich aufgeschreckt ans Fenster eilte und in der Morgendämmerung sowjetische Panzer nach Berlin fahren sah. Ich wohnte noch immer in Adlershof, ganz in der Nähe des Adlergestells, der wichtigsten Ausfallstraße nach Süden. In Königswusterhausen und Wünsdorf waren starke sowjetische Verbände stationiert, und von dort mußten die Panzer kommen.

Ich fand keinen Schlaf mehr. In den Häusern wurde es lebendig. Bald standen die Menschen fröstelnd und vor Erregung zitternd vor den Haustüren oder an den Fenstern. Nach gut einer Stunde herrschte wieder Stille — eine bedrückende Stille.

Als ich gegen 9 Uhr abgeholt wurde und ins Büro fuhr, war ich erstaunt, nichts mehr von den Panzern zu sehen. An den Fahrspuren ließ sich erkennen, daß sie in Schöneweide nach Karlshorst abgebogen waren.

In den Straßen herrschten um diese Zeit schon wieder — oder noch immer — die Demonstranten. Je näher wir der Stadtmitte kamen, um so dichter wurde der Menschenstrom. Wir mußten viele Umwege fahren. Die meisten Kraftwagen der Regierung trugen nämlich das polizeiliche Kennzeichen »GB 006«. Das war in Berlin allgemein bekannt. Und da die Demonstranten uns wütend die Fäuste entgegenstreckten, wurde es eine nicht ganz ungefährliche Fahrt.

Als wir das Regierungsgebäude erreichten, war die Straße zwar noch frei, aber vom Potsdamer Platz her schob sich durch die Leipziger Straße ein schwarzer Menschenstrom auf die Wilhelmstraße zu. Die Gittertore des ehemaligen Luftfahrtministeriums waren geschlossen. Dahinter standen junge Volkspolizisten mit Maschinenpistolen und Gummiknüppeln. Ihre Gesichter zeigten Unsicherheit und Angst. Nur nach vielem Zureden öffneten sie einen Flügel, um unseren Wagen einzulassen.

Kurz darauf hatte die Demonstration den Vorplatz des Regierungsgebäudes erreicht. In größter Eile wurde unser Wachkommando auf die Straße entsandt, um eine Sperrkette zu bilden und den Vorplatz freizuhalten. Unsere Sekretärin Elsa war kreidebleich, als ich das Sekretariat betrat. »Gott sei Dank, daß du da bist! Hier steht alles Kopf. Die Partei hat zu einer Gegendemonstration aufgerufen. Alle Angestellten sind durch den Garten und hinteren Ausgang marschiert, um die Leipziger Straße freizuhalten. Ich bin als einzige hiergeblieben, um auf den Chef und auf dich zu warten. Vorhin hat nämlich jemand vom ZK angerufen und ausrichten lassen, daß die Genossen Leuschner und Selbmann den Oberbefehl über unser gesamtes Objekt tragen. Ich möchte nur wissen, wo der Chef bleibt. Selbmann hat schon dreimal nach ihm gefragt.«

In diesem Augenblick trat Leuschner zur Tür herein. Jeder Blutstropfen war aus seinem Gesicht gewichen. Tief atmend blieb er stehen. Seine rechte Hand steckte unter dem Rockaufschlag, und einige Male flüsterte er: »Mein Herz — mein Herz.«

Er hatte erst wenige Tage vorher einen schweren Herzanfall gehabt. Wir packten ihn links und rechts unter den Armen und brachten ihn in sein Zimmer. Dort ließ er sich stöhnend auf die Couch fallen. Er war noch immer unfähig zu sprechen.

Elsa riß alle Zimmerfenster auf. Von der Straße drang unzusammenhängendes Toben und Grölen herein. Manchmal, wenn eine Sperrkette der Polizei durchbrochen wurde oder ein Steinwurf ein noch unbeschädigtes Fenster zerstörte, schwoll der Lärm zu einem vielstimmigen Geschrei an.

Als sich wieder ein solches Aufbrausen erhob, sah mich Leuschner unsicher an: »Das sind die Leute, um die wir seit Jahren ringen, von denen wir uns einbilden, daß wir ihre Interessen vertreten. Haben wir denn alles falsch gemacht?« Aber gleich schien er seine Worte zu bereuen und sprach sich selbst leise Mut zu: »An sich sind die paar tausend Leute ja noch nicht die ganze Bevölkerung. Und dann darf man Berlin nicht als Maßstab nehmen. Hier ist die Atmosphäre durch Westberlin verseucht. Das kommt doch alles nur aus diesem verdammten Wespennest.«

Er bekam keinen neuen Herzanfall. Die Schwäche ließ überraschend nach. Doch der gewohnte Schwung und die überlegene Sicherheit kehrten nicht so rasch zurück. Es war unverkennbar: Leuschner war tief deprimiert.

»Ich habe es nur noch mit Mühe und Not ins Haus geschafft«, berichtete er, während er vor den Spiegel trat und seine Kleidung ordnete. »An der Wilhelmstraße waren wir mit einem Male mitten zwischen Demonstranten. Die Fahrer haben die Situation richtig erfaßt und sind in die Clara-Zetkin-Straße eingebogen; sonst wäre unser Wagen sicher umgekippt worden. Ich bin ausgestiegen, die Fahrer haben meine Tasche und meinen Mantel bei sich behalten; sie wollten sich in eines der Gebäude in der Luisenstraße retten, ins Außenministerium oder in die Volkskammer. Ja, und ich bin einfach mit den Demonstranten mitgezogen. Zuerst die Ebertstraße entlang, dort habe ich mich stillschweigend in den Tiergarten verdrückt, habe den Potsdamer Platz über Bellevue-, Potsdamer- und Stresemannstraße umgangen und mich von hinten hereingeschlichen.«

»Da hatten Sie aber Glück, daß Sie niemand erkannte«, meinte Elsa.

»Wieso, mich kennt doch kein Mensch«, entgegnete er bestimmt. »Und dann haben wir ja schließlich illegale Zeiten hinter uns. Ein bißchen weiß ich schon noch, wie man sich in einer aufgeregten Masse verdrückt«, setzte er hinzu, und es huschte ihm sogar ein Lächeln über das müde Gesicht. (Diesen rettenden Umweg über die Westsektoren könnte heute niemand mehr gehen. Seit dem 13. August 1961 hat sich auch die DDR-Führung mit eingemauert und könnte sich selbst nicht einmal mehr durch Flucht in Sicherheit bringen.)

Nachdem wir Leuschner die Anweisung des ZK mitgeteilt hatten, nahm er mich beim Ärmel und sagte: »Also, gehen wir mal zu Selbmann.«

Unterwegs traten wir in ein Zimmer, dessen Fenster auf die Leipziger Straße gingen, um von dort aus auf die Demonstranten blicken zu können. Der Raum sah wüst aus.

Obwohl er im zweiten Stock lag, waren alle Fensterscheiben zerschlagen. Auf den Schreibtischen und am Fußboden lagen große Ziegelsteinbrocken. Die Demonstranten hatten sie aus den gegenüberliegenden Trümmergrundstücken geholt und hereingeworfen.

Als Leuschner an eines der Fenster treten wollte, hielt ihn ein Abteilungsleiter zurück: »Vorsicht, Genosse Leuschner, das ist gefährlich. Die werfen immer noch, obwohl das jetzt schon schwieriger ist. Sie stehen jetzt nämlich so dicht gedrängt, daß keiner mehr richtig werfen kann. Der Steinhagel ist vor ungefähr einer halben Stunde auf uns niedergeprasselt.«

Wir gingen von der Seite her an die Fenster heran und schauten vorsichtig auf die Straße. Links staute sich die Menge bis über den Potsdamer Platz hinaus. Rechts konnten wir bis zur Friedrichstraße sehen, bis dorthin stand die Menge aneinandergedrängt. Gegenüber dem Regierungsgebäude, auf der linken Seite der Wilhelmstraße, standen Tausende auf den noch nicht abgeräumten Trümmern. Von dort her wurden immer noch Steine geschleudert. Unmittelbar vor dem Haus hatten Volkspolizisten eine dreifache Kette gebildet, um die drängenden Massen von den Toren zurückzuhalten. Noch konnten sie den etwa 50 mal 50 Meter großen Vorplatz verteidigen. Dahinter stand ein Teil der Regierungsbeamten, die am Morgen zu der Gegendemonstration aufgerufen worden waren; andere waren von den Streikenden nach dem Potsdamer Platz zu abgedrängt worden.

Die Masse der Demonstranten verhielt sich ziemlich diszipliniert. Die Vorderen schrien auf die Volkspolizisten ein und versuchten, sie auf ihre Seite zu ziehen. »Schämt ihr euch nicht«, hörte ich einen Hünen mit Bärenstimme brüllen, »diese Strolche auch noch zu verteidigen? Das will eine Arbeiterregierung sein, die sich vor uns verschanzt? Werft die Russenuniformen weg und macht mit uns mit!«

An anderer Stelle begann eine Gruppe das Schlesierlied zu singen. Wieder andere forderten im Sprechchor die Rückgabe der Ostgebiete. Nur noch vereinzelt ertönte der Ruf: »Weg mit den Antreibernormen!« In der Mitte der Straße wollte sich eine Schlägerei entwickeln. Aber die Streitenden wurden von den Umstehenden getrennt. Kurz darauf wurde ein Mann nach vorn zu den Volkspolizisten gestoßen. Offensichtlich hatte er Partei für das Regime ergreifen wollen. Er bekam tüchtige Prügel und zwängte sich, aus Mund und Nase blutend, durch die Beine seiner Beschützer. Mit Fußtritten und groben Schimpfworten wurde er durch die Sperrkette gestoßen, blieb liegen und wurde dann ins Haus geschleppt.

Wir sahen dem Treiben etwa 15 Minuten lang zu. Niemand sprach ein Wort. Leuschner schaute sich wiederholt zu mir und den anderen Regierungsangestellten um und schüttelte dabei resigniert den Kopf. Die anderen schlugen jedesmal die Augen nieder. Ich glaube, sie waren froh, als wir gingen. Selbmanns Büro glich einem Bienenstock. Parteisekretäre aller Dienststellen, KVP-Offiziere und -Soldaten, einige Staatssekretäre und viele höhere Beamte waren um den Industrieminister versammelt. Selbmann ging sofort auf Leuschner zu und zog ihn beiseite. Er berichtete in kurzen Worten, daß die Parteiführung mit den Sowjets verhandle. Es sei noch nicht klar, wie vorgegangen werden solle. Karlshorst wünsche kein Blutvergießen. Zaisser habe den Truppen jeglichen Waffengebrauch verboten.

Dann beratschlagten die beiden, wie man die versprengten Staatsfunktionäre wieder ins Haus schleusen könnte. An diesem Gespräch beteiligten sich fast alle Versammelten. Sie waren darüber ungehalten, daß die Partei die sogenannte Gegendemonstration angeordnet hatte und schimpften auf den Berliner Parteisekretär Hans Jendretzky, der, wie sie sagten, diesen Blödsinn verzapft habe.

Die meisten Anwesenden fühlten sich trotz der andrängenden Massen vor unserer Tür vollkommen sicher und manche sogar noch stark. Die Altkommunisten bemängelten die Nachsicht, die man gegenüber den Streikenden walten lasse, und betonten immer wieder, daß man gegen die »Rabauken« nur mit Brutalität vorgehen könne. Leuschner und Selbmann vereinbarten, daß Selbmann das alleinige Kommando übernehmen und Leuschner sich zurückziehen sollte, um seine Arbeit am Neuen Kurs fortzusetzen.

Auf dem Rückweg warfen wir noch einmal einen Blick auf die Leipziger Straße hinunter. Das Bild hatte sich kaum verändert. Die Masse stand — man konnte fast sagen geduldig — und wünschte noch immer, Grotewohl und Ulbricht zu sprechen. Gerade als wir uns vom Fenster abwenden wollten, erhob sich ein lautes Hallo. Gegenüber dem Regierungsgebäude befand sich eine Imbißstube der HO, und diese wurde soeben gestürmt. Jugendliche hatten die Fensterscheibe eingeschlagen und drangen in den Raum ein. Ein daneben liegendes privates Bekleidungsgeschäft blieb verschont.

»Kommen Sie, wir müssen weitermachen«, sagte Leuschner und zog mich vom Fenster fort. Als wir durch die leeren Gänge schritten, meinte er: »Jetzt nimmt die Sache rein politischen Charakter an. Bisher konnte man noch denken, daß die Normen tatsächlich das Hauptthema bildeten. Aber wenn die Fensterscheiben bei der HO eingeschlagen werden und das Privatgeschäft daneben in Ruhe gelassen wird, dann ist doch wohl klar, daß sich die Aktion gegen ganz etwas anderes richtet. Mit Normen hat das nichts mehr zu tun.«

»Wann werden die Truppen denn eingreifen?« fragte ich. »Keine Ahnung, aber es wird nicht zum Äußersten kommen.« Er erklärte nicht, was er mit »Äußerstem« meinte.

Wir waren inzwischen wieder in unserem Sekretariat angelangt, und dem Planungschef war es nur noch darum zu tun, rasch mit der vorgesehenen Beratung zu beginnen. Ich erhielt den Auftrag, die wichtigsten Mitarbeiter heranzuholen. Als ich auf den Vorplatz hinaustreten wollte, wurde ich vom Einlaßdienst zurückgehalten: Selbmann hatte befohlen, die Türen verschlossen zu halten und ihre Verbarrikadierung vorzubereiten. Ich mußte mir erst einen von Selbmann unterschriebenen Passierschein holen. Bald fand ich Bayer, Lange, Straßenberger und einige andere Funktionäre. Sie standen hinter der Sperrkette und diskutierten teils mit den Streikenden, teils untereinander. Meine Aufforderung, zur Sitzung zu kommen, hielten sie für einen schlechten Witz. Sie waren tief deprimiert, und ihre Stimmung machte sich in Zynismen Luft. Die meisten wären sicherlich am liebsten zu den Streikenden übergetreten; aber keiner zweifelte daran, daß die Russen den Aufstand binnen kurzem niederschlagen würden. Sie stritten auch über die Frage, was geschehen würde, wenn die Russen nicht eingriffen und der Aufstand zu den Ergebnissen führte, die die Masse erhoffte. Die Mehrzahl meinte, es würde dann sehr schnell zur Wiedervereinigung und zu einer gesamtdeutschen Bundesrepublik kommen. Doch damit war keiner so richtig einverstanden. Sie wollten zwar, daß die SED-Diktatur hinweggefegt würde, aber zu einer, wie sie sagten, überstürzten Wiedervereinigung wollten sie nicht ja sagen. Sie fürchteten, dann werde sich in Deutschland der räuberischste Kapitalismus breitmachen, und vielleicht käme es zu einer Wiederholung des Unheils der vergangenen Jahrzehnte. Sie waren über alle Maßen ratlos. Widerwillig folgten sie mir endlich ins Haus.

Leuschner stand in der Mitte des Sitzungszimmers und lächelte seinen Mitarbeitern verlegen zu. Bemerkungen zur Lage schnitt er sofort ab: »Bitte keine langen Reden! Ich weiß selbst, was draußen los ist, und ich weiß auch, was das bedeutet — nicht nur für heute, sondern für alle Zukunft. Natürlich hat der Gegner darauf gewartet und wird nun triumphieren. Aber über die Konsequenzen müssen sich andere Gedanken machen — und darum bitte an die Arbeit. Holt eure Unterlagen, damit wir anfangen können. Ich habe heute viel vor.«

Unwillig murmelnd verließen die Männer das Zimmer, kehrten mit ihren Papieren zurück, und nach wenigen Minuten schien der Aufstand vergessen zu sein. Es wurde wieder wie alle Tage über Kohle, Stahl, Maschinenbauerzeugnisse, Konsumgüter und Lebensmittel gesprochen, gefeilscht und gerechnet. Nur war es nicht ganz so ruhig wie sonst. Da wir wegen der großen Hitze alle Fenster offen hatten, drang der immer noch anschwellende Lärm von der Straße herein, und wenn ein vielstimmiger einheitlicher Kampfruf erscholl, stockte die Besprechung, und alle horchten auf. Leuschner mußte wiederholt mit dem Bleistift auf die Tischplatte klopfen, wobei er jedesmal gedehnt und nicht sehr laut mahnte: »Bitte, Genossen, wir müssen arbeiten, die Parteiführung wartet auf unsere Ergebnisse!«

Nach und nach trafen auch einige Bezirksratsvorsitzende mit ihren Beratern ein. Ich mußte jede Gruppe einzeln vom Barrikadenkommando am Eingang abholen. Obwohl die Vorsitzenden von Grotewohl unterschriebene Dienstausweise hatten, wurden sie nicht ohne meinen von Selbmann ausgestellten Sonderbefehl eingelassen. Manche sahen ziemlich mitgenommen aus. Sie wurden im Sitzungszimmer mit Gelächter und Frotzeleien empfangen. In solchen Augenblicken hätte man denken können, Leuschner veranstalte eine Party. Doch das Gelächter hielt nie lange an. Und jedesmal, wenn der Aufschrei der Massen hereindrang, herrschte Totenstille, und keiner wagte den anderen anzusehen.

Gegen Mittag erreichte der Aufstand seinen Höhepunkt. Die Kampfrufe hatten nur noch politischen Inhalt.

Statt »Weg mit den Normen!« hörte man fast nur noch »Weg mit Ulbricht!« Auch der Ruf nach freien Wahlen verstummte nicht mehr, und bald sangen Tausende die dritte Strophe des Deutschlandliedes: »Einigkeit und Recht und Freiheit für das deutsche Vaterland ...«

Dann peitschten Maschinengewehrsalven durch die Luft, Panzer kamen die Leipziger Straße herauf mit dröhnenden Motoren, rasselnden Ketten und quietschenden Rädern — doch alles wurde übertönt von den Panikschreien der vielen tausend wehrlosen Menschen, die die stählernen Kolosse vor sich hertrieben.

Diesmal herrschte in unserem Raum besonders lange Schweigen. Leuschner und die meisten anderen waren blaß geworden. Nach einer Weile murmelte jemand vor sich hin: »Der Marxismus-Leninismus kennt in unserer heutigen Gesellschaft zwei Hauptklassen, die sich feindlich gegenüberstehen: die Arbeiterklasse und die Klasse der Ausbeuter. Das sozialistische Lager, geführt von der Sowjetunion, dem auch wir angehören, vertritt die Interessen der Arbeiterklasse. Kann mir jemand sagen, wessen Blut heute geflossen ist? Waren das Kapitalisten, die heute die Straßen füllten und jetzt zusammengeschossen werden?«

Er erhielt keine Antwort und hatte wohl auch keine erwartet.

Bald triumphierte wieder die Organisation. Kaum waren die ersten Schüsse verhallt, da gab der Rundfunk auch schon bekannt, daß General Dibrowa, der sowjetische Stadtkommandant von Berlin, den Ausnahmezustand verhängt habe. Alle Bürger wurden aufgefordert, die Straßen zu verlassen. Ab 6 Uhr abends herrschte Ausgehverbot. Die Sowjettruppen riegelten den Westsektor ab, und in Ostberlin begann ein Kesseltreiben gegen die versprengten Arbeitertrupps.

Im Haus der Ministerien waren die ganze untere Etage und die Kellergänge mit Verhafteten belegt. Die Tore waren jetzt wieder weit geöffnet. Durch sie trieben die Russen und ihre deutschen Helfer die besiegten Arbeiter in das Gebäude. Jetzt hatte sich das Blatt gewendet; die Fußtritte und Fausthiebe wurden mit Zinsen zurückgezahlt. Dabei taten sich besonders diejenigen hervor, die keine Stunde früher noch gezittert hatten. Die meisten Regierungsangestellten verkrochen sich jedoch angewidert in ihren Zimmern.

Am Abend wurden die Gefangenen abtransportiert, und mehrere Kompanien Volkspolizisten bezogen Quartier. Gegen 18 Uhr meldeten sich auch das ZK und die Berliner SED-Leitung wieder. Sie ordneten an, die Parteimitglieder sollten die Plakate, die den Ausnahmezustand verkündeten, ankleben und alle Personen melden, die sich am Aufstand beteiligt hatten.

Hin und wieder fielen noch Schüsse. Aber sonst herrschte Friedhofsruhe.

Wackliges Vertrauen

Die Lähmung war im Regierungsgebäude auch am nächsten Vormittag noch spürbar. Viele Mitarbeiter konnten nicht zum Dienst erscheinen, weil die öffentlichen Verkehrsmittel noch stillstanden, und die Spitzenfunktionäre befanden sich im Parteihaus, wo die am Vortag ausgearbeiteten Beschlußvorlagen behandelt wurden. Erst am Nachmittag wurde es lebendig. Die Parteiführung hatte beschlossen, den Apparat wieder anzukurbeln. Sie tat das, indem sie für den späten Nachmittag eine »Vertrauenskundgebung« ansetzte. In aller Eile wurde vor dem Haupteingang des Hauses der Ministerien eine Tribüne zusammengezimmert, auf der sich die Machthaber den herbefohlenen Demonstranten zu präsentieren gedachten.

Der Vorgang entbehrte nicht der Ironie. Genau an der Stelle, wo zwei Tage zuvor Fritz Selbmann von den Bauarbeitern der Stalinallee niedergeschrien worden war und tags darauf die angstschlotternden Volkspolizisten dem Ansturm der Aufständischen nur dank des Eingreifens sowjetischer Panzer hatten standhalten können, dort fand am 18. Juni eine »Arbeiterkundgebung« statt, an der fast nur Angehörige der neuen Führungsschicht teilnahmen. Denn die Massen der Arbeiter waren noch gar nicht wieder in ihren Betrieben erschienen. An vielen Stellen wurde trotz des Ausnahmezustands und der strikten Aufforderung, die Arbeit wieder aufzunehmen, weitergestreikt. Außerdem wußte die letzte Kehrfrau in unserem Gebäude, daß der Aufstand vor allem in Sachsen, Thüringen und Anhalt noch immer nicht niedergeschlagen, ja daß er in entfernteren Gebieten (Ostsachsen und Mecklenburg) überhaupt erst am 18. Juni ausgebrochen war. Noch eine Woche nach dem Aufstand in Berlin lief das Leben in den Industriezentren längst nicht wieder in ruhigen Bahnen.

Geradezu blamabel aber wirkte diese »Vertrauenskundgebung« dadurch, daß sie sich unter dem Schutz — oder der Drohung? — sowjetischer Maschinenpistolen abspielte. Während die Parteibeamten vor dem Regierungsgebäude aufmarschierten, blieben die Russen hinter ihren provisorisch errichteten Barrikaden liegen und sahen unbewegt oder auch verständnislos zu. Das Schauspiel war ja auch schwer zu begreifen. Gestern noch waren die Scheiben und Türen eingeschlagen, Gebäude in Brand gesetzt, Autos umgekippt und Funktionäre verprügelt worden, und heute marschierten die Marschkolonnen der Kommunisten wieder wie in besten Zeiten auf. Vielleicht haben manche Russen befürchtet, es könne sich hinter dieser Kulisse eine geschickt getarnte neue »Konterrevolution« verbergen. Es dauerte jedenfalls geraume Zeit, ehe sie ihre Maschinenpistolen etwas lockerer faßten.

Die Kundgebung war denn auch den Umständen entsprechend farblos. Während sonst Ulbricht und seine Getreuen in breiter Front die gewaltige, blumen- und fahnengeschmückte Tribüne auf dem Marx-Engels-Platz einnahmen und sich von zahlreichen Ehrengästen und Aktivisten flankieren ließen, mußten sie sich an diesem Tage auf dem kleinen, wackligen Bretterpodest drängen.

Nach kurzen Einleitungsworten des Berliner Parteisekretärs Hans Jendretzky sprach Otto Grotewohl. Seine Aufgabe war nicht leicht. Er mußte uns den Aufstand als das Werk »imperialistischer Agenten« erläutern und durfte ihn auf keinen Fall als spontane Aktion der Arbeiter erscheinen lassen. Nun hatte die SED aber keine zwei Wochen vorher den Neuen Kurs proklamiert und dabei selbst von »ernsten Fehlern« und »unbefriedigenden Zuständen« gesprochen, die im Interesse einer engeren Verbindung zwischen Regierung und Volk beseitigt werden sollten. Grotewohl bediente sich eines typisch kommunistischen Tricks. Er sagte, der Westen habe schon seit Jahren Angst vor der Kraft des sozialistischen Lagers und der DDR gehabt. Die Ankündigung der Partei, die Lebenslage noch schneller zu heben, als das bisher schon der Fall gewesen sei, habe im Westen Panik hervorgerufen. Die Kapitalisten hätten ihre Felle wegschwimmen sehen. Um das Entwicklungstempo der DDR zu bremsen und die Arbeiter-und-Bauern-Macht vor der Weltöffentlichkeit in Mißkredit zu bringen, habe das Bonner »Spionageministerium Kaiser« den Putsch inszeniert und sich dabei faschistischer Elemente bedient. Das Ziel sei gewesen, die »demokratische Ordnung« zu stürzen und den Kapitalismus und Militarismus wiedereinzuführen.

Die Kundgebungsteilnehmer ließen sich von der Rede Grotewohls in ihren Gesprächen kaum stören. Neben mir hörte ich einen jüngeren Genossen vor sich hinmurmeln: »So ein Quatsch! Wenn es so leicht ist, die Massen für eine Erhebung zu gewinnen, warum tun wir dann nicht dasselbe im Westen und fegen die Adenauer-Regierung einfach hinweg? Der glaubt doch selbst nicht, was er sagt. Macht nur so weiter, dann sind die Proleten bald wieder auf der Straße. Aber das nächste Mal werden es noch ein paar Tausend mehr sein!«

Die »Vertrauenskundgebung« war kurz, aber die meisten warteten nicht einmal den Schluß ab. Die Hintenstehenden hatten die gute Ausrede, daß sie nichts verstehen könnten, weil die Lautsprecheranlage fehlte, und verschwanden. Daraufhin wichen viele andere immer weiter zurück und verzogen sich ebenfalls. Ich mußte daran denken, wie ausdauernd die Aufständischen einen Tag zuvor auf diesem Platz gestanden hatten, und das aus freien Stücken!

So wurde ich nach und nach wieder etwas zuversichtlicher. ‚Umsonst war der Aufstand doch nicht', dachte ich, ‚wenn er auch kein positives Ergebnis hatte. Dieser Marionettenregierung ist die demokratische Maske vom Gesicht gerissen worden. Das Renommee ist hin, hin für immer. Keine noch so ausgeklügelte Formulierung oder dialektische Phrase wird es wieder herstellen, nur noch Taten — und zwar solche, die nicht auf Zwang, sondern auf dem freien Willen der Bevölkerung fußen.'

TAUWETTER

Leuschners Aufstieg ins Politbüro

Meine Informationen über politische Tagesereignisse bezog ich größtenteils von den westlichen Rundfunksendern, wie es meiner Überzeugung nach die Mehrheit der Bevölkerung tat. Trotzdem versäumte ich nie, frühmorgens die Schlagzeilen und manchmal einige Artikel im »Neuen Deutschland« zu überfliegen. Es war gut zu wissen, über welche Ereignisse man sprechen durfte und zu welchen man besser schwieg, weil das Zentralorgan sie nicht erwähnte.

Am Morgen des 27. Juli vertiefte ich mich gegen meine Gewohnheit gründlich in das Parteiblatt. Es enthielt das Kommuniqué über die 15. Tagung des Zentralkomitees, die am Vortag mit dem Sieg Ulbrichts über die »Fraktion Zaisser-Herrnstadt« geendet hatte. Fünf Mitglieder und Kandidaten des Politbüros waren aus der obersten Parteiführung entfernt worden, nämlich Wilhelm Zaisser, Rudolf Herrnstadt, Anton Ackermann, Hans Jendretzky und Elly Schmidt; dafür waren Karl Schirdewan und Willi Stoph als Mitglieder und Herbert Warnke und Bruno Leuschner als Kandidaten ins Politbüro aufgerückt.

Die Ausschaltung der Zaisser-Herrnstadt-Gruppe zog den Schlußstrich unter eine Entwicklung, die mit Stalins Tod begonnen und in allen Gliedern des zentralen Apparates längere Zeit großes Rätselraten verursacht hatte. Mir erschienen allerdings an dieser Angelegenheit damals nur zwei Dinge wichtig: daß Ulbricht seinen Platz behauptet hatte und daß mein Chef eine Stufe höher gestiegen war. Ich hegte für keinen der Ausgeschlossenen besondere Sympathien. Die meisten von ihnen kannte ich nicht persönlich, und die ich kannte, z. B. Herrnstadt und Jendretzky, waren mir alles andere als sympathisch.

Da ich den amtlichen Formulierungen keinen Glauben schenkte, ließ ich zunächst die Fraktion Fraktion sein und orakelte mit meiner Frau (vor ein paar Wochen hatten wir eine Neubauwohnung bekommen und waren nach über einem Jahr endlich wieder beisammen), was uns die Tatsache bescheren würde, daß mein Chef in die Spitzenführung aufgerückt war. Leuschners Rolle würde noch an Bedeutung zunehmen, sagten wir uns und knüpften daran die Frage, ob ich auch jetzt noch bei ihm bleiben würde. Vielleicht würde er sich nun doch einen älteren, erfahreneren Genossen suchen müssen und mich wieder nach Dresden in meinen Beruf zurücklassen. Uns wäre das nur recht gewesen.

Doch wir hatten nicht viel Zeit, unsere Gedanken auszuspinnen. An diesem Morgen wurde die SED-Presse einmal der Funktion des »kollektiven Organisators« gerecht, die ihr nach der kommunistischen Theorie zukommt. Kurz nacheinander riefen Straßenberger und Sägebrecht an, fragten, ob ich die große Neuigkeit schon wüßte, und schlugen vor, eine kleine Gratulationscour für Leuschner zu veranstalten.

So machte ich mich schnell fertig, fuhr ins Büro, und um neun Uhr war die Leitung der Plankommission zum Empfang ihres Vorsitzenden bereit. Elsa hatte Blumen besorgt und auf Leuschners Platz gestellt. Gegen halb zehn erschien er. Willi Sägebrecht als sein Erster Stellvertreter nahm ihn in Empfang, führte ihn an seinen Platz und sprach ihm im Namen aller Mitglieder der Plankommission Glückwünsche zu seiner Beförderung aus.

Ich hatte gehofft, daß es zu einer Diskussion über die Zaisser-Herrnstadt- Fraktion kommen würde. Aber Leuschner, dem hochtrabende Worte offensichtlich mißfielen, brach die Zusammenkunft ab. Er bedankte sich herzlich für die Glückwünsche, gab die Marschroute für den kommenden Tag bekannt und warf sich wieder in das Räderwerk der Planbürokratie.

Nach Leuschners Wahl in das Politbüro bekam ich meinen Chef noch seltener zu Gesicht. Zwar hatte er schon bisher die Dienstage größtenteils im Parteigebäude in der Wilhelm-Pieck-Straße verbracht, aber meist hatte er sich doch wenigstens ein paar Stunden bei uns sehen lassen. Von nun an war er an keinem Dienstag mehr in seinem Büro anzutreffen.

Auch die Arbeitslast wurde größer. Hatten wir bisher nur zu den Teilen der Politbürobeschlüsse Stellung nehmen müssen, die die Plankommission unmittelbar angingen, so mußte nun das gesamte Material ausgewertet werden. Und das war nicht wenig. Jetzt begann unser Wochenrhythmus jeweils am Samstagnachmittag. Um diese Zeit erschienen die bewaffneten Boten des Zentralkomitees bei allen Politbüromitgliedern und überbrachten ihnen das Sitzungsmaterial für die Beratungen am kommenden Dienstag. In der Regel erhielt jedes Politbüromitglied zwei prallgefüllte versiegelte Aktentaschen, in denen sich die Beratungsunterlagen für 40 bis 60 Tagesordnungspunkte befanden.

Von jetzt an gehörte es zu meinen Wochenendbeschäftigungen, diejenigen Mitarbeiter, die am Montagmorgen Stellungnahmen zu gewissen Beschlußvorlagen ausarbeiten sollten, über das Wochenende zu benachrichtigen. Am Montag setzte dann immer eine unerhörte Stoßarbeit ein: Es galt, den betreffenden Funktionären die Beschlußvorlagen auszuhändigen und dafür zu sorgen, daß die Stellungnahmen am Abend vorlagen. Nichts durfte ohne Quittung aus der Hand gegeben werden, und es hätte bestimmt zu meiner sofortigen Verhaftung geführt, wenn jemals eine als »Persönliche Verschlußsache« gezeichnete Beschlußvorlage für das Politbüro verlorengegangen wäre.

Hatte mich schon das, was ich bislang von den Regierungspraktiken kennengelernt hatte, in meiner ablehnenden Haltung gegenüber dem kommunistischen System bestärkt, so ließ mich der Einblick in die unzähligen Beschlußvorlagen des Politbüros geradezu erschrecken. Es gab praktisch nichts, was die Parteiführung nicht selbst behandelte und entschied. So unterbreitete das Justizministerium der Parteiführung jede Woche einige Beschlußvorlagen, die politische Prozesse betrafen. Die Parteiführung bestimmte bis ins einzelne Prozeßführung, Strafmaß, Behandlung von Gnadengesuchen und alles andere, was damit zusammenhing. Das Politbüro beschloß die Lehrpläne für alle Schulen, von den Volksschulen bis zu den Universitäten. Die örtlichen Organe selbst mittelgroßer Städte wie Dessau oder Halberstadt ließen sich ihre Aufbaupläne bestätigen, und es wurde dabei genau festgelegt, welche Geschäfte, Schulen, öffentlichen Gebäude zu errichten waren, die Straßenbreite wurde bestimmt und sogar der Baustil, kurz, alles, was eigentlich viel besser von den kommunalen Behörden entschieden werden konnte.

Für einen Einzelnen war es fast unmöglich, alle diese Dokumente zu lesen, geschweige denn zu beurteilen. Ich ging deshalb mit Leuschner die Papierstöße oberflächlich durch, und sobald wir herausgefunden hatten, in welches Ressort sie jeweils gehörten, wurde das entsprechende Schriftstück dem zuständigen Bearbeiter zur Stellungnahme gegeben. Selbstverständlich war auch das strengstens verboten; denn wenn offiziell nicht einmal die persönlichen Mitarbeiter eines Politbüromitgliedes Einsicht in die Arbeit der Parteiführung nehmen durften, so bedeutete es eine noch größere Verfehlung, derartige

Papiere Dritten in die Hände zu geben. Deshalb erhielten nur die Stellvertreter Leuschners und jene Funktionäre die Vorlagen vollständig, die wir persönlich gut kannten. Mittlere Angestellte bekamen nur den Teil, der sie unmittelbar anging, und manchmal wurde ihnen nicht einmal gesagt, welche Bewandtnis es mit dem Schriftstück hatte, das sie beurteilen sollten. Diese umständliche Arbeitsweise resultierte auch mit aus der Tatsache, daß es bis Ende der 50er Jahre noch nicht einmal im zentralen Regierungsapparat Fotokopiergeräte gab — und zum Abschreiben der Dokumente waren wir weder befugt noch hätte die Zeit gereicht.

Am Montagabend überflogen wir dann die Bemerkungen der Fachleute und schrieben meist nur »ja« oder »nein« an den Rand. Ein »Ja« wurde gewöhnlich hingeschrieben, wenn der Antragsteller eine Produktionsumstellung verlangte, ohne zusätzliches Material oder Geld zu fordern; abgelehnt wurde grundsätzlich alles, was dem Staat neue Ausgaben oder zusätzliche Materialleistungen verursacht hätte. Im Laufe der Jahre hatten auch unsere Mitarbeiter schon so viel Routine entwickelt, daß sie den Pferdefuß meist sehr schnell erkannten. Die wenigsten Beschlußentwürfe wurden ganz gelesen.

Leuschners Mitgliedschaft im Politbüro brachte noch eine weitere Veränderung mit sich. Mein Chef erhielt jetzt einen ständigen Sicherheitsbegleiter. Auch sein Kraftwagen, der wie die Fahrzeuge der Polizei die blaue Lampe und das Martinshorn hatte, nebst Fahrer, wurden vom Staatssicherheitsdienst gestellt. Offiziell war der »Schatten« für Leuschners persönliche Sicherheit da. Doch diese Sicherheitsfunktion war nach meiner Einschätzung sekundär. Wichtiger schien mir die Aufpasserrolle zu sein. Er mußte täglich Stundenberichte abliefern, aus denen hervorging, wohin er Leuschner begleitet hatte. Auf diese Weise ließ sich lückenlos kontrollieren, was die Politbüromitglieder trieben. Das schien auch Leuschner die unangenehmste Seite an diesem »Schatten« zu sein. Und wenn er schon vor seiner Berufung ins Politbüro kaum persönliche Kontakte zu anderen Spitzenführern unterhalten hatte, so kapselte er sich nun noch mehr ab und sah praktisch nur noch sein Büro, das Parteigebäude und seine Wohnung.

Das Wichtigste, was sich für mich aus Leuschners Wahl ins Politbüro ergab, war die bedeutende Erweiterung meines Blickfeldes. Jetzt hatte ich praktisch Einblick in das gesamte Machtgefüge des SED-Staates. Auch konnte ich nunmehr besser beurteilen, welche Probleme im Kompetenzbereich der DDR lagen und was von Moskau entschieden wurde. War früher beispielsweise ein von der Plankommission an das Politbüro geleiteter Beschluß nicht angenommen worden, so war ich oft der Meinung gewesen, man habe die Angelegenheit nur hinausgezögert. Jetzt aber konnte ich feststellen, ob es tatsächlich an der SED-Führung lag oder ob diese sich für nicht zuständig hielt und Weisungen von Moskau einholte. Das letztere geschah in den meisten Fällen. Das »streng geheime« Protokoll des Politbüros drückte das meist mit der Bemerkung aus, daß »zu Punkt XY Genosse Ulbricht die sowjetischen Genossen konsultieren wird.«

Auch die Informationsquellen flossen jetzt überreichlich. Allwöchentlich kamen Berichte von der Abteilung Leitende Organe des ZK, die dem neuen Kaderchef und Nachfolger Dahlems, Karl Schirdewan, unterstand. Oft war der Inhalt sensationeller als der westlicher Boulevardblätter. Der Kommunismus tritt überall mit der Behauptung auf, daß sich durch die neuen gesellschaftlichen Verhältnisse, durch die Beseitigung der »räuberischen kapitalistischen Ausbeutung« auch der Mensch ändere. Mord, Totschlag, Diebstahl und Betrügereien, Sexualverbrechen und Jugendkriminalität — das alles gilt als typische Begleiterscheinung der »dekadenten westlichen Ausbeuterordnung«. Die Berichte der ZK-Abteilung entlarvten diese Parteilosungen als bloßes Wunschdenken. Was in der DDR an Verbrechen begangen wurden, konnte im Westen schwerlich übertroffen werden. Besonders zahlreich waren auch Meldungen über Selbstmorde.

Daneben enthielten die Berichte unzählige Hinweise auf »konterrevolutionäre Aktionen westlicher Agenten«. Es verging fast keine Woche, in der ich nicht von Sitzstreiks, kleinen Meutereien, Protestaktionen und dergleichen gelesen hätte. Immer wieder wurden Parteibüros verwüstet, Scheiben eingeschlagen, Funktionäre verprügelt oder gar getötet, amtliche Spruchbänder abgerissen und durch Freiheitslosungen ersetzt; kurzum, aus diesen Berichten ergab sich, daß sich die SED in der Defensive befand und einem allgemeinen, freilich meist unorganisierten Volkswiderstand gegenübersah. Dies war besonders stark in den Industriezentren und Aufbauschwerpunkten. Im Prinzip waren diese Berichte identisch mit den »Informationen aus dem Reich«, womit die GESTAPO die NS-Führung über die Stimmung der Bevölkerung und über Vorgänge unterrichtet hatte, die nicht in der von Goebbels gelenkten Presse erscheinen durften.

Was sich im Westen abspielte, wurde den Politbüromitgliedern durch »streng geheime« Berichte des Staatssicherheitsdienstes kundgetan. Der Informationsdienst des neuen SSD-Chefs Ernst Wollweber, der etwa wöchentlich herauskam, war in mehrere Abschnitte gegliedert. Der längste und wichtigste enthielt Spionageergebnisse aus dem staatlichen Leben der Bundesrepublik. Meist gaben die Berichterstatter Bemerkungen wieder, die sie in den Wandelhallen des Bundestages oder in Kantinen und Restaurants der Bundeshauptstadt erlauscht hatten. Oft begannen die Mitteilungen sogar mit den Sätzen: »Bei einem Essen im Haus Soundso war einer Unterhaltung zwischen den und den Personen zu entnehmen ...«

Der zweite Abschnitt dieser Berichte brachte Informationen aus der westdeutschen Wirtschaft. Hierbei handelte es sich — im Gegensatz zu den im Bundestag oder anderswo aufgeschnappten Gesprächsfetzen — größtenteils um exaktes Material, das von KP-Funktionären geliefert wurde. Oft waren es regelrechte Betriebsanalysen mit genauer Bezeichnung der Schwierigkeiten, die in den betreffenden Unternehmen bestanden. Gelegentlich waren Hinweise angefügt, wo die Außenhändler des Ostblocks Ansatzpunkte für günstige Geschäfte finden könnten. Doch damit war die Aufgabe der Wirtschaftsspione keineswegs erschöpft. Was an Fachberichten über neue technische Entwicklungen und Produktionsverfahren zusammengetragen wurde, überstieg fast das menschliche Aufnahmevermögen. Der für die Politbüromitglieder zusammengestellte Bericht enthielt ja nur das Wichtigste. Aus den zahlreichen in Klammern gesetzten Bemerkungen (»Zeichnungen und technische Dokumentationen wurden den zuständigen Fachorganen übergeben«) konnte ich erkennen, was der SSD alles im Westen zusammenstahl. Daß sich die Kommunisten Einblick in alles verschafften, was im Westen auf wirtschaftlichem Gebiet vor sich ging, hatte ich schon früher feststellen können, als ich einmal im Deutschen Wirtschaftsinstitut gewesen war. Diese Dienststelle unterstand Leuschner direkt; ihr Leiter war Professor Siegbert Kahn. Dort hatte ich Archive gesehen, die so gut wie alle wirtschaftlichen und technischen Druckschriften enthielten, die im Westen herauskamen. Ein qualifizierter Mitarbeiterstab wertete sie aus und gab den Fachministerien entsprechende Hinweise. Die Agenten Wollwebers hatten nun offensichtlich die Aufgabe, interessante Lücken zu schließen und jeweils das Pünktchen auf das I zu setzen. (Das Deutsche Wirtschaftsinstitut ist 1971 mit dem früheren DDR-Staatssekretariat für westdeutsche Fragen und einigen anderen Büros zum »Institut für Internationale Politik und Wirtschaft« [IPW] umgewandelt worden, ist jedoch nach wie vor für »Westforschung« zuständig.)

Der dritte Teil des Berichts befaßte sich mit der Situation in den großen westdeutschen Parteien. Was er bot, ging nur selten über die Informationen des ersten Abschnittes hinaus.

Der Schlußteil berichtete über die wichtigsten Ereignisse in der übrigen nichtkommunistischen Welt. In der Ausführlichkeit rangierten die wirtschaftspolitischen Hinweise vor der Darstellung personeller Machtkonstellationen und parteipolitischer Interna. Was Westeuropa und Amerika anlangte, wurden oft nur die Zeitungen der betreffenden Länder ausgewertet. Wahrscheinlich konzentrierte sich die DDR-Spionage auf die Bundesrepublik, während die Spionage in der übrigen westlichen Welt zu den Kompetenzen Moskaus gehörte.

Nomenklaturfunktionäre — offiziell und privat

Mit der Berufung in Leuschners Sekretariat war ich in die Nomenklaturstufe der zweiten Kategorie aufgestiegen. Die »Nomenklatur«, buchstabengetreu vom Sowjetsystem (»Nomenklatura«) übernommen, teilt die Funktionärskaste in personalpolitisch unterschiedlich geführte Klassen mit entsprechenden Aufgaben und Privilegien ein. Oberster Wächter über die Nomenklatur ist die Personalverwaltung der SED, nach deren Richtlinien den einzelnen Ressorts (Staatsapparat, Armee, Geheimpolizei, Wissenschaft, Kunst, regionale Verwaltungen) Unterinstanzen zugeordnet worden sind.

Für den zentralen Staatsapparat in Ostberlin war dies das Hauptamt Verwaltung unter Leitung von Arthur Pieck, dem Sohn des ersten DDR-Staatspräsidenten. Von ihm gingen die Weisungen aus, welcher Kategorie welche Größen von Dienstzimmern, welches Mobiliar, welche Spesenklasse, Wohnungen, Ferienplätze, Dienstwagen, besondere Einkaufsberechtigungen in Sondergeschäften und vieles andere zugewiesen wurden.

Die Eingangsstufe in die Nomenklatur war die Kategorie drei — Referenten, Ober- und Hauptreferenten (nach westdeutschen Maßstäben vom Regierungsrat bis zum Leitenden Regierungsdirektor). Kategorie zwei umfaßte Abteilungs-, Gruppen- und Hauptabteilungs- oder Hauptverwaltungsleiter (im Westen vom Ministerialrat bis zum Ministerialdirektor). Zur ersten Kategorie gehörten stellvertretende Minister (etwas mehr als Ministerialdirektoren), Staatssekretäre, Minister und stellvertretende Ministerpräsidenten.

Die absolute Sonderklasse bildeten die Mitglieder und Kandidaten des Politbüros. Sie bewohnten ein ghettoähnlich abgeriegeltes Villenviertel in Berlin-Pankow, das »Städtchen« genannt. Die Häuser waren gleich bei Kriegsende von den Sowjets beschlagnahmt, ihre Eigentümer teilweise enteignet worden. Seit Anfang der 60er Jahre bewohnt das Politbüro einen Sondertrakt außerhalb Berlins — in Wandlitzsee —, den es sich eigens für seine Bedürfnisse errichten und großenteils mit westlichem Inventar ausstaffieren ließ.

Obwohl nur zur zweiten Kategorie zählend, genoß ich insofern Sonderprivilegien, als ich dem engsten Stab eines Politbüromitglieds angehörte. So verfügte ich aus dem Fuhrpark Leuschners über einen eigenen Dienstwagen mit Fahrer (den sonst erst stellvertretende Minister zu beanspruchen hatten), ich erhielt auch durch direkte Intervention Leuschners bei Arthur Pieck schneller (und eine bessere) Wohnung in Berlin als meinem Rang angemessen war und anderes mehr.

Ich hatte meine Frau Rosemarie schon 1951 in Dresden geheiratet, 1952 war unser erster Sohn Steffen geboren worden. Obwohl uns die Trennung bedrückte, hatten wir den Umzug nach Berlin nicht sonderlich forciert, weil ich mir nicht recht schlüssig war, ob das berufliche Experiment bei Leuschner gelingen würde. Wegen der fast regelmäßigen Wochenendarbeit — und weil ich so häufig wie möglich zu meiner Familie fuhr — drängte dann auch Leuschner, daß ich umziehen solle, um leichter für ihn erreichbar zu sein.

Unsere erste Berliner Wohnung bezogen wir in einem wiederaufgebauten Funktionärsviertel im Stadtteil Prenzlauer Berg. Die Freude über die Wohnung, um die uns viele beneideten, war bald getrübt durch die Umgebung: es herrschte die menschliche Kälte, das sich gegenseitige Beobachten, Überwachen, der Funktionärston, wie im Berufsleben. Die Zimmerwände waren dünn, das Abhören von Westsendern mußte leise wie in der NS-Zeit geschehen. An den Türen waren nur einfache Schlösser, Sicherheitsschlösser gab es nur im Westen, und deren Anbringung hätte einen schon verdächtig gemacht — man ging einfach davon aus, daß bei Abwesenheit der Staatssicherheitsdienst die Wohnungen inspizierte, vielleicht sogar Abhöreinrichtungen versteckt waren. Obwohl ich im Dienst über alle wichtigen Westzeitungen verfügte und dort auch Westsender hörte, drehten wir beim Verlassen der Wohnung regelmäßig und bald schon instinktiv unser Radio immer auf einen DDR-Sender.

Meine Frau war als einzige im engeren Wohnbereich nicht berufstätig. So mußte sie das Hausbuch führen, die Lebensmittelkarten verteilen, die Wandzeitung im Hausflur gestalten, Hausversammlungen und Diskussionsabende organisieren — Tätigkeiten, die ihr zutiefst zuwider waren. Dabei gehörte sie, aus bürgerlich-demokratischem Elternhaus stammend, weder der SED noch einer anderen Organisation an. Wenn wir nicht schon verheiratet gewesen wären, hätte ich sie gar nicht ehelichen dürfen, denn bei Funktionären meiner Kategorie überwachte auch das die Partei. So trat sie denn wenigstens der »Gesellschaft für deutsch-sowjetische Freundschaft« bei. Das zeigte guten Willen, ohne daß besondere Aktivitäten verlangt wurden.

Doch all diese bedrückenden Einschränkungen individueller Freiheit waren nichts im Vergleich zu dem Kastendasein, das die Politbüromitglieder führten. Allgemein wird in Ost wie West nur auf deren Privilegien geachtet: Wagenkolonne mit Blaulicht, abgeschlossenes Wohngebiet mit Hauspersonal, Bedienung in den Büros, das Grafenschloß »Seehaus«, in dem jede Familie ihre ständigen Suiten hat, Urlaubsrefugien in den schönsten Feriengebieten des gesamten Ostblocks, Spezialgeschäfte mit allen begehrten Westartikeln zu günstigsten Ostmarkpreisen und vieles mehr.

Aus der Nähe betrachtet, sah dies jedoch anders aus. Ich hatte bald gespürt, daß Leuschner gegen Samstagnachmittag immer von einer besonderen Nervosität ergriffen wurde. Es war nämlich feste Regel, daß das Politbüro die Wochenenden kollektiv mit Familien im »Seehaus« verbrachte. Und da auch ich viele Wochenenden wegen dringender Arbeiten dort sein mußte, lernte ich die unpersönliche Kälte, das sich gegenseitige Beaufsichtigen, das immer Auf-der-Hut-sein kennen, aus dem die Spitzenführer und ihre Familien nie herauskamen. Und nur kurz war meine Verwirrung darüber, daß auch sie privat und unter sich nur im Parteijargon redeten — »das geht gar nicht anders«, sagte ich mir, »sie müssen ihre Rollen total, immer und überall spielen, sonst verplappern sie sich doch einmal und sind verloren.« Und wer bei Parteisäuberungen aus der Führung verbannt wurde, fiel tief: heraus aus dem »Städtchen«, heraus aus der Suite im »Seehaus«, weg mit den besonderen Vergünstigungen — auch das konnte ich aus intimer Nähe beobachten.

Dennoch wird kein Nomenklaturfunktionär jemals wieder daraus entlassen, seine Kaderakte wird nur mit dem Tode geschlossen. Wie radikal er auch degradiert wird, ob er aus dem östlichen Machtbereich flüchtet oder sich in der inneren Emigration verkriecht — die Partei und ihr Sicherheitsdienst verlieren ihn nie mehr aus den Augen.

Wegen der enormen psychischen Belastungen nutzte ich meine Beziehungen zu Arthur Pieck und nahm die Geburt unseres zweiten Sohnes Alexander zum Vorwand, aus dem Funktionärsghetto herauszukommen: Ich beanspruchte eine größere Wohnung. Es klappte: Wir siedelten um in ein Privathaus nach Adlerhof, in dem wir zwar auch linientreue Genossen als Etagennachbarn hatten, jedoch wesentlich weniger unter politischem Druck standen als in der ersten Wohnung.

Von den meisten Sondervergünstigungen machten wir kaum Gebrauch. Weil auch im Urlaub Parteikollektive zu bilden und tägliche »Zeitungsschauen« mit kurzen Schulungsprogrammen abzuhalten waren, verlebten wir unsere Ferien bei unseren Eltern. Und außerordentlich peinlich war es mir immer, wenn ich besondere Staatsgäste zu Theaterbesuchen begleiten und in den Regierungslogen sitzen mußte — meine Frau drückte sich davor mit der Ausrede, keine Aufsicht für die Kinder zu haben. Auch zu offiziellen Staatsempfängen ging ich deshalb meist allein. So lebten wir weitestgehend zurückgezogen, bemüht, möglichst nicht aufzufallen und nutzten hauptsächlich das Privileg des Dienstwagens, um so oft es ging die Eltern zu besuchen. Nur dort waren noch das freie Gespräch und unbeaufsichtigte Entspannung möglich.

Die Hilfe des großen Bruders

Der Volksaufstand vom 17. Juni 1953 hatte den Sowjets keinen geringeren Schock versetzt als der DDR-Führung. In nächtelangen Konferenzen bei Wladimir Semjonow, dem Hohen Kommissar der UdSSR in Karlshorst, erarbeiteten die Politbüromitglieder den bis dahin wohl heikelsten Bericht für Moskau, in welchem sie ihre Stellungnahme zu den Juni-Ereignissen niederlegten. Davon drang zwar nichts an die Außenwelt, aber die im Vorhof wartenden »Schatten« und Kraftfahrer berichteten, daß es großen Krach gegeben habe. Semjonow sei in seinem Zimmer herumgerannt wie ein Tiger im Käfig, habe wild gestikuliert, und sein drohendes Geschrei sei bis nach unten zu hören gewesen. Die deutschen Funktionäre hätten die Standpauke fast wortlos über sich ergehen lassen. Erst in den späteren Sitzungen, als Zaisser und Herrnstadt schon aus der Parteiführung ausgeschlossen waren, habe man dann zwischendurch auch manchmal die Fistelstimme Walter Ulbrichts gehört.

Leuschner hielt sich aus diesen politischen Auseinandersetzungen nach Möglichkeit heraus. Unter Aufbietung all seiner Routine und diplomatischen Geschicklichkeit verstand er es fast immer, seine Zusammenkünfte mit dem sowjetischen Wirtschaftleiter Chomjakow in die Stunden zu verlegen, die die anderen Politbüromitglieder bei Semjonow verbringen mußten. Er riß nun alle Wirtschaftsangelegenheiten, auch Finanz- und Außenhandelsfragen, um die er sich bisher stets gedrückt hatte, an sich und verkroch sich noch tiefer im Gestrüpp der Planbürokratie. Und in der Tat beanspruchte ihn sein Amt mehr als je zuvor. Der Aufstand hatte bewirkt, daß Moskau jetzt die Hilfe zusagte, die die Plankommission schon im Frühjahr angefordert, aber zunächst nicht erhalten hatte. So wurde unsere ganze Arbeit aus der Zeit vor dem 17. Juni hinfällig, und wir begannen von vorn.

Dafür stand noch weniger Zeit zur Verfügung. Nachdem nämlich die Auseinandersetzungen in Karlshorst beendet waren, drängte der Kreml auf die Entsendung einer Regierungsdelegation, mit der die entsprechenden Lieferverträge abgeschlossen und das angeschlagene Renommee der Ostberliner Statthalter wieder gehoben werden sollte. Auch in Moskau hatten sich Veränderungen vollzogen, die wir mit dem Volksaufstand bei uns in Zusammenhang brachten. Die wichtigste war die Verhaftung des unter Stalin so gefürchteten Geheimdienst-Chefs Berija und einiger seiner Mitarbeiter. Die Meldungen darüber sickerten recht spärlich aus der Sowjetunion zu uns durch; manchmal bekamen wir nicht einmal die »Prawda«. Diese Zeit war angefüllt mit den vielfältigsten Gerüchten. In der Bevölkerung wurde wieder einmal vom Abzug der Russen gemunkelt, während im Apparat von Unruhen und Aufständen gesprochen wurde, die es auch in der Sowjetunion und anderen Ländern des Ostblocks gegeben haben sollte. Genaues wußte niemand, selbst die Angestellten der SKK schienen im Dunkel zu tappen. Sie gaben sich gesprächiger als sonst und ließen oft durchblicken, daß sie sehr wenig aus ihrer Heimat erfuhren und so ziemlich auf alles gefaßt waren. Manche rechneten mit gewissen Lockerungen in der Sowjetunion, andere wieder ersehnten ein »strafferes Kommando«. Alle aber verhielten sich uns gegenüber kollegialer als sonst und bei weitem nicht mehr so schulmeisterlich wie früher.

Die zweite Ausarbeitung des Neuen Kurses stellte alles in den Schatten, was ich bis dahin in der Plankommission erlebt hatte. Leuschner war in den ersten Wochen seiner Mitgliedschaft im Politbüro sehr strebsam und wollte es möglichst allen recht machen, ganz gleich, ob das der Sache diente oder schadete. Da die Sowjets »jede Hilfe« zugesagt hatten, mußte sich das nach seiner Meinung deutlich in den neuen Planzahlen ausdrücken. Die neuen Tabellen enthielten deshalb drei Hauptspalten: erstens die Zahl des alten Planes, zweitens die der ersten Ausarbeitung des Neuen Kurses und drittens die letzte und höchste Variante. Da es jedoch an Zeit fehlte, die Minister und Experten noch einmal gründlich zu konsultieren, setzten die acht Leitungsmitglieder der Plankommission in die dritte Spalte selbstherrlich die Zahlen ein, die sie für angebracht hielten.

Diese Methode stieß besonders bei Kerber und Bayer auf schärfsten Widerstand.

»Was wir hier machen, Bruno, ist ein Verbrechen«, warnte Bayer. »Ich kann unmöglich allein beurteilen, ob das Ministerium für Leichtindustrie 300 oder 500 Millionen Investitionsgelder zur Verwirklichung des Konsumgüterprogramms braucht. Wir haben im alten Plan knapp 250 Millionen. Du setzt 500 Millionen ein. Woher wissen wir, ob die geforderte Produktion nicht gar mit 200 Millionen zu erreichen ist, wenn die Gelder nur sinnvoll verteilt werden — oder ob umgekehrt vielleicht sogar 800 Millionen erforderlich und die 500 Millionen genauso wirkungslos sind wie die 250 im alten Plan!«

Leuschner reagierte darauf überhaupt nicht. Er wies mich an: »Nehmen Sie sich ein großes Blatt Papier und schreiben Sie alle Beträge auf, die wir jetzt streichen werden.« Dann forderte er Straßenberger auf, der Reihe nach die in seinen Listen aufgeführten schwerindustriellen Objekte und die dafür vorgesehenen Investitionssummen zu nennen. Widerwillig las Straßenberger vor: »Ministerium für Erzbau und Hüttenwesen für das EKO (das war das Eisenhüttenkombinat Ost, später Stalinstadt) 80 Millionen.«

Leuschner fragte: »Was kann man davon nach deiner Meinung kürzen?«

»Ich muß das gleiche antworten wie Kerber und Bayer: von meiner Warte aus kann ich unmöglich beurteilen, ob sich 20 oder 50 Millionen herausnehmen lassen.«

Leuschner hörte auch das nicht. Er biß die Zähne ärgerlich zusammen, holte tief Luft und trommelte nervös mit den Fingern auf die Tischplatte. Nach wenigen Sekunden entschied er: »Also streichen wir zunächst mal 30 Millionen! Schenk, schreiben Sie das auf. Weiter, Paul, das nächste Objekt.«

Straßenberger schlug ein Blatt um und fuhr fort: »Ministerium für Hüttenwesen und Erzbergbau für das Stahlwerk Riesa 75 Millionen.«

»20 weg!«

»Hüttenwerk Calbe, 80 Millionen.«

»20 weg!«

So ging es stundenlang weiter. Während die anderen Mitglieder tuschelten, die Achseln zuckten oder den Kopf schüttelten, entwickelte Leuschner einen immer größeren Arbeitseifer. Nach Straßenberger kamen die übrigen an die Reihe. Einer nach dem anderen mußte Leuschner die Zahlen für die einzelnen Objekte nennen, und jedesmal wurde nicht mehr gesagt als: »10 weg!« oder »15 weg!« oder »20 weg!« Ich notierte.

Als ich am Schluß zusammenzählte, ergab sich eine Summe von etwa einer Milliarde. Diesen Betrag verteilte Leuschner nun in gleicher Manier auf die Zweige der Konsumgüterindustrie. Und wie mit den Investitionen verfuhr er auch mit den Materialkontingenten, den Produktions- und Finanzzahlen und allen anderen Planpositionen: die Zahlen der Schwerindustrie wurden gekürzt, die der Leichtindustrie erhöht. Leuschner war unbeirrbar, das Protestgemurmel seiner Mitarbeiter verstummte schließlich.

Endlich, nach mehreren Tagen, zog Leuschner Bilanz: »So habe ich mir das gedacht«, sagte er mit überlegener Zufriedenheit. »Wir hatten im alten Plan rund 4½ Milliarden Mark für Investitionen vorgesehen. Davon sollten über 60 Prozent auf die Schwerindustrie entfallen. Die haben wir jetzt mal ganz schematisch zusammengestrichen und zugunsten der Leichtindustrie verteilt. Jetzt sieht das Bild schon anders aus. Wir haben etwa 48 Prozent für die Schwerindustrie und 52 Prozent für die Konsumgüterindustrie. Mit diesen Zahlen kann ich mich im Politbüro sehen lassen. Nun müßt ihr euch allerdings mit den Ministerien zusammensetzen und die Sache konkretisieren und ein bißchen ausfeilen. Natürlich weiß ich, daß man das nicht ganz so schematisch machen kann, wie ich es in den letzten Tagen getan habe. Aber grundsätzlich darf sich an dem Bild nichts mehr ändern.«

Die Russen drängten aber noch aus einem anderen Grund auf eine schnelle Verbesserung der Versorgungslage in der DDR. Die USA hatten eine Lebensmittelhilfe angeboten, um die Not der Bevölkerung zu lindern. Auf Befehl des Kreml mußte Ostberlin ablehnen, und das ließ die Massenstimmung gleich wieder auf Sturm steigen. Karlshorst ließ uns Tag und Nacht keine Ruhe und trieb uns bei der Fertigstellung der Planunterlagen zu höchster Eile an. Schon Ende Juli trafen die ersten größeren russischen Sonderlieferungen ein. Außerdem wurden erhebliche Devisenbeträge zum Einkauf von Verbrauchsgütern in westlichen Ländern zur Verfügung gestellt.

Am 21. August 1953 flog eine Regierungsdelegation mit den neuen Planunterlagen und Wunschlisten nach Moskau. Die Russen hatten eine Sondermaschine zur Verfügung gestellt. Auf dem Flugplatz Schönefeld gab es eine glanzvolle Verabschiedung und in Moskau einen ebenso glanzvollen Empfang.

Schon zwei Tage später wurde das von Semjonow und seinen Mitarbeitern in Karlshorst vorbereitete Abkommen unterzeichnet. Es sah die Beendigung der Reparationszahlungen vor, versprach die Übergabe der letzten SAG- Betriebe an die DDR, die Senkung der Besatzungskosten auf 5 Prozent des Staatshaushaltes der DDR, sowie erhöhte Warenlieferungen und erhöhte Kredite. Wichtigster Punkt des Abkommens war die Gewährung der »vollen Souveränität« für das SED-Regime. Die Sowjetische Kontrollkommission wurde, dem westlichen Beispiel folgend, in eine Hohe Kommission umgewandelt, und die diplomatischen Vertreter, die die DDR mit der Sowjetunion und den Ostblockstaaten bereits 1949 ausgetauscht hatte, erhielten den Rang von Botschaftern bzw. Gesandten.

Diesen Punkt des Abkommens verstand niemand, weder die Bevölkerung noch die Funktionäre. Wir fragten uns, welche Bedeutung eigentlich die Sowjetnote vom 28. Mai 1953 gehabt hatte, in der bereits die Auflösung der SKK bekannt gegeben worden war. Danach bestand ja die Hohe Kommission schon längst. Und außerdem gebärdeten sich Ulbricht und seine Presse schon seit 1949 so, als wäre die DDR der einzige souveräne deutsche Staat. Die Bundesrepublik wurde als amerikanische Kolonie abgetan.

Die Parteisekretäre und Schulungsbeauftragten wurden von ihren Zuhörern in arge Bedrängnis gebracht. Doch niemand konnte die Frage nach dem genauen Zeitpunkt der »vollen Souveränität« beantworten. Erst nach der Rückkehr der Delegation schaffte Ulbricht Klarheit. In einer geheimen Information an die Parteileitungen gab das Politbüro verbindliche Argumentationshinweise. Danach war die Note vom 28. Mai nur als Vorschlag der Sowjetunion aufzufassen, der mit dem Vertrag vom 22. August erst Rechtsgültigkeit erlangt habe. In der ihm eigenen Art schlug Ulbricht zwei Fliegen mit einer Klappe: Einmal wies er die Parteisekretäre an, das Eingreifen der Sowjettruppen am 17. Juni damit zu begründen, daß zu diesem Zeitpunkt die Hauptverantwortung noch bei der Sowjetunion gelegen habe. Zum anderen benutzte er die Gelegenheit, seinen Parteifunktionären zu sagen, daß die DDR jetzt für ihren inneren Schutz selbst sorgen müsse. Die praktische Schlußfolgerung daraus war die Bildung der SED-Kampfgruppen in den volkseigenen Betrieben und staatlichen Verwaltungen. Zunächst sollten für den Kampfgruppeneinsatz nur die Genossen herangezogen werden, die schon eine gewisse militärische Vorbildung besaßen. Aber sehr bald wurden alle wehrfähigen Genossen erfaßt, einheitlich eingekleidet und als Bürgerkriegstruppe ausgebildet — Walter Ulbricht schuf sich seine SA.

Parteitag

Grundsätzliche Schwenkungen der Parteilinie — und der Neue Kurs war eine solche Schwenkung — müssen in offiziellen Parteibeschlüssen theoretisch begründet werden. Bis zum Sommer 1953 galten die Richtlinien der 2. Parteikonferenz, die den »Aufbau der Grundlagen des Sozialismus« zum Ziele setzten. Sie hatten zu jenen Verhärtungen des gesamten Lebens geführt, die schließlich den Aufstand vom 17. Juni auslösten. Mit ihnen ließ sich der Neue Kurs nicht verwirklichen.

Ich hatte bis dahin den theoretischen Fragen nur wenig Bedeutung beigemessen. Das meiste widersprach meiner Überzeugung, und vor allem sah ja die Praxis ganz anders aus. Gerade die Spitzenführer hielten sich am wenigsten an das, was sie theoretisch verkündet hatten. Ihre Handlungen und ihr ganzer Arbeitsstil waren reiner Pragmatismus. Und ich konnte mir auch gar nicht denken, wie sich unter diesem System eine andere, geordnete, wirklich planmäßige Arbeitsweise hätte entwickeln sollen.

Trotzdem wünschte natürlich auch ich mir eine Entideologisierung, vor allem eine Abkehr vom radikalen stalinistischen Freund-Feind-Denken, das nach meinem Gefühl die Atmosphäre vergiftete und aus dem all das Mißtrauen, die verletzenden, ungerechtfertigten Verdächtigungen und die beleidigende, plumpe Verlogenheit erwuchsen. Auch ich war anfangs der Meinung, daß das ohne neue großartige Beschlüsse kommen könnte. Die Partei brauchte nach meiner Ansicht jetzt nur »kürzer zu treten«, den Apparat nicht mehr anzutreiben — und die gewünschte Entspannung würde sich von selbst einstellen.

Diesen Standpunkt mußte ich jedoch revidieren. Solange die Partei mit allen ihren Gliedern — von der Zentrale bis zur letzten Betriebs- und Hochschulgruppe — bestehenblieb, solange mußten (und müssen) Schwenkungen in grundsätzlichen Beschlüssen ihren Niederschlag finden und von oben her durchgesetzt werden.

Das hat vielfältige Gründe. Der wichtigste scheint mir der zu sein, daß die Masse der Mitgliedschaft in Opposition zur Parteiführung im allgemeinen und zur parteiamtlichen Repräsentanten der Werktätigen nicht so billig wegsteht. Sie durchschaut die Verlogenheit des Dogmas und will den Kanossagang ihrer Führer. Sie will die vermeintlichen Repräsentanten der Werktätigen nicht so billig wegkommen lassen und jede Schwenkung kritiklos mitmachen müssen. Sie will, daß die Führer Farbe bekennen. In den endlosen Sitzungen zum Thema Neuer Kurs, die wir mit Fachleuten aus Betrieben und örtlichen Partei- und Wirtschaftsinstanzen abhielten, kam das — bewußt oder unbewußt — häufig zum Ausdruck. Immer wieder wurde vorgebracht, daß die neuen Anweisungen im Widerspruch zu den Beschlüssen der 2. Parteikonferenz stünden. Manche Funktionäre brachten Leuschner mit ihren scheinbar naiven Fragen bis zur Weißglut.

Objektiv betrachtet, ist ein solches Verhalten unvernünftig und bewirkt das Gegenteil von dem, was die Oppositionellen wollen. Männer wie Leuschner oder gar Ulbricht waren klug genug, um an solchen Symptomen zu ermessen, wohin ein uneingeschränktes Tauwetter führen würde: die ganze Partei würde dahinschmelzen. Deshalb wäre es gewiß klüger, wenn sich die Opposition in Tauwetterperioden etwas zurückhielte, vorsichtiger operierte und so der Führung ein Gefühl der Zuversicht und Selbstsicherheit gäbe. Aber davon war nichts zu spüren; der aufgespeicherten Unzufriedenheit wurde weitgehend freier Lauf gelassen.

So war es denn nur folgerichtig, daß die Partei mit »grundsätzlichen« Beschlüssen den Rahmen der politischen Schwenkung absteckte. Am 19. September 1953 beschloß das ZK auf seiner 16. Tagung, in der Zeit vom 24. bis 28. März 1954 den IV. Parteitag abzuhalten. Es sollte die ideologisch-politische Marschroute für den Neuen Kurs festlegen. Damit begannen auch sofort die Vorbereitungsarbeiten, die, wie alles im Kommunismus, zweigleisig liefen: Das ZK war hauptsächlich für die organisatorische und ideologische Seite verantwortlich und wählte die Delegierten aus; der Staatsapparat erarbeitete die politischen und wirtschaftlichen Richtlinien.

Wochenlang war die Vorbereitung des IV. Parteitages Hauptthema aller Sitzungen. In den Konsultationsgesprächen mit unseren russischen Partnern in der Sowjetbotschaft und in Karlshorst, in den Sitzungen der Plankommission und der Ministerien, ganz besonders aber in der ersten Hälfte jeder Politbürositzung — überall stand der bevorstehende Parteitag obenan.

Die ersten Entwürfe des Rechenschaftsberichts wurden infolge der umständlichen Verfahrensweise weit über tausend Seiten stark. Nach jeder Politbürositzung begann die Arbeit praktisch von vorn. Sooft neue Probleme in der täglichen Arbeit auftraten, Schwierigkeiten entstanden, »Engpässe« zu überwinden waren, ein Wettbewerb »überwältigende Erfolge« zeitigte oder aber ein geplantes Vorhaben scheiterte, mußten diese »neuen Erkenntnisse« — die im Prinzip doch immer die gleichen waren — im Referat berücksichtigt werden.

Nebenher lief in unserem Sekretariat die Ausarbeitung der Rede, die Leuschner auf dem Parteitag halten sollte. Auch sie wurde fortwährend geändert. Jene Beispiele, auf die Ulbricht keinen Wert mehr legte, konnten in das Leuschner-Referat eingebaut werden. Die Politbüromitglieder dürfen nur die Brosamen nehmen, die vom Tische des Parteiherrn fallen; das Wichtigste, Grundsätzliche bleibt dem Parteichef vorbehalten.

Ich hatte mir auf den oberen Rängen der Seelenbinder-Halle einen Platz ausgesucht und verfolgte von dort aus den Tagungsverlauf. Solange Ulbricht den Rechenschaftsbericht einschläfernd herunterfistelte, hatte ich noch Ruhe. Mit der Diskussion begann jedoch der Trubel. Die Redner waren alle mit wörtlich ausgearbeiteten Manuskripten erschienen und berichteten in stundenlangen Fachbeiträgen über die Arbeit in ihren Betrieben oder Verwaltungen. Alle darin vorkommenden kritischen Äußerungen zur Arbeit der Partei oder des Staatsapparates mußte ich sofort im Wortlaut beschaffen und an unsere Experten weiterleiten. Deren Stellungnahmen wiederum wollte Leuschner schnellstens ins Parteitagspräsidium haben, weil während der Diskussion schon an Ulbrichts Schlußwort gearbeitet wurde.

Ich wohnte damals in der Kniprodestraße, nur zehn Minuten von der Seelenbinder-Halle entfernt. Um Zeit zu sparen, hatte sich Elsa bei uns niedergelassen. Ich bestellte die betreffenden Funktionäre in meine Wohnung, um so schnell wie möglich die gewünschten Hinweise schreiben zu lassen. Auch Straßenberger, Hieke und Falkner waren mehr bei uns zu Hause als in der Seelenbinder-Halle. Sie bastelten bis zur letzten Minute an Leuschners Diskussionsbeitrag herum. Während mich der Parteitag eher belustigte, nahmen sie alles, was mit ihm zusammenhing, überaus ernst. Sie feilten stundenlang an den Formulierungen, stimmten sie zwischendurch immer wieder mit Leuschner ab und sahen mich entgeistert an, als ich einmal bemerkte, die Arbeiter nähmen von alledem kaum Notiz, und selbst ich hätte früher all diese Reden nicht oder nur sehr oberflächlich gelesen.

Der Parteitag schloß denn auch ohne Glanzpunkte. Vom Sozialismus war nicht mehr die Rede; »zurück« zur bürgerlichen Demokratie ging es aber auch nicht — und da man nicht einmal (wie versprochen) die Lebensmittelkarten abschaffen konnte, wurde gerade dieser Parteitag schnell vergessen.

Bildnachweis:

Bilderdienst Süddeutscher Verlag, Oswald Boldt, Deutsche Presseagentur, Fotostudio Hahn, Joachim Jung, Dieter Otto, Fritz Schenk, Arne Gisli Thomsen, ZDF.

ZWISCHEN HOFFNUNG UND RESIGNATION

Der neue Mann in Moskau

Die Jahre 1954 bis 1957 waren eine Übergangsperiode. Zeiten voller Hoffnung, in denen wir ernsthaft glaubten, der Stalinismus ginge tatsächlich zu Ende, wechselten ab mit Zeiten völliger Resignation, weil der Sowjetisierungsprozeß der DDR doch unaufhaltsam weiterlief. Das zu Beginn des Neuen Kurses von uns so begrüßte Tauwetter erwies sich immer mehr als politischer April.

Zwar war der Druck aus Moskau geringer als früher, Karlshorst nahm weniger direkt Einfluß auf das Geschehen in der DDR. Aber da Ulbricht geblieben war und nach dem Sieg über die Zaisser-Herrnstadt-Gruppe mehr freie Hand zu haben schien als früher, änderte sich im Wesentlichen nichts. Ich mußte noch besser darauf achten, damit in unseren Briefen nach Moskau die Anschriften und Bezeichnungen stimmten; denn dort war eine Umbesetzungsseuche ausgebrochen. Saburow, Malyschew, Kossygin, Tewosjan, Perwuchin, Baibakow, Nikitin — sie alle waren, bald allein, bald im Kollektiv, bald offiziell, bald inoffiziell für die Wirtschaft des Ostblocks zuständig, und mit ihnen wechselten meist auch die Namen der Dienststellen. Um in diesem Wirrwarr nicht fehlzugehen, gab Leuschner solche Schreiben meist Grotewohl zur Weiterleitung an Malenkow. Malenkow mußte damals wahrscheinlich den größten Teil der praktischen Arbeit bewältigen.

In Karlshorst herrschte inzwischen Aufbruchstimmung. 1953, nach der Umwandlung der SKK in eine Hohe Kommission und auch nachdem Sowjetbotschafter Puschkin als Nachfolger Semjonows Hoher Kommissar geworden war, war zunächst noch alles beim alten geblieben. Im Mai 1954 wurden jedoch die meisten von den Russen beschlagnahmten Gebäude in Karlshorst geräumt und an den Ostberliner Magistrat zurückgegeben. Zahlreiche Mitarbeiter der SKK packten ihre Koffer und fuhren mit gemischten Gefühlen in ihre Heimat zurück. Unter ihnen auch Chomjakow mit seinem Stab. Keiner wußte bei der Abreise, welche Aufgabe in Rußland seiner harrte. Leuschner war davon nicht sonderlich begeistert. Ich wußte auch warum. Bisher hatte er in den schwierigsten Situationen von Karlshorst Rückendeckung bekommen. Wer würde ihn nun gegen die Mehrheit der ökonomischen Laien im Politbüro unterstützen? Der oft entscheidende Satz »... die Genossen in Karlshorst sind der Meinung ...« hatte scheinbar ausgedient.

Wenig später flog Leuschner in streng geheimer Mission nach Moskau. Die Russen hatten eine Sondermaschine zur Verfügung gestellt. In aller Frühe begleitete ich ihn zum Flugplatz Schönefeld. Er war sehr nervös, denn den genauen Grund für die Reise wußte er selbst noch nicht. Ulbricht befand sich schon seit einigen Tagen in der Sowjetmetropole, und von ihm hatte Leuschner nur erfahren können, daß die neuen Kremlmachthaber alle Partei- und Wirtschaftsführer des Ostblocks zusammentrommelten. Es mußte sich also um eine besonders wichtige Angelegenheit handeln.

Nach Leuschners Rückkehr erfuhren wir einiges von dem, was sich in Moskau abgespielt hatte. Vor allem war ein Mann in den Vordergrund getreten, dessen Namen wir bei Stalins Tod kaum gekannt hatten: Nikita Chruschtschow. Leuschner sprach von ihm mit begeisterten Worten: »Genosse Chruschtschow hat eine Reihe recht kritischer Bemerkungen über die bisherige Wirtschaftspolitik des sozialistischen Lagers gemacht. Er hält es für einen Fehler, daß jedes sozialistische Land versucht, alle Zweige der Wirtschaft aufzubauen, also auch eine Schwerindustrie. Das hat zu hohen Kosten und unendlichen Opfern in den Staaten geführt, die bisher noch gar keine Schwerindustrie hatten. Nach seiner Meinung sollte das sozialistische Lager seine Kräfte besser koordinieren; jedes einzelne Land soll sich auf diejenigen Produktionszweige konzentrieren, für die es die günstigsten Voraussetzungen hat.«

Eine Bemerkung Chruschtschows hatte den Planungschef besonders beeindruckt, und er gab sie ausführlich wieder, wohl um seine neugewonnene Siegeszuversicht auf uns zu übertragen: »Es ist ab und zu doch ganz nützlich, unsere täglichen Sorgen zu vergessen und einen Blick in die Zukunft zu werfen. Die sowjetischen Genossen, die ja doch viel souveräner über den Dingen stehen als wir, denken in ganz anderen Größenordnungen. Wir lassen uns immer wieder durch Westdeutschland irre machen, das heute wahrscheinlich eine Steppe wäre, wenn es die Amerikaner nicht künstlich hochgepäppelt hätten. Die sowjetischen Genossen behalten dagegen unseren eigentlichen Hauptgegner, die USA, im Auge. Und da ergibt sich ein ganz anderes Bild. Genosse Chruschtschow hat uns daran erinnert, daß die Amerikaner zu Beginn des Krieges etwa 50 Millionen Tonnen Stahl produzierten und wegen dieser damals einmaligen Leistung von aller Welt bewundert wurden. Im Kriege ist es ihnen dann in drei Jahren gelungen, diese Produktion unter Aufbietung aller Kräfte zu verdoppeln. ‚Heute hat das sozialistische Lager so viel Stahl wie die Amerikaner zu Beginn des Krieges', meinte Genosse Chruschtschow, ‚und es müßte doch mit dem Teufel zugehen, wenn uns Kommunisten nicht zumindest das gleiche gelänge wie den Kapitalisten, die ja nicht einmal während des Krieges ihre kapitalistischen Widersprüche und Cliquenkämpfe zwischen den einzelnen Monopolen überwinden konnten. Und überlegt mal, Genossen' sagte er zum Schluß, ,was das sozialistische Lager zu leisten imstande wäre, wenn wir mit der bisherigen Zersplitterung ein Ende machen und unsere Kräfte als wirklich einheitliche sozialistische Gemeinschaft vervielfachen würden.'«

Diese Bemerkung verfehlte ihre Wirkung nicht. Es gab keinen, der in diesem Augenblick nicht davon überzeugt gewesen wäre, daß eine solche Einheitlichkeit den westlichen Wirtschaftsaufschwung bald in den Schatten stellen müßte. Leuschner erntete ungeteilte Zustimmung, und die Versammelten versicherten sich gegenseitig, das sei ja schon immer ihre Meinung gewesen, es hätte ihnen nie so richtig gefallen, daß in den einzelnen Ländern alle Grundstoffzweige aufgebaut werden mußten. Das ging eindeutig gegen die offiziell immer noch gültigen Weisheiten des toten Stalin; allerdings nahm niemand dessen Namen in den Mund. Ich hatte den Eindruck, daß sich alle wohl dabei fühlten, endlich einmal — wenn auch indirekt — etwas gegen den Unfehlbaren sagen zu dürfen, ohne gleich ein Parteiverfahren befürchten zu müssen.

Leuschner sorgte wieder für Ruhe. Das geschah an diesem Tage wesentlich behutsamer als sonst — er war selbst begeistert. Schließlich gab er die zu erwartenden Maßnahmen bekannt: »Wir werden mit der Vorbereitung unseres zweiten Fünfjahrplans noch etwas warten. Die in Moskau versammelten Vertreter unseres Lagers haben beschlossen, die neuen Pläne gemeinsam auszuarbeiten, besser abzustimmen und am 1. Januar 1956 einheitlich zu beginnen. Die wichtigsten Vorarbeiten werden die sowjetischen Genossen leisten. In den nächsten Wochen werden wir Hilfe aus Moskau bekommen, Spezialisten aus Gosplan und sowjetischen Ministerien, die uns bei der Vorbereitung des Fünfjahrplans beraten sollen. Die technischen Fragen werde ich dann mit den Genossen Sägebrecht, Kerber und Schenk besprechen. Jetzt sei nur noch so viel gesagt, daß der Rat für Gegenseitige Wirtschaftshilfe endlich seine Arbeit wieder aufnehmen wird, und zwar auf wesentlich breiterer Grundlage als früher.« Und vielsagend fügte er hinzu: »Wir werden im Rat künftig wirklich zusammenarbeiten und uns auch wirklich gegenseitig helfen!« Dabei legte er den Ton auf »wirklich« und blickte überlegen von einem zum anderen.

Berater

Die Instruktionen, die uns Leuschner anschließend wegen der zu erwartenden sowjetischen Berater gab, ließen ebenfalls eine Änderung der bisherigen Praxis erhoffen.

»Die sowjetischen Genossen«, begann er seine Erläuterungen, »werden uns die Berater nicht einfach schicken, wie das früher gewesen ist. Es wird auch im Verkehr zwischen uns, der Sowjetunion und den übrigen Bruderstaaten einige Veränderungen geben. Man wird mehr Rücksicht auf die Souveränität nehmen, unsere Zusammenarbeit wird sich auf solidere und bessere Arbeitsmethoden gründen. Ihr müßt mir zwei Dokumente vorbereiten. Erstens brauche ich einen Beschlußentwurf für das Politbüro. Unsere Partei wird die sowjetischen Genossen bitten, zum Zwecke engerer Zusammenarbeit und zur besseren Abstimmung unserer gemeinsamen Wirtschaftsprogramme Berater in die DDR zu entsenden. Versteht ihr? Uns werden nicht sowjetische Genossen auf den Hals rücken, die wir gar nicht hergebeten haben, sondern wir werden eine Bitte aussprechen!«

Leuschner sagte das mit solchem Nachdruck, daß mir nicht recht klar wurde, wie er diese Neuerung wirklich aufnahm: als großen Fortschritt gegenüber den Gewaltakten Stalins — so sollte sie offensichtlich aufgefaßt werden — oder als reine Formalität, die faktisch alles beim alten ließ — wie mir es vorkam. Am liebsten hätte ich gefragt, was denn geschähe, wenn wir die Bitte nicht aussprächen. Aber das wäre als Provokation aufgefaßt worden, vor allem von Kerber und Sägebrecht, die äußerst wichtige Mienen aufsetzten.

»Wir müssen in unserer Bitte an die Sowjetunion auch genau aufführen, wieviel Berater wir wünschen, in welchen Dienststellen der DDR sie tätig sein und auf welchen Spezialgebieten sie uns beraten sollen«, setzte Leuschner hinzu.

Die beiden anderen Genossen konnten sich vor Erstaunen kaum noch fassen. Bisher waren immer nur Funktionäre aus Moskau gekommen, wenn etwas nicht in Ordnung war, und hatten geprüft, wo und was sie wollten. Jetzt durften wir uns sogar aussuchen, wer kommen sollte, und obendrein selbst das Terrain der Untersuchungen bestimmen! Ich war sicherlich noch zu kurze Zeit im Apparat und hatte nicht mehr genug von der stalinistischen Praxis kennengelernt, um die Verwunderung der alten Kommunisten ganz verstehen zu können.

Leuschner fuhr fort: »Zweitens müssen wir einen Vertragstext formulieren. Die Berater kommen auf unseren Wunsch und sollen uns helfen. Also müssen wir sie entsprechend bezahlen, ihnen eine jährliche Ferienreise in ihre Heimat vergüten, für Wohnung sorgen — überhaupt alles vertraglich regeln, was zu einer solchen Hilfeleistung gehört. Ich habe einen Rohentwurf für derartige Verträge mitgebracht, der mit denen unserer Freunde ungefähr übereinstimmt. Wenn das sowjetische ZK unsere Bitte genehmigt hat — womit zu rechnen ist —, wird der Vertrag von beiden Seiten unterzeichnet, so daß alles eine echte zwischenstaatliche Ordnung erhält.«

Leuschner bestimmte dann, daß sich Kerber mit dem ZK und dem Außenministerium in Verbindung setzen solle, um die Vertragstexte fertigzustellen. Er selbst wollte mit den Ministern die Anzahl und den Einsatz der Berater festlegen. Sägebrecht und ich sollten das Technische erledigen, die Auswahl der technischen Mitarbeiter (Dolmetscher, Sekretärinnen), die Beschaffung von Wohnungen, Diensträumen und Fahrzeugen. Da der Chef die Entwürfe für die Vertragstexte schon mitgebracht hatte, waren die Formalitäten bald geregelt. Danach ging er in Urlaub. In dieser Zeit mußten wir das übrige organisieren. Ich hätte nicht geglaubt, daß ausgerechnet dieser organisatorische Kleinkram den alten Parteifunktionär Sägebrecht zu Fall bringen sollte. Sein Pech war, daß er die Parteirichtlinien allzu wörtlich nahm. Er fehlte bei keiner Parteiversammlung, während sich alle anderen Funktionäre seines Ranges davor drückten, indem sie Arbeitsüberlastung vorschützten. Er versäumte keinen Aufbaueinsatz. Er war der einzige hohe Funktionär, der wie die vielen kleinen Parteidiener eine »Rote Ecke« in seinem Zimmer hatte, die ständig mit neuen Losungen und Bildern ausstaffiert wurde. Dieses Verhalten sprach nicht gegen den Menschen Sägebrecht. So sollte es ja eigentlich sein. Alle Genossen waren gleich, die Beschlüsse waren für alle bindend, offiziell hatte niemand das Recht, für sich Sonderregelungen zu beanspruchen. Doch gerade das war gang und gäbe. Je höher ein Funktionär stand, desto größere Extratouren erlaubte er sich.

Nun hatte die Regierung nach dem IV. Parteitag wieder einmal ein »strenges Sparsamkeitsregime« gefordert. Stellenpläne und Gehälter wurden gekürzt, die Papierkontingente zusammengestrichen; jede Sekretärin mußte »persönliche Konten« für ihre Schreibartikel führen. Dieses Sparsamkeitsregime wollte Sägebrecht auch auf die Berater anwenden. Ich sagte ihm immer, wie sehr mir Leuschner ans Herz gelegt habe, daß bei der Einrichtung der Wohnungen und Dienstzimmer auf das großzügigste verfahren werden sollte. Es nützte nichts. Sägebrecht bestand auf sparsamster Improvisation. Er ließ die vorgesehenen Räume nicht einmal tünchen, geschweige denn mit neuem Mobiliar ausstatten.

Am 1. August sollten die Berater eintreffen. Anfang Juli kam Leuschner zurück, und bei der Besichtigung unserer Vorarbeit platzte die Bombe. Für die Plankommission waren neben dem Chefberater, dem alle übrigen sowjetischen Spezialisten in den Ministerien und einigen Großbetrieben unterstehen sollten, noch vier weitere Sowjetbeamte vorgesehen. Sägebrecht hatte im Haus der Ministerien fünf Zimmerfluchten requirieren lassen, die aber nicht beieinander lagen, weil er Umquartierungen vermeiden wollte. Leuschner wünschte zuerst den Raum des Chefberaters zu sehen.

Sägebrecht ging voran und präsentierte das für den Chefberater vorgesehene Zimmer. Es war mit einer Ausstattung versehen, wie sie im Staatsapparat die Leiter großer Abteilungen erhielten. Ein Sturm erhob sich. Im Eilschritt raste Leuschner auch noch durch die anderen Räume, wobei er immer wieder auf unseren Krämergeist schimpfte und das Ganze als einen Skandal bezeichnete. Für den Rest des Tages beschäftigte er sich nur noch damit, eine große Umzugsaktion einzuleiten. Minister, Staatssekretäre, Abteilungsleiter aus dem ZK und Funktionäre der Kontrollkommission wurden von ihm gerüffelt, umquartiert und strengstens angewiesen, die denkbar günstigsten Bedingungen für die Berater zu schaffen. Geld durfte keine Rolle spielen.

Die Affäre gab Leuschner endlich die Gelegenheit, Sägebrecht aus der Plankommission zu verbannen. Keiner der fachlichen Einwände, die er schon früher gegen seinen Ersten Stellvertreter vorgebracht hatte, war vom Parteiapparat anerkannt worden. Daß Sägebrecht falsche Geldfreigaben unterschrieben, durch Unkenntnis wichtige Bauvorhaben verzögert oder Millionen mit Milliarden verwechselt hatte, das alles war nicht so schlimm gewesen. Daß er aber bei den sowjetischen Beratern hatte sparen wollen, war auch der Parteizentrale zuviel. Das ZK berief ihn ab und setzte ihn als Oberst in die politische Verwaltung der KVP. Das war eine empfindliche Degradierung.

An seine Stelle kam Dr. Margarete Wittkowski, die schon einmal stellvertretende Planungsvorsitzende gewesen war. »Die Grete«, wie sie kurz aber mit Respekt genannt wurde, galt im Apparat als die Wirtschaftskapazität, die sich auch mit westlichen Größen messen konnte. 1951 war ihre Karriere jäh unterbrochen worden: Als Stalin »zionistische Verschwörer« entdeckte, säuberte auch Ulbricht seinen Apparat, und zwar vorwiegend von jenen Juden, die nach 1933 in westliche Länder emigriert waren. Die Grete wurde auf den bedeutungslosen Posten der Vorsitzenden der Konsumgenossenschaften abgeschoben.

Daß sie 1954 wieder in die Plankommission kam, wurde von unseren Experten nicht nur vom fachlichen Standpunkt begrüßt, sondern auch als Zeichen einer politischen Entspannung gewertet: der Kampf gegen den Zionismus war offenbar zu Ende.

Kurz bevor die Berater eintrafen, erschien ein Instrukteur aus Moskau, der zusammen mit Botschafter Puschkin und Leuschner die Wohnungen und Diensträume in Augenschein nahm. Die Ausstattung der Diensträume fand seinen Beifall. Aber in den Wohnungen mußten wir vieles ändern. Wir hatten zum Beispiel für den Chefberater, der mit Frau, zwei erwachsenen Kindern und seiner alten Mutter anzureisen gedachte, in Karlshorst ein komfortables Einfamilienhaus eingerichtet. Es hatte im unteren Stockwerk eine moderne Küche mit Kühlschrank, elektrischem Warmwasserbereiter und allem notwendigen Geschirr, ein Speisezimmer mit Wintergarten und einen Arbeitsraum. Im Wintergarten standen ein Radio und ein Fernsehgerät. In der oberen Etage befanden sich die Schlafräume; einer für die Eltern, einer für die Kinder und einer für die Mutter.

Das war nach Ansicht des Moskauer Instrukteurs zu viel Komfort. Das Arbeitszimmer mußte in den Wintergarten, die Oma mit den Kindern nach unten. In den oben eingesparten zwei Räumen wurde noch ein kinderloses Spezialistenehepaar einquartiert. Auch die Fernsehapparate hatten überall zu verschwinden. Für die Russen war schon der Eindruck von Ostberlin und der DDR zu viel westliche Wohlstandsgesellschaft, sie sollten durch das Westfernsehen nicht noch mehr »verdorben« werden.

Nur in einem Fall wurden unsere Zurüstungen als unzureichend empfunden, und zwar gerade bei einem unserer Meinung nach ganz untergeordneten Funktionär. Er war jedoch mit einer Pianistin verheiratet, die mitunter auch auf Tourneen in westliche Länder ging und westliche Journalisten empfangen durfte. Für dieses Ehepaar wurde eine größere, von den Quartieren der anderen Berater abgeschiedene Wohnung gesucht, in der sogar ein Musiksalon mit Bechsteinflügel eingerichtet wurde. Selbstverständlich durfte dort auch der Fernsehapparat bleiben.

Das Ende des Neuen Kurses

Mit der Volkskammerwahl von 1954, die das erwartete 99prozentige Ergebnis brachte, ging auch der Neue Kurs zu Ende. Das merkten wir Angestellten des Staatsapparates früher und deutlicher als die des Parteiapparates; denn während die Direktiven für Agitation und Schulung noch im Geiste des Neuen Kurses abgefaßt waren, bereiteten wir für 1955 ein Wirtschaftsprogramm vor, das wieder ganz auf die vorrangige Entwicklung der Schwerindustrie gerichtet war. Auch für die Kollektivierung, die die Partei 1953 gestoppt und teilweise rückgängig gemacht hatte, wurden jetzt wieder größere Mittel bereitgestellt. Die bestehenden Genossenschaften sollten gestärkt und neue ins Leben gerufen werden.

Ich konzentrierte mich in der folgenden Zeit auf Probleme der Ostblockzusammenarbeit. Unserem Sekretariat unterstand das Verbindungsbüro zum Rat für Gegenseitige Wirtschaftshilfe (RGW) in Moskau, dessen Leiter Georg Henke war, der später DDR-Botschafter in Korea wurde. Hinzu kam die Abteilung für Fragen der militärwirtschaftlichen Zusammenarbeit im späteren Warschauer Pakt, die von General Erwin Freyer aufgebaut wurde, der dann auch die gesamte Rüstungsindustrie der DDR koordinierte.

Seit die Berater ihre Tätigkeit aufgenommen hatten, wurde die Arbeit des RGW neu belebt. Der Tagung der Wirtschafts- und Parteiführer im Frühjahr 1954 war eine zweite im Herbst gefolgt, auf der die engere Koordinierung der Pläne in praktische Bahnen gelenkt worden war. Nicht nur in der DDR hatten die Berater ihre Tätigkeit aufgenommen, sondern auch in den anderen Ostblockstaaten. Unser ehemaliger Partner aus Karlshorst, Chomjakow, war jetzt Chefberater in der Tschechoslowakei.

In diese Zeit fiel der Besuch von Bundeskanzler Adenauer in Moskau. Er vertiefte die Kluft zwischen Stalinisten, Nationalkommunisten und ehemaligen Sozialdemokraten noch mehr. Die Stalinisten fühlten sich betrogen. Wie konnten die Sowjetführer einem Mann die Hand reichen, der, wie man uns seit Jahren einhämmerte, das Erbe Hitlers angetreten hatte und nur die Interessen der Junker und Monopolisten vertrat? Die Nationalkommunisten triumphierten, sie sahen in diesem Besuch einen weiteren Schritt auf dem Wege der Liberalisierung. Wir hielten die Aufnahme der diplomatischen Beziehungen zwischen Bonn und Moskau für einen politischen Fehler. »Jetzt hat Bonn seine Unterschrift unter die kommunistische Zweistaatentheorie gesetzt«, war unsere Meinung. »Man kann nun an fünf Fingern errechnen, wann Moskau auch seine anderen Zuständigkeiten in der Deutschlandfrage verleugnen wird.« Die Freigabe der Kriegsgefangenen, so dachten wir, hätte man auch mit anderen Mitteln erreichen können.

Kaum war die westdeutsche Delegation aus Moskau zurück, als eine Vertretung der DDR in die Sowjetmetropole fuhr und nun zum dritten Mal die »volle Souveränität« erhielt. Zu ihr gehörte auch Leuschner. Nach seiner Rückkehr berichtete er uns einiges, was er über das Auftreten der Delegation der Bundesrepublik in Moskau gehört hatte. Besonderen Eindruck schienen der Bundeskanzler und Carlo Schmid bei den Russen hinterlassen zu haben. Sie waren wohl die einzigen gewesen, die recht gut über die Lage im Osten Bescheid gewußt und jede Gelegenheit benutzt hatten, mit praktischen Beispielen zu operieren. Nicht, daß sie den Sowjets damit Neuheiten präsentiert hätten; Moskau war über alle Vorgänge in Mitteldeutschland genau im Bilde. Aber daß sich Außenstehende so intensiv mit der kommunistischen Praxis beschäftigt hatten und davon gegenüber dem Kremlchef Gebrauch zu machen verstanden, war eine unangenehme Überraschung gewesen. Chruschtschow hatte deshalb die deutschen Genossen ernsthaft gerügt, weil es ihnen nicht gelungen war, die Grenzen dichter zu machen und die DDR besser gegen den Westen abzuschirmen. »Die westdeutschen Kapitalisten sind sehr gut über unsere Verhältnisse informiert. Wir müssen das als eine ernste Lehre hinnehmen, Genossen! Es gilt, die Wachsamkeit beträchtlich zu erhöhen und unsere Reihen fester zu schließen«, ermahnte Leuschner seine Mitarbeiter.

Von der Bevölkerung wurden die Verhandlungen zwischen Bonn und Moskau allgemein positiv aufgenommen. Der Bevölkerung hatte es über alle Maßen imponiert, daß endlich einmal eine deutsche Vertretung den Russen die Stirn geboten und vor allem, daß sie ihnen die Freigabe der Gefangenen abgetrotzt hatte. Nur vereinzelt hörte ich skeptische Stimmen, die meinten, man werde erst in Zukunft klar beurteilen können, ob dieser Schritt der Wiedervereinigung nützlich oder abträglich gewesen sei.

Der XX. Parteitag

Wieviel Wirbel all diese Ereignisse auch verursachten — in ihren Auswirkungen waren sie nicht zu vergleichen mit dem XX. Parteitag der Kommunistischen Partei der Sowjetunion im Februar 1956. Er leitete eine Entwicklung ein, die dem Ostblock und dem internationalen Kommunismus schwerste Erschütterungen brachte. Es begann die »Entstalinisierung«.

Ich befand mich mit unserem Parteisekretär, Sieber, (er war von 1965—1972 Minister für Handel und Versorgung, von 1973—1979 DDR-Botschafter in Warschau, seitdem Chef der Abteilung Internationale Angelegenheiten im ZK der SED), und Leuschners Stellvertreter August Duschek auf einer Fahrt nach Potsdam, als wir die wichtigsten Thesen aus Chruschtschows Rechenschaftsbericht erfuhren. Sieber hatte sie aus dem ZK mitgebracht und begann gleich nach unserer Abfahrt aufgeregt darüber zu sprechen. »Im ZK steht alles Kopf«, sagte er. »Chruschtschow hat vier ganz neue Thesen verkündet, morgen werden sie im ‚Neuen Deutschland' stehen. Erstens hält er Kriege für vermeidbar. Zweitens sieht er jetzt Möglichkeiten für einen parlamentarischen Weg zum Sozialismus, vor allem in den westlichen Ländern. Drittens glaubt er an ein längeres Nebeneinanderbestehen der beiden Machtblöcke und hat die friedliche Koexistenz zur verbindlichen Politik der Partei erklärt. Viertens vertritt er die These, daß der Aufbau des Sozialismus in den einzelnen Ländern verschieden vonstatten gehen kann.«

Duschek war so verblüfft, daß er zunächst fragte: »Hast du das auch wirklich aus dem ZK? Ist das nicht etwa eine westliche Zeitungsente?«

»Das habe ich auch zuerst gefragt. Aber es gibt keinen Zweifel, das sind wirklich die wichtigsten Thesen des Parteitages.« Ein paar Minuten lang wußte niemand, was er dazu sagen, ob er es begrüßen oder verurteilen sollte. Duschek fand sich als erster wieder. »Man wird abwarten müssen, bis der amtliche Text vorliegt«, meinte er. »Schließlich kommt es auf die Begründung an. Die Partei wird sicherlich eine genaue Einschätzung der Lage gegeben haben, und erst daraus wird man ersehen können, weshalb die sowjetischen Genossen zu diesen Schlüssen gekommen sind.«

»Trotzdem«, meinte Sieber, »wenn man Kriege für vermeidbar hält, hat das doch auch seine Auswirkungen auf die Krisentheorie. Immerhin sind nach dem, was ich auf der Parteihochschule gelernt habe, Kriege nur das Umschlagen der permanenten Wirtschaftkrise in die politische Krise, sozusagen der letzte Ausweg aus der Wirtschaftskrise.«

Am Tage darauf erhielten wir Gewißheit. Sofort wurden wir in eigens eingerichteten Schulungszirkeln mit den neuen Dogmen vertraut gemacht. Dabei ging es noch einigermaßen ruhig zu. Erst als der Parteitag zu Ende war und das Ergebnis der Geheimsitzung mit der Kritik an Stalin bekannt wurde, schien eine Revolution in der Partei ausbrechen zu wollen.

Den kleinen und mittleren Funktionären wurde die Rede nie im Wortlaut zur Kenntnis gebracht, und die Bevölkerung erfuhr davon nur vom Hörensagen. Zuerst zog das Politbüro die wichtigsten Funktionäre aus dem zentralen und örtlichen Apparat zusammen und unterrichtete sie von Chruschtschows Kritik an Stalin. Dann wurden die Parteisekretäre der Verwaltungen und Großbetriebe ins ZK bestellt. Sie erhielten einen etwa 25 Schreibmaschinenseiten starken Auszug. Er war als geheime Parteiverschlußsache ausgezeichnet und durfte nicht abgeschrieben oder vervielfältigt werden. Auf der Grundlage dieses Auszuges informierten die Parteisekretäre ihre Leitungsmitglieder. Diese durften sich nur Notizen machen, an Hand deren sie in den Mitgliederversammlungen sprechen sollten. Diese Auszüge stimmten mit den Texten über die Verbrechen Stalins überein, die wenige Wochen später von den Westzeitungen veröffentlicht wurden.

In der nächsten Sitzung der Plankommission wollte auch Leuschner mit seinen engsten Mitarbeitern den XX. Parteitag auswerten. Allerdings spielte in diesem Gremium die Geheimrede überhaupt keine Rolle. Den Mitgliedern der Plankommission ging es ausschließlich um die Konsequenzen, die sich aus der Enthronisierung Stalins als »Koryphäe der sozialistischen Wirtschaft« ergaben. Ich hatte vor der Sitzung alle Mitglieder darauf hingewiesen, daß Leuschner von ihnen konkrete Hinweise erwarte, welche bisher geltenden Grundsätze als überholt zu betrachten seien.

Leuschner hielt den Kreis absichtlich klein. Während sich die Plankommission sonst im Sitzungszimmer traf, wo 30 bis 40 Mann Platz hatten, tagten wir diesmal im Arbeitsraum des Vorsitzenden, der nur für die 12 Mitglieder ausreichte. Als alle Geladenen versammelt waren — auch bei Beratungen im engsten Kreis wurde eine strenge Sitzordnung eingehalten —, forderte der Chef sie auf, mit der Diskussion zu beginnen, während er noch in seinen Politbürounterlagen nach bestimmten Notizen suchte.

Hier kam das Gespräch sofort in Gang; es wurde jedoch mehr geulkt als diskutiert. Hieke, als Verantwortlicher für alle Versorgungsprobleme, fragte Hugo Meiser, den Stellvertreter für die Schwerindustrie: »Bei dir muß doch jetzt allerhand zu holen sein? Die Schwerindustrie brauchen wir doch jetzt nicht mehr. Falls deine Stelle eingespart wird, könntest du bei mir anfangen!«

Grete Wittkowski, die für die wirtschaftlichen Grundaufgaben verantwortlich zeichnete, protestierte: »Kommt gar nicht in Frage, den Hugo nehme ich zu mir. Der muß mir die Investitionspläne zusammenstreichen und die Stahlwerker in die Landwirtschaft überführen.«

Dr. Lange witzelte: »Da muß er sich aber ranhalten, sonst ist Krupp schneller als er.«

Ich hatte den Planungschef während dieser Wortplänkeleien aufmerksam beobachtet und festgestellt, daß sein Gesicht immer kälter geworden war. Als er endlich das Gesuchte gefunden hatte, setzte er sich auf seinen Platz und blickte mit unbeweglicher Miene in die Runde, die immer lustiger wurde. Plötzlich schlug er mit der flachen Hand auf die Tischplatte und brüllte seine Untergebenen an: »Schluß mit diesen nihilistischen Quatschereien! Ich dulde in meinem Apparat keine derartigen Diskussionen!«

Sofort herrschte Ruhe. Die Stellvertreter sahen einander verwundert an. Grete wandte sich jedoch demonstrativ von den anderen ab und machte das gleiche todernste Gesicht wie Leuschner. Nach einer Pause fuhr er fort, wobei er sich an jeden einzelnen wandte: »Sagt mir bitte nur eins, liebe Genossen: Schämt ihr euch nicht wenigstens ein bißchen? Ist euch wirklich nicht der Gedanke gekommen, daß der XX. Parteitag nicht nur eine Angelegenheit Chruschtschows oder meinetwegen auch noch der sowjetischen und unserer Parteiführung ist? Sollte euch tatsächlich noch nicht bewußt geworden sein, daß unsere Partei gegenwärtig in ihrer schwersten Prüfung steht? Was auf dem XX. Parteitag kritisiert und aufgedeckt wurde, ist im Namen der Partei geschehen, der ihr genausogut angehört wie ich oder Ulbricht oder die sowjetischen Genossen.«

Der Hieb saß. Die Grete nahm als erste Leuschners Partei: »Bruno hat recht, Genossen. Ein solcher Ton, wie er eben hier geherrscht hat, darf unmöglich im Apparat einreißen. Die Partei muß die Folgen des Personenkultes kollektiv überwinden. Die Kritik an den von Stalin begangenen Verbrechen trifft uns alle. Wir haben wirklich Grund, uns zu schämen, und niemand kann sich von seiner Mitschuld reinwaschen.«

»Darf ich die Genossen jetzt fragen, welche Vorschläge sie zur Auswertung des XX. Parteitages zu machen haben?« fragte Leuschner, wieder ruhig geworden. »Eure einleitende Flachserei betrachte ich als nicht stattgefunden. Ich weigere mich, gehört zu haben, daß Landwirtschaftliche Produktionsgenossenschaften aufgelöst werden sollten, daß die Existenzberechtigung der Plankommission angezweifelt und die Notwendigkeit der Schwerindustrie generell verneint wurde. Eine solche Auswertung des XX. Parteitages findet in unserer Republik nicht statt. Wenn heute keine anderen Vorschläge gemacht werden können, werde ich diese Beratung neu ansetzen.«

Damit war die erste Auswertung des XX. Parteitages in der Plankommission beendet. Zu einer zweiten ist es nie gekommen.

Als ich wenig später wieder mit Leuschner allein war, fragte er: »Sagen Sie mal, Genosse Schenk, ist die Stimmung im Apparat die gleiche wie unter den Mitgliedern der Plankommission?«

»So ungefähr!«

»Was heißt das, bitte konkret!«

»In Arbeitsbesprechungen und Versammlungen, das heißt im großen Rahmen, ist es ruhig; in kleinen Gruppen, bei Tischgesprächen, in Sitzungspausen auf den Gängen wird eher noch offener gemeckert als vorhin bei uns.«

»Und was steht im Vordergrund, Stalin oder die anderen neuen Thesen des Parteitages?«

»Nur Stalin!«

»Glauben Sie, daß die Verwunderung über die Enthüllungen ehrlich ist?«

»Bei den meisten nicht.«

»Das wollte ich wohl meinen.« Er zögerte einen Augenblick, dann fuhr er fort: »Im Grunde ist der Fall doch ganz einfach. Die sowjetischen Genossen haben ihre Revolution in einem Lande verwirklicht, das keinerlei Voraussetzungen für den Übergang zum Sozialismus bot. Es gab für sie nur zwei Möglichkeiten: Entweder die Revolution breitete sich auf Westeuropa und die gesamte kapitalistische Welt aus und zog die zurückgebliebenen Russen in brüderlicher Solidarität mit — oder man mußte den Übergang aus eigener Kraft wagen, um nicht zugeben zu müssen, daß der Kapitalismus für Rußland noch das kleinere Übel gewesen wäre. Der zweite Weg bedeutete allerdings, daß das Elend des Frühkapitalismus im Namen des Proletariats und unter Führung der Partei der Arbeiterklasse wiederholt wurde. Anfangs war die sowjetische Parteiführung ganz froh, in Stalin einen Mann gefunden zu haben, der sozusagen die Dreckarbeit übernahm, der mit den Feinden abrechnete und aus Landstreichern und arbeitsscheuen Revoluzzern disziplinierte Industriearbeiter machte. Dabei ließen ihm die anderen völlig freie Hand und spielten, im Hintergrund stehend, die feinen Leute. Sie brauchten sich dann aber auch nicht zu wundern, als ihnen Stalin über den Kopf wuchs. — Machen wir uns doch nichts vor! Ist es denn bei uns anders? Sind wir nicht ebenfalls froh, wenn wir Ulbricht die unangenehmen und unpopulären Sachen zuschieben können, damit er sie verkündet und durchführt? — Sie brauchen mir darauf nicht zu antworten. Aber vor einem möchte ich Sie warnen: Halten Sie sich aus diesen Diskussionen heraus! Ich weiß, daß es manchmal sehr verlockend ist, eine Bresche in die erstarrten Reihen der Dogmatiker zu schlagen. Aber wir, in unserm bißchen DDR, das absolut von der Sowjetunion abhängig ist, wir können uns noch keine Demokratie leisten. Sie würde schnurgerade zum Kapitalismus zurückführen.«

»Das glaube ich auch. Dennoch möchte ich meinen, daß schon ein bißchen mehr Selbständigkeit für die Betriebe und örtlichen Verwaltungen die politischen Spannungen mildern würde«, wandte ich ein.

»Ich weiß schon, was Sie meinen. Sie schwärmen im stillen auch für den jugoslawischen Weg. Aber täuschen Sie sich nicht. Tito kann sein Experiment nur praktizieren, weil er einmal in den östlichen und einmal in den westlichen Topf greift, weil er mal von uns und mal von den Kapitalisten Hilfe annimmt. Wenn der auf sich allein gestellt wäre, würde er damit baden gehen — wie wir, denn wer würde uns helfen, wenn die Sowjetunion nur noch an sich dächte? Wir wären hoffnungslos von den Kapitalisten abhängig, ja wir wären ihnen auf Gedeih und Verderb ausgeliefert. Wenn wir den Sozialismus wollen, müssen wir schon in den sauren Apfel beißen und uns aus eigener Kraft durchringen.«

Ratstagung

Zu Pfingsten 1956 hatte Leuschner seinen bis dahin größten Tag: Der Rat für Gegenseitige Wirtschaftshilfe trat erstmals in Ostberlin zusammen, und er führte den Vorsitz. Chruschtschow ließ in seinem Integrationsstreben nicht nach. Nachdem er die Ratsarbeit 1954 wieder angekurbelt und seine Berater in alle Satellitenstaaten entsandt hatte, konnten die Planungschefs schon Ende 1955 in Budapest den ersten koordinierten Entwurf für die neuen Fünfjahrpläne beraten. Jetzt in Ostberlin sollte der Plan endgültig beschlossen werden.

Damals genoß die Ratsarbeit noch keine Publizität; die Konferenz fand unter strengster Geheimhaltung statt. Tagungsort war das Haus der Ministerien. Im großen Festsaal tagte die Vollversammlung, zu der etwa 200 Spitzenfunktionäre und Experten zählten. Der kleine Festsaal war für die Zusammenkünfte der Delegationsleiter bestimmt. Die zweite Etage des ehemaligen Luftfahrtministeriums mußte fast vollständig geräumt werden, um für jede Delegation Arbeitsmöglichkeiten zu schaffen. Sämtliche Räume wurden vorher renoviert und mit neuem Mobiliar ausgestattet. Wieder wurden die HO- Lager geräumt, diesmal aber von Anfang an keine Kosten gescheut.

Die Sicherheitsvorkehrungen waren die gleichen wie bei Gipfelkonferenzen oder Außenministertreffen. Der SSD befand sich in höchster Alarmbereitschaft. Jeder Stuhl, jeder Sessel, jeder Schrank wurde genauestens untersucht, ob auch keine versteckten Mikrophone oder Sprengkörper eingebaut waren. Schon Tage vorher wurden die für die Konferenz vorgesehenen Zimmerfluchten und Gänge abgesperrt. Während der Tagung standen innerhalb und außerhalb des Hauses Offiziere des SSD mit weißem Koppelzeug und Handschuhen in Abständen von drei bis fünf Metern Wache. Eine bereits installierte Kurzwellen-Übersetzungsanlage mußte in letzter Minute abgerissen und durch eine herkömmliche Drahtfunkeinrichtung ersetzt werden. Auf der anderen Seite der Sektorengrenze war nämlich ein Zelt errichtet worden, und der SSD vermutete, daß es dem amerikanischen Geheimdienst gehöre, der von dort aus versuche, die Konferenz mit Spezialgeräten zu verfolgen. Wie sich später herausstellte, handelte es sich um ein einfaches Bauzelt einer Enttrümmerungsfirma, die mit dem Abriß des früheren Gestapohauptquartiers in der Prinz-Albrecht-Straße begann.

Die zweifellos übertriebenen Sicherheitsvorkehrungen verfolgten einen politischen Zweck. Die DDR wurde von den übrigen Satelliten mit einem gewissen Neid betrachtet. Es war allgemein bekannt, daß der Lebensstandard in Mitteldeutschland trotz aller Mängel noch wesentlich über dem der Sowjetunion und der anderen kommunistischen Staaten lag. Das mißfiel hauptsächlich den Tschechen und Polen. Sie zählten ja eigentlich zu den Siegermächten des letzten Krieges, und es grämte sie, daß die Deutschen schon wieder besser lebten als ihre eigenen Völker. Das unübersehbare SSD-Aufgebot sollte nun den unzufriedenen Verbündeten ins Bewußtsein rufen, daß der SED-Staat unmittelbar an den Westen grenzt. Darauf ging auch Leuschner in seiner Eröffnungsrede ein. Er gab den Delegierten sogar zu verstehen, sie sollten ruhig einen Abstecher nach Westberlin machen, um den Unterschied zwischen Ost und West selbst zu erleben. Dann würden sie auch einsehen, welche politischen Schwierigkeiten der SED aus dieser Vergleichsmöglichkeit erwüchsen und daß man die DDR eben besser stellen müsse.

Dieser verschlüsselten Aufforderung hätte es wahrscheinlich gar nicht bedurft. Unsere Gäste machten so ausgiebig von der seltenen Gelegenheit Gebrauch, daß sich Schirdewan, der den in Urlaub befindlichen Ulbricht vertrat, veranlaßt sah, die nimmermüden Westberlinfahrer auf die politischen Gefahren des »Frontstadtsumpfes« hinzuweisen — allerdings ohne Erfolg.

Um unseren Gästen an den sitzungsfreien Pfingstfeiertagen nicht zu viel freie Zeit zu lassen, hatten wir uns vom Offizierskorps der inzwischen aus der Kasernierten Volkspolizei hervorgegangenen Volksarmee das Wochenendheim »Hubertusstock« ausgeliehen. Hubertusstock war früher der Landsitz der preußischen Ministerpräsidenten gewesen und von Göring durch den Prunkbau »Karinhall« erweitert worden. Von Karinhall ist heute nichts mehr zu sehen; die Russen haben die Anlage 1945 zerstört. Ein Teil des Materials ist (ebenso wie die Steine der Reichskanzlei) für das sowjetische Ehrenmal in Berlin-Treptow und für andere Gedenkstätten verwandt, der Rest dem Erdboden gleichgemacht worden. Das alte Jagdschloß Hubertusstock dagegen ist wieder völlig hergerichtet. In seiner Umgebung befinden sich ein intimer Kinosaal, Reitställe, ein Schießplatz sowie zahlreiche andere Sportanlagen. Und da das Schloß am Werbellinsee liegt, bieten sich alle nur denkbaren Wassersportmöglichkeiten. (Im August 1980 sollte dort schon das Treffen zwischen Bundeskanzler Schmidt und Honecker stattfinden, das dann jedoch wegen der erneuten Verhärtung des Ost-West-Verhältnisses durch Afghanistan- und Polenkrise auf Dezember 1981 verschoben wurde. Inzwischen hat die DDR-Führung dort wiederholt westdeutsche oder ausländische Gäste empfangen.)

Unser Programm sah für die unteren Funktionäre Flugreisen mit Sondermaschinen der soeben gegründeten DDR-Lufthansa (jetzt Interflug) an die Ostsee und in andere Erholungszentren der DDR vor. Die Spitzenfunktionäre sollten sich in Hubertusstock die Zeit vertreiben.

Maxim Saburow leitete die Sowjetdelegation, und in seinen Händen lag auch die eigentliche Verantwortung für die Tagung. Leuschner steckte in ständigen Konsultationen mit ihm den Verhandlungsrahmen für jeden Tag ab; er sorgte auch dafür, daß Saburow mit schwierigen Partnern in Ruhe angeln fahren und ihnen den Kopf zurechtrücken konnte. Das waren insbesondere der polnische Delegationschef Jaroszewicz (später polnischer Ministerpräsident und zusammen mit Parteichef Gierek im Herbst 1980 entmachtet) und der ungarische Delegationsleiter Gerö (der wenige Monate später, während des Ungarnaufstandes, nach Moskau fliehen mußte und in der Sowjetunion politisches Asyl erhielt).

Der erste Pfingstfeiertag ließ sich zunächst planmäßig an. Am Vormittag gab es ein fürstliches Frühstück in Hubertusstock. Es mangelte an nichts. Die Tische waren voll von herrlichen Platten mit kaltem Braten, Wild und Geflügel, Salaten, Früchten und delikaten Soßen, es fehlten weder Austern noch Hummer noch Kaviar. Die Ober aus dem Gästehaus der Regierung wurden nicht müde beim Füllen der Gläser, und die Auswahl der Getränke aus Ost und West konnte nicht reichhaltiger sein.

Trotz aller Fröhlichkeit herrschte eine steife Atmosphäre. Ich hatte gehofft, daß der XX. Parteitag die Zungen einiger Altkommunisten gelöst hätte, aber die Gespräche drehten sich nur um Banalitäten. Selbst in Weinstimmung wurden nur linientreue Trinksprüche auf die Freundschaft des sozialistischen Lagers ausgebracht. Typisch war das Verhalten Bernd Weinbergers, der nach dem 17. Juni seinen Posten als Rüstungsminister verloren hatte und als Hauptabteilungsleiter für internationale Zusammenarbeit in die Plankommission gekommen war. Er sollte den einzigen jugoslawischen Beobachter beschatten und nach Möglichkeit von den übrigen Teilnehmern fernhalten. Das hatte besonders Saburow gewollt, der sich vor einer Aussprache mit ihm zu scheuen schien. Weinberger löste seine Aufgabe vorbildlich. Er wich dem Jugoslawen nicht von der Seite und ließ ganze Schulungsreferate über den erfolgreichen sozialistischen Aufbau in der DDR auf ihn herniederprasseln. Seinem Gesprächspartner blieb kaum Gelegenheit zur Antwort. Am Ende gab er es auf und sagte weder ja noch nein.

Auf Messers Schneide

Der XX. Parteitag hatte die innenpolitischen Spannungen verschärft. Die geheimen Informationsberichte des SSD über die Stimmung der Bevölkerung wuchsen zu doppeltem Umfang an. Die Bürger gaben sich nicht mit der Kritik an dem anonymen Begriff Personenkult zufrieden. Sie verlangten die Bestrafung der Schuldigen und meinten damit in erster Linie Ulbricht. Alle Funktionäre befanden sich in ständiger Alarmbereitschaft.

Im ganzen Ostblock überstürzten sich die Ereignisse, und die Meldungen aus den anderen Ländern waren Öl ins Feuer. Schon bald nach dem XX. Parteitag wurden in Ungarn und Bulgarien die hingerichteten »Parteifeinde« Rajk und Kostoff rehabilitiert, Bulgariens stalinistischer Ministerpräsident Tscherwenkoff mußte abtreten. Im Juni brach in Posen ein Arbeiteraufstand aus. Er wurde als faschistischer Putsch bezeichnet und niedergeschlagen wie bei uns die Erhebung vom 17. Juni. Im Juli legte Matyas Rakosy aus »Gesundheitsrücksichten« sein Amt als Erster Sekretär der ungarischen Partei nieder. Die Ostberliner Zeitschrift »Aufbau« druckte einen Artikel des ungarischen Literaturhistorikers Georg Lukacs ab, in dem dieser mit dem Stalinschen Dogmatismus abrechnete.

Der einheitliche Ton, der jahrelang den Block beherrscht hatte, war verstummt. Aus allen kommunistischen Ländern wurden immer mehr kritische Stimmen vernehmbar. Das war viel, unendlich viel für uns. ADN mußte seine Auslandsabteilung verstärken. Seit August 1956 kamen die Boten täglich mindestens zweimal und brachten die neuesten Meldungen aus dem Ostblock. Leuschner wollte diese Berichte sofort auf den Tisch haben, und er las sie mit größter Aufmerksamkeit. Während er die Westzeitungen nach der Durchsicht vollständig wieder mit ins Büro brachte und zur Ablage ins Pressearchiv gab, behielt er viele der internen ADN-Berichte bei sich.

Die Politbürositzungen dauerten in dieser Zeit noch länger als sonst. Wie bisher pflegte die Parteiführung dienstags um zehn zusammenzutreten und zu elf Uhr die ersten Experten für den fachlichen Teil der Tagesordnung zu bestellen. Aber es wurde jetzt fast zur Regel, daß wir bis zur Mittagspause müßig im Vorzimmer herumsaßen, weil sich das Politbüro drei bis vier Stunden lang nur mit internen Angelegenheiten der Partei und des Ostblocks befaßte.

Und dann kamen der polnische Oktober — das historische 8. Plenum der polnischen Parteiführung, die Blitzreise von Chruschtschow, Molotow, Mikojan und Kaganowitsch nach Warschau und die Wahl des vor Jahren gestürzten und eingekerkerten Wladyslaw Gomulka zum Ersten Sekretär. Am 21. Oktober brachte ADN die Rohübersetzung seiner großen Rede, später wurde die endgültige Fassung fertiggestellt und sofort an die Presse versandt. Die Ostberliner »BZ am Abend« brachte ohne Genehmigung Ulbrichts einige Auszüge daraus und versetzte die Parteiführung damit in Panik. In den Abendstunden des 22. Oktober ging es wie ein Lauffeuer durch den Apparat, der SSD mit Hunderten von Helfern sei dabei, die noch unverkauften Exemplare des Blattes einzuziehen.

Daraufhin brach eine regelrechte Meuterei aus. In unserem Sekretariat erklärte Georg Reiff dem Parteisekretär in aller Offenheit, diese Maßnahme verstoße gegen den Geist des XX. Parteitages. Wir sollten eine Sondersitzung der Partei abhalten und Reiff bestrafen, aber der Protest war so einhellig, daß es nicht dazu kam. In anderen Parteigruppen gab es ähnliche Fälle. Am nächsten Morgen rief Sieber die gesamte Parteiorganisation zu einer Kurzversammlung zusammen. Er verlas eine Stellungnahme des ZK, in der die Beschlagnahme der »BZ« gebilligt und die Haltung Gomulkas verurteilt wurde. Die Erklärung gipfelte in der Behauptung, der XX. Parteitag habe den einzelnen Ostblockstaaten die volle Souveränität zugesichert, und es sei das Recht der Polen, ihre eigenen Fehler wiedergutzumachen; in der SED habe es jedoch keine derartigen Mißstände gegeben, und daher bestehe auch kein Anlaß, dem polnischen Beispiel zu folgen. Sowenig die SED verlange, daß die Polen alle Reden unserer Führer veröffentlichten, sowenig fühle sie sich verpflichtet, den Polen besonderen Platz einzuräumen.

Der Rückzug kam jedoch zu spät. Die Gomulka-Rede war schon in vielen Exemplaren in den Apparat gedrungen und wurde fieberhaft gelesen. Ich nutzte in diesen Wochen die Möglichkeiten, die meine Funktion bot, bis zur äußersten Grenze. Leuschner war wieder mehr in der Parteizentrale als in unserer Dienststelle, und während die Führung einer wahren Sitzungsmanie verfallen war, gab es im Apparat unendlichen Leerlauf. Ich hatte genügend Zeit, alle eingehenden Informationen zu studieren. Doch die Wißbegier meiner Kollegen war nicht geringer als meine. Einer nach dem anderen kam, steckte den Kopf durch die Tür und fragte: »Gibt's wieder was Neues?« Und es gab immer etwas Neues.

Diese Wochen offenbarten deutlicher als alles andere vorher und nachher, in welchem Maße die Partei aufgeweicht war und den Stalinismus ablehnte. In fast konspirativer Solidarität unterstützten die Sekretärinnen einander beim geheimen Abschreiben und Verfielfältigen der Gomulka-Rede und anderer Berichte. Wen ich auch sprach — es gab kaum einen, der die unerwünschten Dokumente nicht kannte.

Die Kritik, die Gomulka an der polnischen Wirtschaftsführung übte, traf wortgetreu auf die DDR zu:

Nach dem Abschluß des Sechsjahrplanes, der auf Grund gegebener Voraussetzungen den Lebensstandard der Arbeiterklasse und des ganzen Volkes weit nach oben drücken sollte, stehen wir heute, im ersten Jahr eines neuen Fünfjahrplanes, vor ungeheuren wirtschaftlichen Schwierigkeiten, die von Tag zu Tag zunehmen.

Um unsere Industrie auszubauen, haben wir riesige Investitionskredite aufgenommen, und schon in dem Augenblick, als die Rückzahlung der ersten Raten erfolgen sollte, befanden wir uns in der Rolle eines zahlungsunfähigen Bankrottmachers. Es blieb uns nichts übrig, als die Gläubiger um ein Moratorium zu bitten. Die Leiter unserer Nationalwirtschaft haben offensichtlich nicht die Fähigkeit besessen, die einfache Tatsache zu begreifen, daß man mit Krediten so umgehen muß, ... daß sie in den festgelegten Ratenterminen an die Gläubiger zurückgezahlt wer-

den können, und zwar unter Nutzung der mit Hilfe dieser Kredite erzeugten Produktion.

Noch treffender fanden wir seine Ausführungen über den Personenkult:

Der Personenkult, das ist ein ganz bestimmtes System, Macht auszuüben, das ist ein ganz bestimmter Weg, den Sozialismus dadurch zu erreichen, daß man Methoden anwendet, die im Widerspruch stehen zum Humanismus, zum Freiheitsgefühl des Menschen, zum Gefühl für das Recht ...

Den Personenkult kann man aber nun nicht etwa nur auf die Person Stalins beschränken. Der Personenkult — das ist ein System, das in der Sowjetunion herrschte und das allen sozialistischen Parteien eingeimpft wurde. Man verpflanzte es auch in eine Reihe von Ländern des sozialistischen Lagers, zu denen u.a. Polen gehört ...

So ein Träger des Personenkults wußte ja über alles Bescheid; er konnte alles, er entschied alles, er leitete alles ... Er war der klügste Mensch, den man sich denken kann, unabhängig davon, welches Wissen, welche Fähigkeiten und welche persönlichen Vorzüge er besaß.

Das alles wäre halb so schlimm gewesen, wenn man in das Gewand des Personenkultes einen vernünftigen, bescheidenen Menschen gesteckt hätte. Aber gerade solche Menschen fühlten sich ja in diesem Kleid nicht wohl.

Man kann ruhig sagen: sie schämten sich dessen und wollten es gar nicht tragen.

Viel schlimmer, oder besser noch: sehr sehr übel pflegte alles dann auszusehen, wenn die Würde der Macht, also das Recht, den Personenkult zu genießen, von beschränkten, dumpfen Menschen in Anspruch genommen wurde oder gar von haltlosen Karrieremachern. Solche Leute schaufelten dem Sozialismus das Grab, gedankenlos zwar, aber doch sehr präzise.

Und endlich wurde der Posener Aufstand als das bezeichnet, was er wirklich war — eine Volkserhebung:

Die Arbeiterklasse hat kürzlich der Parteileitung und der Regierung eine schmerzliche Lehre erteilt. Als die Arbeiter von Posen zur Waffe des Streiks griffen und demonstrierend an jenem schwarzen Juni-Donnerstag auf die Straße gingen, da haben sie mit lauter Stimme gerufen: ‚Es ist jetzt genug! So kann man nicht weitermachen! Kehrt um auf dem falschen Wege!' ...

Es wäre sehr naiv, wollte man den hoffnungslosen Versuch unternehmen, die bittere Tragödie von Posen als das Werk imperialistischer Agenten und Provokateure hinzustellen. Agenten und Provokateure können immer und überall existieren und handeln. Aber niemals und nirgends können sie darüber entscheiden, wie sich die Arbeiterklasse verhält ... Die Ursachen der Tragödie von Posen und auch die Gründe für die tiefe Unzufriedenheit der ganzen Arbeiterklasse liegen bei uns selbst — bei der Parteileitung und bei der Regierung.

Am 20. Oktober hatte Gomulka gesiegt, am 23. Oktober wurde Imre Nagy wieder Ministerpräsident von Ungarn, und einen Tag später drohte in Berlin ein neuer Aufstand auszubrechen. Die Studenten der Humboldt-Universität wollten zu einer Protestkundgebung gegen Ulbrichts stalinistischen Kurs zum Marx-Engels-Platz marschieren. Im telefonischen Rundspruchverfahren ließ sich Ulbricht seine Gegenmaßnahmen bestätigen: Die Studenten wurden in der Universität festgehalten. Zwei Tage und Nächte mußten sie dort verharren und »durften« unter Kontrolle der Partei und des SSD so lange diskutieren, bis sie vor Erschöpfung fast umfielen und die Lust am Demonstrieren verloren hatten.

Leuschner hielt sich auch diesmal wieder, wie bei den Wirren um den 17. Juni 1953, aus den politischen Auseinandersetzungen heraus. Ulbricht hatte angeordnet, daß Leuschner, Rau und Selbmann sich nur noch um die Aufrechterhaltung der Produktion kümmern sollten, während die anderen Spitzenführer an der politischen Abwehrfront zu kämpfen hätten. Vor allem aber dürfe niemand von den wahren Schwierigkeiten erfahren, meinte der Parteichef. Die Sitzungen seien nur noch im engsten Kreis abzuhalten. Wenn dem Westen unsere Kalamitäten bekannt würden und die Lieferungen aus der Bundesrepublik auch noch wegfielen, wären wir erledigt.

Unmittelbar nach dem Machtantritt Gomulkas hatten nämlich die Polen ihre Steinkohlenlieferungen an die DDR radikal verringert. Sie wehrten sich mit aller Entschiedenheit dagegen, daß sie ihre wertvollen Rohstoffe gegen minderwertige Waren aus der DDR eintauschen sollten. Vor allem die Kraftwerke wurden davon schwer getroffen. Die Plankommission richtete einen Notdienst ein, der die Energieversorgung einigermaßen aufrecht erhalten sollte. Die Stromsperren nahmen wieder einen Umfang an wie kurz nach dem Kriege.

»Wenn wir einen strengen Winter mit viel Schnee bekommen, bricht unsere Energieversorgung zusammen«, jammerte Meiser.

Zu allem Unglück kam auch noch Miroschnitschenko (Wirtschaftssekretär der Sowjetbotschaft) mit einer Hiobsbotschaft. »Die DDR muß mit ihren Schwierigkeiten im wesentlichen allein fertig werden«, hieß es in einem Schreiben Bulganins. »Die Sowjetunion ist nicht in der Lage, ihre Kohlelieferungen in die DDR zu erhöhen; außerdem verlangt die neue polnische Parteiführung höhere Transitgebühren in frei konvertierbarer Währung, was uns außerstande setzt, mehr als bisher zu tun.«

Heinrich Rau verhandelte ununterbrochen mit allen möglichen internationalen Schieberorganisationen, um illegal Kohle aus dem Westen heranzuschaffen. Er gab Unsummen aus. Trotzdem blieben die Aussichten trübe.

Gegen Jahresende spitzte sich die innenpolitische Lage noch aus einem anderen Grunde zu. Nach dem XX. Parteitag hatte die SED Ende März ihre 3. Parteikonferenz veranstaltet und dabei den Entwurf für den 2. Fünfjahrplan von 1956 bis 1960 verkündet. Er sah vor, daß die Bundesrepublik bis 1960 in der Produktion und im Lebensstandard ein- und überholt werden sollte. Die Betriebe hatten daraufhin phantastische Planentwürfe eingereicht. Ihre Forderungen nach Material, Investitionsgeldern und Importprodukten ließen sich nicht realisieren. Sie drängten darauf, daß die Regierung entweder die notwendigen Mittel sofort anweise oder ihnen sage, wieweit sie ihre Ziele reduzieren sollten. Oben und unten stieg die Nervosität.

Überstürzt stellte die Regierung einen Katalog von politischen Versprechungen und sozialen Zugeständnissen zusammen, den Grotewohl am 2. November vor der Volkskammer bekanntgab. Er versprach den Arbeitern, die 45-Stunden-Woche früher als geplant einzuführen, den LPG versprach er größere finanzielle Unterstützung, den Künstlern mehr geistige Freiheit, und da die Studenten zu den lautesten Rufern nach einer Entstalinisierung gehörten, sollten sie in Zukunft wählen dürfen, ob sie Russisch oder eine andere Fremdsprache erlernen wollten. Ferner kündigte er eine Erhöhung der Altersrenten an.

In der Sitzungspause der Volkskammer standen überall diskutierende Gruppen beisammen. Sie hatten nur ein Thema: Ungarn. In diesen Tagen schien es, als habe die ungarische Revolution gesiegt. Imre Nagy hatte seine Regierung in ein Mehrparteienkabinett umgebildet, dem auch Sozialdemokraten und Vertreter der Partei der kleinen Landwirte angehörten. Er hatte den Austritt seines Landes aus dem Warschauer Pakt erklärt und die Sowjettruppen zum Abzug aufgefordert. Die Atmosphäre war aufs Äußerste gespannt.

Die Spitzenführer vermieden es, in die große Empfangshalle zu gehen und sich unter die Diskutierenden zu mischen. Sie blieben im Wandelgang des ersten Stockwerks und tauschten unter sich die neuesten Informationen aus. Um Grotewohl und Ulbricht hatten sich Stoph,

Leuschner, Ebert, Selbmann, Oelßner, Ziller, Schirdewan, Wollweber und einige mittlere Funktionäre geschart. Stoph und Wollweber erstatteten Ulbricht genauen Bericht über die Stimmung bei den Truppen, die sich seit dem 20. Oktober in Alarmbereitschaft befanden. Zu den Versammelten stießen wenig später Alfred Neumann, der damals noch Berliner Parteisekretär war, und Wollwebers Staatssekretär im Sicherheitsministerium, Erich Mielke. Mielke war ganz außer Atem. »In Leuna ist der Teufel los«, platzte er heraus. »Seit heute früh sitzt die Werkleitung mit den wichtigsten Ressortleitern und Technikern zusammen. Wir befürchten Unruhen, wenn die Regierung keine Klarheit über den Plan schafft. Nach Meinung meiner Leute besteht höchste Gefahr, daß konterrevolutionäre Aktionen ausbrechen, wenn die Tatsachen in der Belegschaft bekannt werden. Sie fordern dringend einen autorisierten Vertreter der Regierung an, der die wirtschaftlichen Unklarheiten beseitigt und für Ruhe sorgt.«

»Man darf die Leuna-Werke nicht im unklaren lassen«, sagte Grotewohl sofort. Dann wandte er sich an Leuschner: »Wie ist denn die Lage in der Chemie?«

»Ungeklärt, wie überall!« war die Antwort. »Ich kann nichts Konkretes sagen, solange ich selbst nicht weiß, welche Lieferungen aus Polen und der Sowjetunion kommen. Bisher wurde nur immer hervorgehoben, daß die ursprünglichen Abmachungen nicht eingehalten werden. Was wir wirklich bekommen, weiß kein Mensch. Wir haben keine Ahnung, ob der Plan vom Frühjahr vielleicht doch bestehenbleiben kann, oder ob und in welchem Maße er reduziert werden muß.«

»Das dürfte nicht ausreichen, um die Gemüter zu beruhigen«, antwortete der Ministerpräsident ärgerlich.

»Die Leunaer haben vollkommen recht«, warf Selbmann ein, »entweder wir bestätigen den hohen Plan — dann müssen wir aber auch die Mittel bereitstellen —, oder wir müssen runter von unserem hohen Roß. In den anderen Zweigen ist die Lage um keinen Deut besser. Ich wundere mich nicht, wenn es morgen auch in Buna, Bitterfeld, Magdeburg oder Riesa losgeht.«

»Auf jeden Fall muß sofort jemand runterfahren, Genossen. Wir müssen den Arbeitern eine Antwort geben«, forderte Grotewohl in seiner behäbigen Art.

»Schön und gut«, entgegnete Selbmann, »fragt sich nur, welche Antwort! Bruno hat vollkommen recht. Solange wir selbst nicht wissen, was hinten und vorne ist, können wir auch keinen beruhigen. Jedes unklare Gefasel würde die Sache nur noch schlimmer machen. Bildet euch ja nicht ein, die Leute unten hätten keine Ahnung!«

»Das Schlimmste ist bestimmt unsere Untätigkeit«, erwiderte Grotewohl, jetzt schon etwas energischer. »Ich bin dafür, daß du sofort nach Leuna fährst, Genosse Selbmann.«

»Ich denke gar nicht daran! Was soll ich denn den Leuten sagen? Wenn überhaupt jemand fährt, dann muß es Bruno sein! Planangelegenheiten sind seine Sache.«

»Ich habe mit Betrieben überhaupt nichts zu tun«, wehrte Leuschner ab. »Betriebe sind Sache der Ministerien. Also müßte Selbmann oder Winkler (der Chemie-Minister) fahren.«

Der Streit nahm fast komische Formen an. Auch Ziller wurde vorgeschlagen. Er als Wirtschaftssekretär des ZK sei für diese Aufgabe genauso zuständig wie Selbmann oder der Chemieminister Winkler, war Leuschners Meinung.

Ulbricht hatte bis dahin kein Wort gesagt. Manchmal schien es mir, als höre er gar nicht zu. Seine Augen blickten klein und kalt ins Leere. Seine Backenmuskeln waren angespannt und die Lippen eng zusammengekniffen. Doch dann sprach er das Machtwort: »Ich verstehe eure Diskussion nicht. In Leuna geht es weder um den Plan noch um die Partei noch um unsere Wirtschaftspolitik. In

Leuna haben einige Herren, die dem IG-Farben-Konzern noch überaus nahestehen, Morgenluft gewittert. Sie wollen unsere jetzige angespannte Situation ausnützen, um die IG-Farben-Ideologie wieder zum Durchbruch zu bringen. Das ist weder eine Angelegenheit von Leuschner noch von Selbmann noch von Ziller. Das muß Mielke in Ordnung bringen. Man muß die vier oder fünf Agenten der IG-Farben finden, ja? Mehr sind das doch nicht. Wenn man die gefunden hat, ist in Leuna Ruhe, und das wird sich auch bei den Agenten in den anderen Betrieben herumsprechen. Dann stimmt mit einem Mal der Plan, dann stimmt unsere Wirtschaftspolitik, dann stimmt überhaupt alles in Leuna und überall, nicht wahr! Also, ich denke, Mielke soll gleich losfahren, und dann werden wir weitersehen.«

Selbstverständlich fand Mielke die angeblichen IG-Farben-Agenten. Aber zur Ruhe kamen weder Leuna noch andere Betriebe und Wirtschaftszweige. Im November spitzte sich die Lage immer mehr zu, obwohl die ungarische Revolution inzwischen blutig niedergeschlagen worden war. Es bildete sich eine fast einheitliche Front, die die Entstalinisierung forderte. Gomulka wurde geradezu vergöttert. Einhellig vertrat man im Staatsapparat die Meinung, daß die Taktik der neuen polnischen Parteiführung, dem Volk unverblümt die Wahrheit zu sagen und eine grundsätzliche Änderung des Systems herbeizuführen, ein Chaos wie in Ungarn verhindert habe. Da sich die Lage in der DDR von der in Polen in nichts unterschied, mußte die Partei schließlich nachgeben.

Am 11. November kam Leuschner freudestrahlend aus dem Politbüro und rief mich sofort zu sich: »Wir haben es geschafft, Genosse Schenk! Am Freitag wird das ZK beschließen, daß Anfang Dezember eine Arbeiterkonferenz stattfindet, auf der wir ungeschminkt über unsere Lage sprechen und grundsätzlich neue Maßnahmen ankündigen werden. Sie müssen sich sofort daran machen und zusammen mit dem Genossen Zahn eine entsprechende Rede vorbereiten. Wir gehen von den Schwierigkeiten aus, die durch Polen und Ungarn entstanden sind, schildern unsere gegenwärtige Lage, wie sie ist, und geben bekannt, daß erhebliche Reduzierungen am 2. Fünfjahrplan vorgenommen werden müssen. Trommeln Sie alle Hauptabteilungsleiter zusammen und lassen Sie sich von ihnen sagen, welchen Problemen man in den einzelnen Industriezweigen ins Auge sehen muß. Über die politischen Konsequenzen wird Genosse Ulbricht sprechen. Das Politbüro hat beschlossen, Arbeiterkomitees in den Betrieben zu bilden und den Bürokratismus spürbar abzubauen.«

Noch an keiner Rede hatte ich mit solchem Eifer gearbeitet wie an dieser. Es war außerdem die erste (aber auch die einzige), die nicht an die sowjetische Botschaft gegeben, sondern nur vom Politbüro besprochen wurde. Bis zum 8. Dezember, dem Tag, an dem die Konferenz im großen Saal der Parteihochschule begann, war unsere Konzeption unverändert geblieben.

Am Morgen des 8. Dezember trat eine für mich entmutigende Änderung ein. Tage vorher hatte Rau eine Dienstreise angetreten, um die ein großes Geheimnis gemacht wurde. Offiziell hieß es, er befinde sich in der Sowjetunion. Ich erfuhr jedoch von Oelßner, daß er sich unter falschem Namen in Hamburg aufhalte, um für bare Dollars, die die Sowjets in letzter Minute locker gemacht hätten, amerikanische Kohle heranzuschaffen. Seine Bemühungen hätten Erfolg gehabt, die ersten Lieferungen seien über Schweden eingetroffen, und dadurch habe sich die Lage entscheidend gewandelt. Ulbricht sehe nun keine Veranlassung mehr zu der beabsichtigten Kursänderung und habe deshalb die Tagesordnung der Arbeiterkonferenz über den Haufen geworfen.

So kam es auch. Statt Leuschner trat der Parteichef selbst als erster Sprecher auf und hielt, zum Teil aus dem

Stegreif, eine völlig stalinistische Rede. Er unterbreitete zwar den Vorschlag, Arbeiterkomitees zu bilden. Aber diese sollten nicht, wie es ursprünglich beabsichtigt war und von den meisten Konferenzteilnehmern erwartet wurde, Selbstverwaltungsfunktionen übernehmen, sondern als bloße Anhängsel der Betriebsgewerkschaftsleitungen für Steigerung der Arbeitsproduktivität, Intensivierung der Wettbewerbe, Erhöhung der Normen, Beseitigung von Schlendrian und eine gewisse Verbesserung der sozialen Bedingungen sorgen.

Leuschner war von dieser Änderung ebenfalls tief deprimiert. Um das Maß vollzumachen, hatte Ulbricht während der Diskussion unsere Rede »überarbeitet« und etwa die Hälfte gestrichen. Am Abend des ersten Konferenztages fuhren Zahn und ich mit Leuschner in seine Wohnung. Ich hatte den Eindruck, daß er dem Weinen nahe war, als er uns das von Ulbricht verstümmelte Redemanuskript auf den Tisch warf und kleinlaut sagte: »Da, seht euch mal an, was Genosse Ulbricht daraus gemacht hat.« Er vergrub beide Hände in den Hosentaschen, ging im Zimmer hin und her, sah unsicher von einem zum anderen und rang sich ein krampfhaftes Lächeln ab.

Von einem realen Situationsbericht konnte nach Ulbrichts Streichungen nicht mehr die Rede sein. Als einziger kritischer Bericht war die Schilderung unserer Kohlenkrise geblieben, die jedoch — nach dem englisch-französischen Überfall auf Ägypten — hauptsächlich den Westmächten in die Schuhe geschoben wurde. Alle kritischen Bemerkungen über das bürokratische System waren gestrichen worden. Dafür hatte Ulbricht in Stichworten an den Rand geschrieben, daß mehr über höheren Arbeitseinsatz, bessere Planerfüllung, strengere Arbeitsdisziplin und genauere Befolgung der Regierungsanweisungen gesagt werden sollte.

Während wir die Rede durchblätterten, fing Leuschner sich wieder: »Im ersten Augenblick mag das bitter erscheinen, Genossen. Aber wir müssen uns mit den Tatsachen abfinden. Genosse Ulbricht hat in diesen Dingen eine große Erfahrung. Er meint, es wäre ein Fehler, mit Fakten an die Öffentlichkeit zu treten, noch ehe hundertprozentig erwiesen ist, ob sich die Schwierigkeiten, mit denen wir rechnen, auch wirklich einstellen. Die sowjetischen Genossen wollen nämlich noch einmal überprüfen, ob sich ihre Lieferungen nicht doch erhöhen lassen. Außerdem sagt der metereologische Dienst einen milden Winter voraus. Wenn uns die Braunkohle in den Tagebauen nicht einfriert, kommen wir einigermaßen über die Runden. Und solange diese Hoffnung noch besteht, wollen wir uns nicht in die Gefahr begeben, mehr Kritik zu üben, als am Ende vielleicht notwendig ist. Warum sollen wir unseren Gegnern unnütz Wasser auf die Mühlen geben.«

Die Konferenz schleppte sich drei Tage müde dahin. Am letzten Tag hielt Leuschner sein Referat, gewissermaßen als Schlußwort. Danach hätte sich wahrscheinlich eine Diskussion entwickelt. Aber Ulbrichts Taktik hatte jeder wirklichen Kritik von vornherein den Boden entzogen.

Der große Bluff

Ulbricht kannte die Gefahr, in der er sich im Winter 1956/57 befand. Ein zweiter Volksaufstand hätte das Ende seiner Herrschaft bedeutet. Er schilderte den Sowjets diese politischen Schwierigkeiten in schwarzen Farben, nannte aber als Ursache nur die wirtschaftlichen Engpässe. Die Berichte, die wir im Dezember nach Moskau schickten, überstiegen alles bisher Dagewesene. Es wurde keine Gelegenheit ausgelassen, auf den optischen und politischen Kontrast in Berlin hinzuweisen. Bei der Vorbereitung dieser Dokumente mußte ich oft an Leuschners Worte denken, die er 1952 bei meinem Eintritt ins Sekretariat gesagt hatte: »Hier werden keine Tageszeitungen gemacht!« Was wir den Sowjets schrieben, stand in krassem Gegensatz zu den Erfolgsberichten im »Neuen Deutschland«. Mit unbeschreiblicher Zähigkeit blieb Ulbricht am Mann und hatte Erfolg.

Am 4. Januar 1957 lud die Sowjetregierung eine Delegation der DDR nach Moskau ein. Zwei Tage später wurde ein Abkommen über eine sowjetische Devisenhilfe an die DDR in Höhe von 7,5 Milliarden Rubel unterzeichnet. Fast alle Mitglieder der Plankommission und die wichtigsten Experten aus den Fachministerien waren mit in Moskau. Sie kehrten zuversichtlich zurück. Doch ihre neuen Hoffnungen gründeten sich weniger auf die versprochene Wirtschaftshilfe als auf politische Informationen, die sie im Kreml hatten sammeln können. Leuschner hatte die Gelegenheit genutzt, ausgiebig mit Saburow zu konferieren.

»Wir werden von den sowjetischen Genossen in Kürze die ideologische Hilfe bekommen, auf die wir seit Jahren warten«, sagte er. »Saburow ist wie wir der Meinung, daß es mit den bisherigen Arbeits- und Leitungsmethoden nicht weitergeht. Die Sowjetunion steht vor den gleichen Schwierigkeiten wie wir. Ich habe ihm ausführlich dargelegt, welche Gedanken es in unserem Staatsapparat vor der Arbeiterkonferenz gab und ihm auch gesagt, daß wir es für besser hielten, wenn die ideologische Entwicklung von Moskau ausginge. Das würde uns gegenüber unserem Parteiapparat eine wesentliche Entlastung bringen. Genosse Saburow war sehr zuversichtlich. Er sagte, in Gosplan und auch im sowjetischen Parteiapparat werde fieberhaft an neuen Vorschlägen gearbeitet. Wahrscheinlich würden sie über das hinausgehen, was auf dem XX. Parteitag gesagt worden ist.«

Am 15. Februar glaubten wir, der große Augenblick sei gekommen. Chruschtschow hatte der Februar-Tagung des sowjetischen ZK einen umfassenden Vorschlag »Über die weitere Vervollkommnung der Organisation der Leitung der Industrie und des Bauwesens« unterbreitet. Leuschner brachte ihn in der Rohübersetzung von ADN mit ins Büro. Wie immer, wenn etwas Außergewöhnliches passiert war, ließ er mich sofort kommen. Er schien zehn Jahre jünger geworden zu sein. Breit lachend drückte er mir das Schriftstück in die Hand und rief: »Hier ist das, worauf wir gewartet haben! Jetzt ist die große Bewegung in Gang gekommen. Setzen Sie sich hin, Genosse Schenk, sehen Sie sich das an. Jetzt werden wir auch mit unseren eigenen Schwierigkeiten besser fertig.« Der Vorschlag enthielt zunächst eine massive Kritik an der bisherigen bürokratischen Arbeitsweise. Besonders scharf wurden die Ressortsplitterung und der Ressortgeist in allen Zweigen des Apparats verurteilt und als Haupthindernisse für die weitere Entwicklung der kommunistischen Wirtschaft bezeichnet. Die übermäßige Machtzusammenballung in den Zentralverwaltungen führe zu ständigen Fehlentscheidungen, hieß es. Als Ausweg wurde eine weitgehende Dezentralisierung vorgeschlagen. Die meisten Ressortministerien der Industrie und des Bauwesens sollten aufgelöst und ihre Befugnisse über hundert regionalen Volkswirtschaftsräten übertragen werden. Diese sollten sowohl den Unionsrepubliken wie der Plankommission unterstehen und alle Wirtschaftsprobleme ihres Bereiches koordinieren und selbst entscheiden.

Ich war zunächst wie Leuschner überaus optimistisch. Da es sich um einen Entwurf handelte, der ausgiebig diskutiert werden sollte, sahen wir darüber hinweg, daß vieles noch recht vorsichtig, teilweise sogar stalinistisch formuliert war. Leuschner ließ mir nicht viel Zeit zum Lesen, sondern trug mir auf, gleich alle Stellvertreter zusammenzurufen. Sie hatten noch nichts von der erfreulichen Neuigkeit gehört; so las ihnen der Planungschef die wichtigsten Passagen des Vorschlages vor. Sein Überschwang steckte die anderen an. »So, Genossen«, schloß er seine Information, »jetzt ist die Reihe an uns. Wie sollen wir verfahren? Die Partei wird von uns wissen wollen, wie die Reorganisation und Dezentralisierung in unserer Republik auszusehen hat.«

»Zunächst müssen wir dafür sorgen, daß die Mitarbeiter den Beschluß lesen«, antwortete Grete Wittkowski.

»Natürlich! Wie machen wir das, Genosse Schenk?«

»Ich nehme an, daß die ‚Presse der Sowjetunion' (das ist ein übersetzter Auszugsdienst des DDR-Presseamtes aus der Sowjetpresse) den Entwurf vollständig bringt. Wäre es nicht das beste, wir bestellen eine entsprechende Anzahl von Exemplaren beim Presseamt?«

»Klar, werde ich sofort in die Wege leiten.«

Leuschner hatte bereits den Hörer seines Sonderapparates in der Hand und rief Kurt Blecha, den Leiter des Presseamtes der Regierung an: »Tag, Kurt, hier ist Bruno. Sag mal, wann bringt ihr den neuen Beschlußentwurf der Sowjetunion über die Reorganisation der Industrie und des Staatsapparates?« Während Blecha antwortete, verfinsterte sich mit einem Schlag das Gesicht des eben noch strahlenden Leuschner. »Das ist doch nicht möglich«, stammelte er. »Aber in der Sowjetunion wird das Dokument in Millionen Exemplaren verbreitet und in allen Verwaltungen und Betrieben diskutiert! — Und das hat dir Walter persönlich gesagt? Na, ist gut, danke schön.« Er warf den Hörer in die Gabel und sah jetzt wieder aus wie an jenem Abend in seiner Wohnung, als ihm Ulbricht sein Referat verstümmelt hatte.

Wir ahnten, was passiert war. Leuschner brauchte einige Sekunden, ehe er sprechen konnte: »Der Beschlußentwurf wird vorläufig bei uns nicht veröffentlicht.«

»Das ist ein Witz!« platzte Grete heraus.

»Das ist kein Witz, liebe Grete. Walter steht eben früher auf als wir. Er muß den Entwurf schon in der Nacht gelesen haben. Jedenfalls lag bereits heute früh halb neun ein Zettel auf Blechas Tisch, er solle Ulbricht anrufen. Blecha hat das getan, und Walter persönlich hat ihn angewiesen, daß das Dokument weder in der ‚Presse der Sowjetunion' noch in den Tageszeitungen oder im Rundfunk veröffentlicht wird.«

»Das kann doch nicht wahr sein!« – »Man kann doch die ‚Prawda' nicht zur illegalen Zeitung stempeln!« – »Was in der Sowjetunion die Spatzen von den Dächern pfeifen, kann man doch in der DDR nicht verschweigen!« So klang es Leuschner vielstimmig entgegen.

Der aber wehrte barsch ab: »Ihr habt doch gehört, daß ich das dem Blecha auch gesagt habe. Und Blecha hat dem Walter nichts anderes geantwortet.«

»Und was ist Walters Meinung?«

»Die Sowjetunion hat im Oktober erklärt, daß es Sache jedes Landes ist, die Methoden zu entwickeln und anzuwenden, die es für die günstigsten hält. Wir sind ein souveräner Staat. Wenn die Sowjetunion ihre Wirtschaftsmethoden ändert, ist das ihr gutes Recht. Wir wollen in Ruhe überlegen, ob das sowjetische Beispiel auf unsere Verhältnisse anwendbar ist. Walter meinte, wir meckerten ständig über den Dogmatismus, und nun, wo er undogmatisch vorgehen und keine übereilten Schlüsse ziehen wolle, sei es uns auch wieder nicht recht.«

Und dann schnitt er jede weitere Diskussion ab: »Ich danke euch für euer Erscheinen. Damit ist auch für uns dieses Thema erledigt. Jetzt bin ich aber doch wirklich gespannt, wie die Sache ausgeht.«

Wenige Tage vorher hatte Ulbricht noch die 30. Tagung des ZK der SED veranstaltet. Auf ihr wurde ebenfalls über Wirtschaftsprobleme gesprochen. Leuschner hatte dabei im wesentlichen sein Referat auf der Arbeiterkonferenz im Dezember wiederholt, und Ulbricht hatte seinen eigenen Vorschlag für die Reorganisation des Staatsapparates in der Zone präsentiert: Unter Vorsitz von Leuschner sollten Rau, Oelßner, Selbmann, Scholz, Rumpf, Ziller, Gregor (der die Stelle des inzwischen verstorbenen Straßenberger eingenommen hatte) und Grete Wittkowski einen Wirtschaftsrat bilden. Zunächst hatte Leuschner damit keine Eile. Er hätte lieber gleich die große Reorganisation eingeleitet. Als Ulbricht daran jedoch kein Interesse zeigte, ließ Leuschner den Wirtschaftsrat ins Leben rufen und beförderte mich zum Sekretär des Rates. Meine offizielle Ernennung zum Staatssekretär erhielt ich allerdings nicht mehr.

Die Ressort-Ministerien blieben bestehen. Es war auch nicht daran gedacht, sie aufzulösen. Erst danach ließ Ulbricht den sowjetischen Reorganisationsvorschlag veröffentlichen. Ihm war inzwischen klargeworden, daß die von Chruschtschow vorgeschlagenen Veränderungen das System und die Allmacht der Partei nicht antasteten. Wir anderen merkten das erst später. Da aber war die große Politik nicht mehr meine Hauptsorge; ich hatte an anderes zu denken.

FINALE OST

Gefahr

Der 16. Mai 1957 war der Anfang vom Ende meiner Laufbahn im SED- Staat. An diesem Tag meldete »Neues Deutschland«, daß auf einer Pressekonferenz in der Ostberliner Humboldt-Universität der Staatssekretär für das Hochschulwesen, Wilhelm Girnus, und Oberst Borrmann vom Staatssicherheitsministerium zu den Studentenunruhen im Winter 1956/57 Stellung genommen hatten. Girnus hatte mitgeteilt, daß künftig den Studenten der DDR Reisen in die Bundesrepublik nicht mehr gestattet seien. Und Borrmann hatte behauptet, ein Komplott westlicher Geheimdienste gegen die mitteldeutschen Universitäten sei enthüllt worden. Ich hatte diese Mitteilung flüchtig gelesen, ohne zu ahnen, wie folgenschwer sie für mich sein sollte.

Am Vormittag desselben Tages erschienen die für die Plankommission zuständigen SSD-Offiziere Kleine und Schulze im Sekretariat. Das war nichts Ungewöhnliches, denn sie holten sich häufig Informationen über wirtschaftspolitische Fragen oder Personalakten, die sie nicht direkt von der Kaderabteilung verlangen wollten. Von allen Besuchern, die ich empfing, waren sie mir am wenigsten willkommen, und ich war jedesmal froh, wenn ich sie wieder losgeworden war. Die meisten Angelegenheiten erledigten sie mit mir; nur selten wollten sie Leuschner persönlich sprechen. Kam das aber vor, steckte meist eine unangenehme Sache dahinter.

Schulze strömte eisige Kälte aus. Er hatte stets einen vorbereiteten Fragezettel bei sich und verlangte präzise Antworten. Kleine hingegen, der Ranghöhere, war zugänglicher als Schulze. Man merkte ihm an, er war immer froh, wenn sich eine Angelegenheit schnell klären ließ und er nichts weiter zu unternehmen brauchte.

Die beiden trafen nur eine Sekretärin an, da Leuschner gerade eine Sitzung abhielt, an der auch ich teilnahm. Sie verlangten sofort den Chef zu sprechen. Gewitzt durch ähnliche Fälle holte jedoch die Sekretärin zunächst mich heraus.

Die Begrüßung war förmlich wie immer.

»Sag bitte dem Genossen Leuschner, daß wir ihn sofort sprechen müssen. Wir kommen im Auftrag des Genossen Mielke«, begann Kleine.

»Das ist sehr ungünstig, die Stellvertreter sind gerade alle da. Kann ich einstweilen helfen?«

»Das ist in diesem Fall nicht möglich. Wir müssen mit dem Genossen Leuschner persönlich sprechen, und zwar gleich.«

Sie waren nervös, und ich gewann den Eindruck, daß diemal wirklich etwas in der Luft liege.

Leuschner war ungehalten über die Störung. »Die denken, sie sind die einzigen Menschen auf der Welt«, raunte er mir ärgerlich zu, als ich ihn holte. Er bat die Stellvertreter, einen Augenblick zu warten, und kam mit in mein Zimmer. Da die SSD-Leute ihn unbedingt allein sprechen wollten, ging ich hinaus. Nach wenigen Augenblicken kam Leuschner schon wieder heraus, ging in sein Zimmer zurück und vertagte die Sitzung. Die Stellvertreter verließen den Raum, und Leuschner bat die SSD-Offiziere in sein Zimmer.

Sie blieben über eine Stunde bei ihm. Ich hatte die Angelegenheit schon fast vergessen, als mich Leuschner rufen ließ. Ich betrat das Chefzimmer und wollte auf ihn zugehen. Er wehrte jedoch mit einer Handbewegung ab und wies mir einen Platz am Ende des langen Sitzungstisches zu. Das traf mich wie ein Schlag. So etwas war noch nicht vorgekommen. Es konnte kaum einen Zweifel geben: der »unangenehme Fall« war diesmal ich selbst.

Kleine und Schulze hatten jeder an einer Seite des Sitzungstisches Platz genommen. Beide hatten Notizblöcke vor sich liegen, Kleine außerdem »Neues Deutschland«. Leuschner saß an seinem Schreibtisch, der am Kopfende des Sitzungstisches stand. Sein Gesicht war gerötet. Er hatte die Brille aufbehalten, die er sonst nur beim Lesen trug; ich konnte seine Augen nicht sehen, er erschien mir undurchsichtig.

Kleine begann das Verhör. Er wies auf die Zeitung: »Haben Sie den Bericht über die Pressekonferenz in der Humboldt-Universität gelesen?« Das »Sie« verstärkte meine Unruhe. Diese Anrede wählten die SSD-Leute nur, wenn es ernst wurde. Ich bejahte. »Im Zusammenhang mit dieser Angelegenheit sind auch eine Reihe Verhaftungen vorgenommen worden«, fuhr Kleine fort. »Darunter befindet sich ein gewisser Herbert Hoffmann. Sie sind mit ihm bekannt?«

»Ja.«

Das war es also. Nun wußte ich wenigstens, worum es sich handelte; aber beruhigt war ich ganz und gar nicht. Ich versuchte, mich zu konzentrieren, doch der Offizier ließ mir keine Zeit, lange nachzudenken: »Wie lange kennen Sie ihn?«

»So weit ich überhaupt zurückdenken kann. Wir sind in einer Straße aufgewachsen, haben auf einer Schulbank gesessen — wir waren im Grunde die besten Freunde.«

Die beiden nickten, sie waren genau informiert. »Halten Sie es für möglich, daß Hoffmann ein Agent westlicher Geheimdienste war? Und was wußten Sie von seiner Tätigkeit?«

»Ich kann es nicht glauben. Hier muß ein Irrtum vorliegen. Bei ihm muß man zwischen Reden und Handeln unterscheiden. Ich kann mir höchstens vorstellen, daß er in Versammlungen unsinnige Reden führt.« Ich hielt es für richtig, das zu sagen, weil ich wußte, daß sich mein Schulfreund nicht beherrschen konnte und selbst in aussichtslosen Fällen öffentlich gegen SED-Funktionäre auftrat.

Jetzt übernahm Schulze das Verhör, und zog es über mehr als zwei Stunden in die Länge. Wie bei Linke oder den Sowjets nahm er erst meine Personalien auf, dann die von meinem Freund und stellte schließlich eine Menge Fangfragen, die sich um Verbindungen nach Westberlin drehten. Ich lenkte meine Antworten in die Richtung, daß es sich allem Anschein nach um einen Irrtum handeln müsse, womit ich jedoch nicht durchkam. Die beiden blieben dabei, daß Herbert der Agententägigkeit überführt sei und auch gestanden habe.

Als das Verhör beendet war, war Mittag längst vorüber.

Leuschner hatte sich anscheinend beruhigt, und als Kleine ihn um Entschuldigung für die Störung bat, sagte er: »Aber Genossen, das mußte doch geklärt werden. Ich bin ja selbst stärkstens daran interessiert. Und Genosse Schenk bestimmt auch.«

»Aber natürlich.«

»An dieser Stelle muß Klarheit herrschen«, fuhr er fort. Hier darf der Gegner kein Loch finden. Das wäre gefährlich nicht nur für uns, sondern für das gesamte sozialistische Lager. Gar nicht auszudenken, was daraus entstehen könnte.« Er warf einen Blick auf seinen Zettel — auch er hatte sich während des Verhörs Notizen gemacht —, dann entließ er mich, während er die Offiziere bat, noch einen Augenblick zu bleiben. Wie benebelt ging ich aus dem Raum.

Zunächst konnte ich keinen klaren Gedanken fassen. Aus meinem Brüten schreckten mich die beiden SSD-Leute, die, nachdem sie sich von Leuschner verabschiedet hatten, noch einmal in mein Zimmer kamen. Kleine war jetzt wieder ganz zutraulich; Leuschner schien ein gutes Urteil über mich abgegeben zu haben.

Langsam wich der Druck von mir, und ich versuchte über meine Lage nachzudenken. Vorerst schien ich gerettet; aber die Gefahr war noch nicht vorüber, das spürte ich deutlich. Das Schlimmste war, daß ich nicht wußte, was hinter der ganzen Sache steckte, was man erreichen wollte, wer sonst noch darein verwickelt war, warum mein Freund mich hineingezogen hatte und welches »Geständnis« dem SSD vorlag. Das Nächstliegende war, daß man ihn im Betrieb denunziert hatte, weil er den Mund nicht hatte halten können.

Mehr zu denken gab mir aber der Zusammenhang mit der Humboldt-Universität. Als Werkstudent wurde Herbert dort bis zum Abschluß des Studiums »kaderpolitisch« geführt. Wenn die Affäre wirklich von der Universität ausging, würde sie zweifellos bald weitere Kreise ziehen; denn gegen die Studenten schießt man erst, wenn die Professoren schon aufs Korn genommen sind. Dann war die Sache also nur das Vorspiel zu einer großen Kampagne gegen andere, höherstehende Gruppen. Für diese Deutung sprach vieles. Nach dem 30. ZK-Plenum hatte ein Großangriff auf den Revisionismus eingesetzt. Am meisten Aufsehen hatten die Attacken gegen die Wirtschaftswissenschaftler Behrens, Benary und Kohlmey erregt, aber die gesamte gesellschaftswissenschaftliche Intelligenz der DDR war schweren Repressalien ausgesetzt.

Doch auch die Wissenschaftler konnten noch nicht das eigentliche Ziel der Angriffe sein. Wenn in einer kommunistischen Partei eine Kampagne gegen irgendwelche Abweichler gestartet wird, dann ist letztlich immer eine Person oder Gruppe in der obersten Führung gemeint. Mit dem »Vorgeplänkel« will man sie warnen. In Funktionärskreisen wurden die Anfänge solcher Kampagnen immer als »Warnschuß vor den Bug« bezeichnet.

Derartige Ereignisse machten den Apparat mobil, ließen ihn aufhorchen. Die Gespräche auf den Gängen und Diskussionen unter vier Augen nahmen zu. Besonders eng befreundete Funktionäre (mit Ausnahme der Stalinisten) schränkten ihre persönlichen Kontakte ein. Man ging beim Mittagessen an einen anderen Tisch und unterhielt sich mit Stalinisten, die einem sonst das Essen vergällten. Man vermied es, bei Versammlungen zu spät zu kommen oder gar auszubleiben. Man übernahm Aufträge, die sonst unter fadenscheinigen Ausreden abgelehnt wurden, ging zum Kampfgruppeneinsatz, ließ sich beim Aufbausonntag sehen, hielt vor der Arbeitszeit in der Abteilung eine Zeitungsschau ab, lobte die großen Erfolge von Partei und Regierung mit denselben Worten wie die Stalinisten und bemühte sich, nicht sonderlich aufzufallen. Ein Höchstmaß an Einheit und Geschlossenheit wurde vorgetäuscht — die Redakteure von »Neues Deutschland« haben in solchen Perioden sicherlich nicht gelogen, wenn sie von »großer Einmütigkeit« berichteten.

Die politische Sterilität nahm noch zu. Versammlungen und Referate wurden länger und zugleich inhaltsloser. Es kam keine lebendige Diskussion mehr zustande. Selbst Minister oder stellvertretende Ministerpräsidenten sagten nur dasselbe, was der amtliche Hauptredner schon — wörtlich ausgearbeitet — vorgelesen hatte. Die Lähmung erfaßte alle Bereiche. Brennende Fragen wurden nicht entschieden, ganz gleich, was auf der »unteren Ebene« passierte; man bauschte Kleinigkeiten gewaltsam auf, um nicht »heiße Eisen« anfassen zu müssen. Alles verkroch sich hinter das »Kollektiv«, hinter die »gemeinsame Entscheidung«, und jeder tat sein Bestes, dieses Kollektiv nicht beschlußfähig werden zu lassen. Der Schwebezustand sollte erhalten bleiben, bis wieder jeder wußte, was oben und unten war.

Eben solch eine Lage bestand im Mai 1957. Über die Auswirkungen des 30. Plenums war sich noch niemand im klaren. Außerdem waren inzwischen Veränderungen in der Wirtschaftsleitung der Sowjetunion beschlossen worden, die erhebliche Unruhe ausgelöst hatten. Mit Sicherheit waren auch in der DDR personelle Verschiebungen zu erwarten — aber noch wußte keiner, ob er steigen oder fallen sollte. Auch Leuschner war keineswegs frei von Unruhe. Für ihn stand durchaus noch nicht fest, daß er Vorsitzender der in Aussicht genommenen Mamutplankommission werden würde. In der inoffiziellen, aber jedem geläufigen Rangordnung der Partei standen Rau, Oelßner und Selbmann über ihm; alle drei waren älter und populärer als er. Wenn Ulbricht dem russischen Beispiel getreulich folgte — und ohne Zweifel würde er das tun —, dann wurde der Planungschef nach dem Ministerpräsidenten der zweite Mann im Staatsapparat. Würden diese drei sich einem »jungen Mann« wie Leuschner unterordnen? Selbmann, der »Vater der volkseigenen Industrie«, hatte bei den Fachleuten an der Basis große Autorität; seine Position war alles andere als schwach. Oelßner, der unbestritten führende Gesellschaftswissenschaftler, hatte auf den letzten ZK-Tagungen aktiv in die Diskussion eingegriffen und vielen Betriebsleitern und Parteisekretären aus dem Herzen gesprochen, weil er zahlreiche Mängel bei der Wurzel zu packen versuchte. Und der strebsame und selbstsichere Rau, der in letzter Zeit häufig Grotewohl vertreten hatte —, würde er mit dem Außenhandelsministerium zufrieden sein und sich von Leuschner, seinem früheren Stellvertreter, Aufträge erteilen lassen? Und da so viel von »strafferer Leitung der Wirtschaft« die Rede war — wer war für »ein strengeres Kommando in der Wirtschaft« besser geeignet als der ehemalige Spanienkommandeur Rau? Zudem waren Oelßner und Rau Vollmitglieder des Politbüros, Leuschner war nur Kandidat.

Diese und andere Fragen wurden damals in Funktionärskreisen unermüdlich diskutiert. Es kam darauf an, auf die richtige Karte zu setzen, damit man nicht beim Großreinemachen mit ausgekehrt wurde. Die Sache selbst interessierte viel weniger als die Personenfrage. Daß an der Allmacht der Partei durch diese Veränderungen nicht gerüttelt würde, war allgemein klar. Man fühlte aber, daß Ulbricht sie zum willkommenen Anlaß nehmen würde, nach all den Wirren, die der XX. Parteitag gebracht hatte, endlich reinen Tisch zu machen.

Leuschner war seit der Bildung des Wirtschaftsrates im März 1957 sehr verschlossen. Kein Wunder, daß ihn der Zwischenfall mit mir in höchstem Grade beunruhigte. Was konnte es für Folgen haben, wenn ausgerechnet sein persönlicher Mitarbeiter in dieser Phase der personellen Auseinandersetzungen der »Agententätigkeit« überführt würde? Zumindest mußte es auf den Chef ein ungünstiges Licht werfen; außerdem würde das eine sehr gründliche Untersuchung durch das ZK nach sich ziehen — und wo man wühlt, findet sich immer Dreck.

Leuschner machte aus diesen Bedenken kein Hehl. Als er nach dem Verhör vom Essen zurückkam, nahm er mich gleich mit in sein Zimmer. Die Sitzung vom Vormittag war jetzt Nebensache geworden. Er wollte sich Klarheit verschaffen. Ihm konnte nicht entgangen sein, daß in dem Gespräch mit den SSD-Leuten noch vieles offen geblieben war. Meine teils taktischen, teils völlig verstörten, oft vielleicht unlogischen Antworten hatte er sicherlich viel besser durchschaut als die Offiziere und machte sich seinen Vers darauf.

Wieder betonte ich, daß ich mir absolut nicht vorstellen könne, was mein Freund mit den Vorgängen an der Universität zu tun haben solle; es müsse ein Irrtum vorliegen.

»Nein, nein«, sagte Leuchner entschieden, »das stimmt schon. Die beiden haben mir das vorhin genau erklärt. Es hat eine Untergrundtätigkeit vorgelegen, sonst würde ja die Staatssicherheit nicht eingreifen.«

»Ich habe jedenfalls nichts gewußt.«

Nun versuchte mich Leuschner zu provozieren: »Manchmal kann ich die Studenten ja verstehen. Wenn ich mir vorstelle, ich müßte täglich bei dem Naumann die Vorlesungen besuchen und mir sein nichtssagendes Gewäsch anhören — ich glaube, da würde ich auch auf die Barrikaden steigen. Zumindest hätte ich das mit 25 Jahren getan.«

Naumann, Professor für Politische Ökonomie an der Humboldt- Universität, trat immer dann hervor, wenn die Partei jemanden brauchte, der »wissenschaftlich« gegen den Revisionismus oder andere Abweichungen zu Felde zog. Er war berüchtigt für die Gedankenleere seiner absolut linientreuen Vorlesungen und die einschläfernde Monotonie seiner Sprechweise.

Bei jeder anderen Gelegenheit hätte ich Leuschner nicht nur recht gegeben, sondern noch persönliche Bemerkungen hinzugefügt. An diesem Tage zog ich es vor, zu schweigen. Ich wollte mich nicht noch mehr bloßstellen, und mir lag auch daran, so schnell wie möglich nach Hause zu kommen. Herberts Frau hatte nämlich angerufen; sie müsse mich unbedingt sprechen. Kleine, dem ich das telefonisch mitgeteilt hatte (ich wußte ja nicht, ob der SSD damit meine Bereitschaft zur »Mitarbeit« auf die Probe stellen wollte), hatte die Aussprache gutgeheißen und mich gebeten, die Frau zu beruhigen. Er wollte am nächsten Tag wiederkommen und sich über den Inhalt der Unterhaltung informieren. Außerdem hatte ich zu Hause einiges zu verbrennen ...

So sagte ich Leuschner, Hoffmanns Frau erwarte mich und werde mir selbst berichten, wie sich alles zugetragen hatte. Ich versicherte, ich würde mich um die Familie kümmern, bis alles geklärt sei, dann aber den Kontakt abbrechen. Damit war ich entlassen.

Ursula Hoffmann war verweint und zitterte an allen Gliedern. Es dauerte eine ganze Weile, bis meine Frau und ich sie so weit beruhigt hatten, daß sie einigermaßen zusammenhängend erzählen konnte. Am Vortag um die Mittagsstunde waren drei Männer in Zivil bei ihr in der Wohnung erschienen, hatten ihr ihre Ausweise unter die Nase gehalten und knapp erklärt, Herbert sei verhaftet und sie hätten den Auftrag, eine Haussuchung vorzunehmen. Sie hatten dann vier Stunden lang die Wohnung um und um gestülpt und dabei auch gefunden, was sie suchten — das Buch *Die Revolution entläßt ihre Kinder* von Wolfgang Leonhard und einige andere westliche Druckschriften, zum Teil als SED-Zeitschriften getarnt. Mit der Beute waren sie gegangen. Es handelte sich dabei um Drucksachen, die wir aus Westberlin holten, um sie in die DDR zu schmuggeln. Dabei kam mir mein Sonderpassierschein (ein sogenannter Dauerpropusk) zu statten, mit dem ich mit meinem Dienstwagen unkontrolliert die Schlagbäume am Stadtrand Berlins passieren konnte.

Ursula hatte den Rest des Tages damit verbracht, die verwüstete Wohnung notdürftig aufzuräumen. Am nächsten Morgen, also heute, war sie in Herberts Betrieb gefahren. Sie hatte stundenlang im Pförtnerhäuschen warten müssen und war nach endlosen Befragungen und Telefonaten schließlich in Herberts Abteilung geführt worden. Dort aber hatte man ihr lediglich Herberts Entlassungspapiere und sein Jackett ausgehändigt — er war im Arbeitskittel abgeführt worden. Über die Gründe der Verhaftung und der Entlassung erfuhr sie kein Wort. Am Nachmittag war die junge Frau in das Staatsicherheitsministerium gerufen worden. Die zermürbenden Erlebnisse vom Vormittag hatten sich wiederholt — grausam lange Wartestunden, pedantische Ausfragerei und am Schluß die dürre Auskunft, Herbert gehe es gut, es fehle ihm an nichts, bis zum Prozeß müsse er in Untersuchungshaft bleiben, und bis dahin seien auch keine Besuche gestattet. Das war es, was uns Ursula, immer wieder aufschluchzend, berichtete.

Am liebsten wären wir noch in derselben Stunde auf und davon gegangen. Aber wir sagten uns, daß unsere Flucht in diesem Augenblick Herbert auf das schwerste belasten müßte. Der SSD würde darin den Beweis erblicken, daß ich meinem Freund geheime Informationen geliefert und als Boten benutzt hätte. Also durfte ich jetzt meinen Platz nicht verlassen. Aber äußerste Vorsicht war geboten. So machte ich mich schweren Herzens daran, die Stöße von Papieren zu vernichten, die ich in den vergangenen Jahren unter Schwierigkeiten und Gefahren zusammengetragen und von denen ich in Abständen Abschriften nach Westberlin geschmuggelt hatte. Da auch ich mit einer Haussuchung rechnete, durfte nichts verdächtiges in der Wohnung bleiben.

Doch zur Haussuchung kam es nicht, und die nächsten Tage verliefen so ruhig, als hätte es die Verhaftung und das Verhör nicht gegeben.

Ruhe vor dem Sturm

Ende Mai ging Leuschner in Urlaub. Vorher gab es für mich noch anstrengende Tage, so daß ich nicht dazu kam, mich um die Angelegenheit meines Freundes zu kümmern. Die Vorbereitungen zu den Gemeinde- und Kreistagswahlen hatten begonnen, und bei dieser Gelegenheit sollten »weitere Maßnahmen zur Demokratisierung der Staatsmacht« — d.h. eine geringfügige Dezentralisierung — verkündet werden. Der Besuch einer tschechoslowakischen Regierungsdelegation stand bevor, die mit der DDR-Regierung über Probleme der wirtschaftlichen Zusammenarbeit beraten wollte, denn der Ausfall der polnischen Kohlelieferungen hatte die Tschechen in die gleichen Schwierigkeiten gebracht wie uns. Selbmann rüstete sich zu einer Reise in die Sowjetunion, um mit Saburow ein gemeinsames Vorgehen auf der bevorstehenden Warschauer Tagung des RGW zu vereinbaren. Eine Tagung von Baufachleuten des gesamten Ostblocks war angesetzt, und der Volkskammer mußte der Staatshaushaltsplan zugeleitet werden. Für all das hatte die Plankommission Vorarbeiten zu leisten, und die zuständigen Mitarbeiter suchten die Verantwortung möglichst auf den Vorsitzenden abzuwälzen. Hinzu kam noch, daß der Chef, wie alljährlich vor dem Urlaub, seine Panzerschränke ausräumte, in denen so manche unerledigte Sache »schmorte«. So hatte ich alle Hände voll zu tun und atmete auf, als ich am letzten Maisonntag den Zug, mit dem Leuschner in die Hohe Tatra fuhr, aus der Halle des Bahnhofs Friedrichstraße dampfen sah.

Am 5. Juli 1957 brachte »Neues Deutschland« die Meldung vom Ausschluß der Malenkow-Molotow-Gruppe aus der Führung der KPdSU. Ich überflog sie im Wagen auf dem Weg zur Dienststelle. Kaum war ich in meinem Zimmer angelangt, da stürzten der Parteisekretär und die Stellvertreter herein und verlangten, die Westzeitungen zu sehen. Wir nahmen eine nach der anderen zur Hand, fanden aber zu unserer Enttäuschung keine Antwort auf die Fragen, die uns bewegten. Fast alle Blätter deuteten den Ausschluß der Gruppe als einen gewaltigen Sieg der »liberalen« Chruschtschow-Fraktion über die »Stalinisten.«

Uns interessierte vor allem die geräuschlose Absetzung Saburows — er war zwar nicht als »Parteifeind« erwähnt, war aber auch nicht in das neue Präsidium gewählt worden. Doch davon hatten die meisten Westzeitungen nicht einmal Kenntnis genommen. So griffen wir wieder zum SED-Organ und begannen über das offizielle Kommuniqué zu diskutieren.

Mir roch der ganze Beschluß zu sehr nach Stalinismus. Die Anklage unterschied sich kaum von den Säuberungsbeschlüssen zu Lebzeiten des Diktators: Wir lasen nur, daß sich die Gruppe gegen die »Parteilinie« gewandt habe, erfuhren aber nichts von ihren eigenen Zielen. Diesen Gedanken brachte ich vorsichtig zum Ausdruck und konnte feststellen, daß ich viele Gleichgesinnte hatte. Sieber wußte nichts Rechtes zu sagen: das ZK hatte noch nicht Stellung genommen. Er machte eine unglückliche Figur und war sichtlich froh, als er bald abberufen wurde. Der Parteiapparat setzte sich in Bewegung. Es dauerte nicht lange, da rasselten in allen Abteilungen die Telefone. Die Parteigruppenfunktionäre wurden zur Leitung beordert und erhielten den Auftrag, sofort Abteilungsbesprechungen und Zeitungsschauen abzuhalten. Mustertexte für Vertrauensresolutionen bekamen sie gleich mit. Die Situation glich der beim Tode Stalins.

Abends in der Parteigruppenversammlung war man unter sich und konnte etwas aus sich herausgehen. Als Parteigruppenorganisator hatte ich die Versammlungsleitung. Während ich gewöhnlich die Genossen nicht besonders zur Diskussion herausforderte, sondern möglichst rasch über das befohlene Thema abstimmen ließ, war ich diesmal an einer ausführlichen Diskussion interessiert. Ich ergriff also, nach dem sich auf meine Bitte um Meinungsäußerungen wie üblich niemand gemeldet hatte, selbst das Wort: »Um den Anfang zu machen, möchte ich einige Unklarheiten zur Diskussion stellen, die heute im Laufe des Tages an mich herangetragen worden sind. Zuvor aber erlaubt mir zwei Feststellungen. Erstens: Es herrscht allgemeine Einmütigkeit darüber, daß man gegen Fraktionen, gleich welcher Richtung, kämpfen muß und daß es gilt, die Einheit der Partei gegen alle Störungen zu verteidigen. Zweitens: Es herrscht Einmütigkeit, daß man gegen alle Genossen, gleich welche Stellung sie in der Partei einnehmen und gleich welche Verdienste sie sich im Kampf um den Sozialismus erworben haben, scharf vorgehen muß, sobald sie sich gegen den Fortschritt stemmen, der Entwicklung nicht mehr folgen oder sich von der Partei und vom Volke lösen. Ich glaube, darin sind wir uns einig?«

Ich erntete allgemeine Zustimmung. Es ist ein ungeschriebenes Gesetz der kommunistischen Partei, jeder Kritik ein paar positive Bemerkungen voranzustellen, und seien sie noch so trivial. Dieser Pflicht hatte ich genügt und fuhr jetzt fort: »Viele Genossen stellen jedoch nach gründlicher Durcharbeitung des Kommuniqués noch Fragen. Das ist ein gutes Zeichen. Es zeigt, daß die Partei innerlich gewachsen ist, daß sich die Genossen ihrer Verantwortung bewußt sind und Lehren aus den richtungweisenden Beschlüssen des XX. Parteitages gezogen haben.«

Auch solche Bemerkungen sind sehr wichtig, denn sie nehmen den Stalinisten den Wind aus den Segeln und liefern weniger gewandten Genossen Argumente zur Verteidigung ketzerischer Ansichten. Bei Gefahr kann man sich immer darauf herausreden, daß man ja nur »Unklarheiten« zur Diskussion gestellt, sich aber keineswegs mit diesen Meinungen identifiziert habe. Auf das »Wie« einer Kritik kommt sehr viel an. Nachdem ich mich so gesichert hatte, brachte ich, immer hübsch in linientreue Phrasen eingewickelt, meine Bedenken vor. Unter ständiger Berufung auf die nicht existierenden »unklaren« Genossen fragte ich, ob es nicht besser gewesen wäre, alle Parteimitglieder rechtzeitig über die Meinungsverschiedenheiten in der Führung zu unterrichten; welche konkreten Ziele denn die parteifeindliche Gruppe verfolgt habe; wieso sich so kampferprobte alte Funktionäre wie Molotow und Kaganowitsch so weit von der Partei hatten lösen können; und schließlich, ob nicht unsere eigene Parteiführung etwas detaillierteres Informationsmaterial für die Parteimitglieder herausgeben könne, wie das nach dem XX. Parteitag mit der Geheimrede Chruschtschows geschehen sei.

Dagegen wandte sich in scharfer Form Ilse Dorn aus dem Parteisekretariat. Sie hielt uns einen langen theoretischen Vortrag über das Prinzip des »demokratischen Zentralismus«. »Wo kämen wir hin«, schloß sie, »wenn unsere Parteipresse fortwährend über die Meinungsverschiedenheiten der leitenden Genossen berichten würde? Am Ende wüßte überhaupt niemand mehr, nach wem er sich richten soll.«

Klara Schröder aus der Verschlußsachenabteilung hielt ihr entgegen: »Der XX. Parteitag hat alle Genossen aufgefordert, darauf zu achten, daß die innerparteiliche Demokratie nicht verletzt wird und daß die negativen Auswirkungen des Personenkults ein für allemal der Vergangenheit angehören. Das ist dann wohl hinfällig? Gefühlsmäßig halte ich den Beschluß für richtig, aber was darin behauptet wird, ist nicht genügend bewiesen. Wenn der Personenkult überwunden werden soll, muß jeder Genosse die Möglichkeit haben, seinen Standpunkt genauso ausführlich darzulegen, wie es seine Kritiker tun. Bei uns ist das im Fall Behrens-Benary gut praktiziert worden. Es ist eine Broschüre erschienen, in der sowohl die Genossen Behrens und Benary als auch die Genossen, die sich gegen sie wandten, zu Wort kamen.«

Damit war der stalinistische Teil unserer Versammlung ziemlich in die Enge getrieben. Ilse konnte nicht umhin, einen etwas sanfteren Ton anzuschlagen: »Ihr habt schon recht, Genossen; ich gebe ja selbst zu, daß mich ähnliche Unklarheiten drücken wie euch. Aber ich glaube, ihr müßt das etwas anders sehen. Wenn die ganze Welt sozialistisch wäre, dann — davon bin ich überzeugt — würde nicht nur dieser kurze Beschluß veröffentlicht, sondern vielleicht das gesamte Protokoll der ZK-Tagung. Aber es bestehen immer noch zwei Systeme in der Welt. Ihr wißt, wie es der Gegner propagandistisch ausgenützt hat, als es ihm gelungen war, einige Brocken von der Rede des Genossen Chruschtschow aus der geschlossenen Sitzung des XX. Parteitages aufzuschnappen. Unsere Bruderparteien in den kapitalistischen Ländern haben dadurch große Schwierigkeiten gehabt, die heute noch nicht restlos überwunden sind. Die Partei verlangt euer Einsehen. Sie wird euch bestimmt informieren, wenn es ohne Gefahr für unseren Kampf geschehen kann.«

Die gutgläubigen Wachsfiguren vom Schlage Erich Schmiedels, eines sogenannten verdienten Altgenossen, wurden sofort weich. Sie zeigten größtes Verständnis für die Lage und betonten, daß sie solche Gedanken natürlich nur hier in der Parteigruppe äußerten, nicht etwa gegenüber Parteilosen. Die Parteiführung habe durchaus richtig und weise gehandelt. Die Stalinisten fühlten sich versöhnt und in ihrer Überlegenheit bestärkt; sie waren nun sogar bereit, ein gewisses menschliches Verständnis zu zeigen.

»Die führenden Genossen sind auch nur Menschen«, bemerkte Ilse Dorn und glaubte, damit etwas ganz Besonderes zu sagen. »Sie sind ebenfalls nicht unfehlbar; das zeigt ja das Beispiel des Genossen Stalin. Aber das Wichtigste ist und bleibt die Einheit der Partei.«

Wir anderen waren froh, wenigstens wieder einmal einen Teil unserer Unzufriedenheit abgeladen zu haben, und um die Wirkung nicht ganz verpuffen zu lassen, schlug ich vor, unserer Vertrauensresolution für Chruschtschow — die wir selbstverständlich beschlossen — eine Zusammenfassung der diskutierten Probleme beizufügen. Damit waren alle einverstanden; wir versicherten uns noch einmal gegenseitig, wie nützlich doch diese offene Aussprache gewesen sei und gingen dann, scheinbar in schönster Harmonie, auseinander

Am nächsten Vormittag übergab ich dem Parteisekretär unsere Resolution und die Zusammenstellung der ungeklärten Fragen. Die Resolution legte Sieber in eine Mappe, ohne sie auch nur anzusehen; das andere Blatt las er sofort. »Prima«, lachte er, »kommt mir wie gerufen, das ZK will solche Meinungen haben. — Einiges riecht allerdings verdammt nach Schenk ... Nein, du brauchst dich nicht zu entschuldigen; ich sage dir ja, ich finde es sehr gut so.«

Offenbar hatte ich mich also nicht zu weit vorgewagt; man schien mir zu trauen. Das beruhigte mich; denn nach der Versammlung waren mir doch einige Bedenken gekommen. (Wie berechtigt sie waren, erfuhr ich erst später.) Um ganz deutlich zu bekunden, daß mein Gewissen in jeder Beziehung rein sei, ließ ich in diesen Tagen noch meine Wohnung renovieren, rangierte alte Möbel aus und kaufte mir ein neues Arbeitszimmer. Diese Anschaffungen waren eigentlich für eine viel spätere Zeit geplant; Rosemarie und ich waren aber überzeugt, daß man uns beobachtete und unser Tun und Lassen genau registrierte. Unsere Bewacher, meinten wir, würden sich sagen: Wer Angst hat, verhaftet zu werden, oder zu fliehen beabsichtigt, kauft sich keine neuen Möbel.

Die nächsten Wochen sollten zeigen, daß wir richtig getippt hatten.

In der Normannenstraße

Am Montag, dem 8. Juli — es war der bisher heißeste Tag des Jahres 1957 —, trat Leuschner seinen Dienst wieder an. Wir hatten mit seinem Erscheinen noch nicht gerechnet; aber für den übernächsten Tag war eine ZK-Sitzung angesetzt, und er wollte sich gründlich darauf vorbereiten. Nach ein paar freundlichen Begrüßungsworten wies er mich an, noch am gleichen Vormittag eine Sitzung mit den Stellvertetern zu arrangieren.

Ich hatte soeben sein Zimmer verlassen und war dabei, den Auftrag an die Sekretärin weiterzugeben, als Schulze eintrat. Überaus höflich sagte er: »Es tut mir leid, daß ich stören muß, aber ich habe den Auftrag, Sie mit in unsere Dienststelle zu nehmen. Wir haben in der Angelegenheit

Hoffmann noch einige Fragen zu klären, wobei sie uns behilflich sein sollen.«

Daß er mich in das Staatssicherheitsministerium holen sollte, war in höchstem Maße bedrohlich. Zusammenkünfte von Staats- und Parteifunktionären gingen streng nach der Rangordnung vor sich; der Rangniedere hat den Ranghöheren in dessen Dienststelle aufzusuchen. In diesem Fall war ich der Ranghöhere; wenn man die geheiligte Regel durchbrach, mußte etwas sehr Ernsthaftes gegen mich vorliegen. Das war schon eine halbe Verhaftung. Allerdings gab es noch die Möglichkeit, daß die Untersuchung jetzt von höherer Stelle geführt wurde, etwa von Borrmann oder gar von Mielke selbst. Dann war zwar nichts dagegen einzuwenden, daß ich in die Normannenstraße bestellt wurde, aber meine Situation verbesserte es keineswegs.

Während mir das durch den Kopf schoß, antwortete ich dem Offizier in aller Harmlosigkeit: »Das paßt aber sehr schlecht. Der Genosse Leuschner ist seit heute wieder da, und gerade am ersten Tag gibt es für mich so viel zu tun, daß ich unmöglich hier weg kann. Ich schlage vor, daß wir die Fragen morgen klären oder noch besser am Mittwoch, wenn die ZK-Tagung ist.«

»Nein«, sagte Schulze, »es muß gleich sein. Ich werde sofort mit dem Genossen Leuschner sprechen. Er soll Staatssekretär Mielke anrufen, und dann geht das schon in Ordnung.«

»Dann muß ich aber wenigstens der Sekretärin einige Hinweise für den heutigen Tag geben.«

»Lassen Sie alles liegen und geben Sie mir Ihren Panzerschrankschlüssel. Alles weitere erledige ich. Unten steht ein Wagen, der wird Sie in die Dienststelle bringen.« Damit ging er zur Tür und holte einen anderen SSD-Mann herein, den ich auch kannte. Es war Kaspar, ein aufgeschwemmter, überfreundlicher Mann von höchstens 23 Jahren. Er gehörte zur gleichen Abteilung des

Ministeriums wie Kleine und Schulze. »Fahren Sie bitte mit dem Genossen Schenk in die Dienststelle«, befahl Schulze.

»So geht es nicht«, protestierte ich. »Ich kann unmöglich meinen Platz verlassen, ohne Instruktionen zu geben.« Dabei hatte ich schon nach der Sekretärin geläutet, und ehe Schulze etwas einwenden konnte, stand sie in der Tür. »Ich muß mit den Genossen mitfahren, Elsa«, sagte ich. »Ich weiß noch nicht, wie lange es dauert, aber auf jeden Fall werde ich nicht zurück sein, wenn die Sitzung mit den Stellvertretern beginnt. Es muß mich also jemand vertreten, und außerdem übergebe ich dir hier die Sachen, die der Chef braucht, und meinen Panzerschrankschlüssel.«

Elsa hatte sich beim Anblick der beiden SSD-Leute verfärbt. Als sie erfuhr, daß ich sogar das Haus verlassen mußte, wurde sie leichenblaß. Schulze drängte nervös zum Aufbruch. Bevor ich das Zimmer verließ, flüsterte ich der Sekretärin noch zu: »Falls es später werden sollte, sei so lieb und informiere meine Frau.«

Während der Fahrt war ich sehr aufgeregt. Ich wußte genau, daß ich sobald nicht wieder nach Hause kommen würde. Tausend Gedanken schossen mir durch den Kopf. Sollte ich mich einfach aus dem Wagen werfen? Oder — als wir den Alexanderplatz passierten — sollte ich unter irgendeinem Vorwand anhalten lassen, aussteigen und die hellhörigen Berliner alarmieren? Doch so rasch mir diese Ideen kamen, so rasch verwarf ich sie als unsinnig. Als wir durch die Stalinallee fuhren, versuchte ich ein Gespräch anzufangen. Ich machte Kaspar auf das »enorme Tempo« aufmerksam, mit dem die Neubauten aus dem Boden schossen. Aber der war für keine Unterhaltung zu haben und antwortete nur mit »Ja«.

Wir hielten in der Normannenstraße vor dem Sicherheitsministerium. Kaspar forderte mich zum Aussteigen auf. Ein bewaffneter Posten ließ uns ein. Kaspar zeigte ihm seinen Ausweis, nannte eine Nummer und sagte: »Für uns ist ein Verhandlungszimmer reserviert.«

»Fünf«, antwortete der Posten nur. Er öffnete eine elektrisch gesicherte Tür. Wir betraten einen langen Gang. In Zimmer Nr. 5 empfing uns ein Mann von etwa 25 Jahren. Er war mittelgroß, schlank, hatte blondes, welliges Haar und machte einen sportlichen Eindruck. Der Raum war etwa sechs Quadratmeter groß, vor dem Fenster stand ein Schreibtisch und in der äußersten Ecke, gleich neben der Tür, ein Stuhl. Das Milchglasfenster war geschlossen, die Luft stickig.

»Das ist Genosse Schenk«, sagte Kaspar.

Der Blonde gab mir die Hand, murmelte einen Namen, den ich nicht verstand, und sagte: »Ich untersuche die Angelegenheit Hoffmann. Es sind noch einige Fragen an Sie zu richten, die diesen Fall hoffentlich zum Abschluß kommen lassen.« Er bat mich, auf dem Stuhl Platz zu nehmen, während er sich mit Kaspar hinter den Schreibtisch setzte. Er schob eine rote Akte, die mitten auf dem Tisch lag, zur Seite, nahm einige Blatt weißes Papier aus der Schublade, reichte eines davon Kaspar und begann:

»Haben Sie Ihre Papiere bei sich?«

»Ja.«

»Würden Sie mir diese bitte geben.«

Ich überreichte ihm Personalausweis, Dienstausweis und Parteibuch. Er blätterte sie durch, fragte, Bestätigung heischend: »Sie sind Fritz Schenk — geboren — wohnhaft — Beruf ...« und notierte, immer wieder aufblickend, meine Personalien. Danach wollte er Namen und Adressen aller Personen wissen, mit denen wir in Berlin persönliche Kontakte pflegten. Alles schrieb er gewissenhaft mit der Hand nieder. Darüber verging fast eine Stunde.

Erst dann kam er zum eigentlichen Thema: »Wie lange kennen Sie Hoffmann?« Nun folgte im wesentlichen eine Wiederholung des ersten Verhörs. Der Blonde stellte die gleichen Fragen wie Kleine und Schulze, und ich beantwortete sie in der gleichen Weise wie damals. Hin und wieder bemerkte ich am Schluß einer Antwort, daß ich dies schon zu Protokoll gegeben hätte, worauf der Blonde erwiderte: »Das weiß ich, aber es ist bei uns üblich, daß wir jedesmal alles aufschreiben.«

Danach drehte sich das Verhör um die vermeintliche Agententätigkeit meines Freundes. Ich leugnete, etwas zu wissen und hielt mich im übrigen an die Grundsätze, die ich aus den Schilderungen meiner Eltern und Verwandten von Verhören bei der Gestapo kannte: so knapp wie möglich antworten und die Befrager immer wieder kommen lassen.

Nach reichlich einer Stunde hatte sich dieses Frage- und Antwort-Spiel festgefahren. Der Blonde nahm die rote Akte zur Hand, schlug eine Seite auf, die schon gekennzeichnet war, und begann zu lesen, während Kaspar kein Auge von mir ließ:

... Ich habe dem in der Staatlichen Plankommission beschäftigten ... und so weiter und so fort ... (er übersprang einige Zeilen) ... am soundsovielten Oktober 1956 in meiner Wohnung eine als Einheit *getarnte Hetzschrift des Ostbüros der SPD gegeben und mit ihm über den Inhalt derselben diskutiert. Im Dezember des gleichen Jahres brachte ich in seine Wohnung einige weitere als* Einheit *getarnte Hetzschriften und das als Hetzschrift gegen die DDR und die internationale Arbeiterbewegung herausgegebene Buch des imperialistischen Agenten Wolfgang Leonhard* Die Revolution entläßt ihre Kinder. *Im März 1957 übergab ich Schenk in meiner Wohnung wiederum einige als* Einheit *getarnte Hetzschriften, darunter die konterrevolutionäre Konzeption der imperialistischen Bande des als Feind der Arbeiter-und-Bauern-Macht verurteilten imperialistischen Agenten Harich.*

Er hielt die Akte hoch und fragte: »Kennen Sie diese Unterschrift?« Es war unverkennbar Herberts Handschrift. Auch die Tatsachen und Daten stimmten genau.

»Ja«, antwortete ich entwaffnet.

»Was haben Sie dazu zu sagen?«

Ich schwieg. In meinem Kopf drehte sich alles. Sinnlos wiederholte ich mir immer wieder den einen Satz: ‚Jetzt ist es aus, jetzt sitzt du in der Falle!'

Die beiden gewährten mir eine gewisse Bedenkzeit. Als ich danach etwas zur Erläuterung sagen wollte, brachen sie das Verhör ab. Ich wurde in einen Warteraum gebracht, in dem ich einige Stunden saß, die mir als die längsten meines Lebens im Gedächtnis haften geblieben sind.

Endlich, gegen 19 Uhr, sah ich den Wagen mit den beiden Beamten wieder vorfahren. Kaspar betrat den Warteraum und forderte mich auf, ihm zu folgen. Wir stiegen ein, und ohne auf eine Anweisung zu warten, fuhr der Fahrer los. Keiner sprach ein Wort. Trotz des Ernstes der Lage mußte ich an Wilhelm Busch denken: »... Max und Moritz wird es schwüle, denn jetzt geht es nach der Mühle ...«

Wir fuhren kreuz und quer durch mehrere Straßen. Aber da ich Berlin gut kannte, bemerkte ich, daß wir uns nicht aus der Gegend des Ministeriums entfernten. Offenbar wollte man mich nur in der Orientierung unsicher machen. Vor einem großen Eisentor bremste der Fahrer und zeigte dem salutierenden Posten eine Karte, worauf das Tor geöffnet wurde. Das gleiche geschah bei einem zweiten und dritten Tor. Wir hielten vor einem vergitterten kleinen Eingang und stiegen aus. Ein Feldwebel von schmächtiger Statur mit einigen Schlüsselbunden am Koppel ließ uns ein. Unter seiner Führung passierten wir mehrere Gittertüren, die er auf- und zuschloß, und kamen in einen Raum, der genauso klein war wie der, in dem am Vormittag das Verhör stattgefunden hatte. Nur war er unsauber, der Schreibtisch lädiert, die Stühle wacklig und das kleine Fenster unter der Decke vergittert. An einer Wand hing ein rotes Transparent mit einem Ausspruch Chruschtschows.

Ich nahm auf dem angewiesenen Stuhl in der Ecke des Raumes Platz, während die beiden Offiziere hinter dem Schreibtisch stehenblieben.

»Ich muß Ihnen eröffnen, daß gegen Sie hiermit ein Untersuchungsverfahren eingeleitet wird«, begann der Blonde. »Sie sind also vorläufig festgenommen. Sie werden beschuldigt, eine Ihnen bekannte strafbare Handlung, nämlich das Einschleusen von Hetzschriften, nicht angezeigt zu haben, und Sie werden der Preisgabe von Staatsgeheimnissen verdächtigt.« Er nannte die einschlägigen Paragraphen der DDR-Gesetze und fuhr fort: »Die Untersuchung wird ergeben, inwieweit sich diese Verdachtsmomente bestätigen. Daraus werden sich auch alle weiteren Maßnahmen ableiten, die eventuell gegen Sie angewandt werden müssen.«

Es erschien ein Haftrichter, ich mußte das erste Vernehmungsprotokoll unterschreiben — und wenig später fiel zur ersten Haftnacht die Zellentür hinter mir ins Schloß.

Es war finster geworden. Draußen zog ein Gewitter herauf. Durch ein ziegelsteingroßes Loch über die Tür fiel Licht in die Zelle. Eine schrille Glocke verkündete die Nachtruhe. Das Licht erlosch, und die Posten auf den Gängen begannen nachzusehen, ob alle Häftlinge die Schlafstätten aufgesucht hatten.

Ich lag auf der Pritsche, das Gesicht in den Armen vergraben und überdachte meine Lage. Die Angelegenheit mit den »Hetzschriften« konnte unmöglich die Hauptsache sein. Das war ja lächerlich. Also kam es vor allem auf den Punkt »Preisgabe von Staatsgeheimnissen« an. Bei diesem Gedanken wurde mir schwindlig. Eine Preisgabe von Staatsgeheimnissen konnte man schon darin erblicken, daß ich meiner Frau manchmal, wenn ich besonders spät nach Hause gekommen war, gesagt hatte: »Heute hat die Plankommission getagt« oder »Leuschner mußte sich auf eine ZK-Tagung vorbereiten.« Denn all das war natürlich »streng geheim«. Möglicherweise hatte ich mich schon strafbar gemacht, indem ich Rosemarie, meinen Eltern und auch Herbert erzählt hatte, wo ich arbeitete. In diesem Punkt konnte man mich also mühelos »überführen«, wenn man es nur wollte. Und man schien es zu wollen, sonst hätte man ja die Beschuldigung nicht erhoben.

Je länger ich nachdachte, desto trüber erschienen mir meine Aussichten. Ich sah mich schon auf der Anklagebank sitzen und hörte, wie mich der Staatsanwalt für alle wirtschaftlichen Rückschläge der letzten Zeit verantwortlich machte. Von den Kollegen hatte ich keinen Beistand zu erwarten. Jeder würde nur versuchen, seine eigene Haut zu retten. Keiner würde aufstehen und die Stichhaltigkeit der Anklage anzweifeln. Einstimmig würden sie meinen Ausschluß aus der Partei und alles, was man von ihnen verlangte, beschließen. Hatte ich es denn in der Vergangenheit anders gemacht? Hatte ich etwa gegen die Verhaftung von Mitarbeitern protestiert, die ich als anständige Leute kannte? Nein, auf Hilfe von außen durfte ich nicht rechnen.

Freilich, so leicht war es für die Kollegen auch wieder nicht, ihre Hände in Unschuld zu waschen. Ganz ahnungslos konnten sie sich nicht stellen, ohne des Mangels an Wachsamkeit geziehen zu werden. Wie wollten sie es begründen, daß sie über fünf Jahre lang einen »Agenten« in ihren Reihen geduldet hatten? Sie mußten also ihr Urteil über mich sehr vorsichtig dosieren. Gewiß würden sie sagen, daß ich gegenüber oppositionellen Äußerungen oft eine zweideutige Haltung eingenommen hätte. Dann mußten sie aber selbstkritisch hinzufügen, daß sie mir nicht prinzipiell genug entgegengetreten seien. Um ihre eigene Schuld zu verkleinern und ihre Toleranz mir gegenüber zu begründen, würden sie in manchen Punkten schönfärben und mich besser machen, als ich war. Hier kam mir der heuchlerische Charakter des Systems zugute. Das war gut.

Aus diesen Erwägungen schöpfte ich wieder etwas Zuversicht. Aber dann kam mir der Gedanke, daß ich vielleicht nur eine Schachfigur in einem größeren Spiel sei. Ging es in Wirklichkeit gar nicht um mich, sondern um Leuschner, Grete Wittkowski, Oelßner oder andere Spitzenfiguren? Hatten sie vielleicht gerade deshalb die Verhaftung bis zu Leuschners Rückkehr aus dem Urlaub hinausgeschoben? Das 32. ZK-Plenum stand vor der Tür. Es würde sich mit der Dezentralisierung befassen. Überflüssige Spitzenfunktionäre mußten gefunden und verdrängt werden. Wer waren sie? Gegen wen sollte ich eventuell als Kronzeuge dienen? Hier verlor ich mich vollends im Nebel der Spekulation.

Inzwischen war das Gewitter losgebrochen; Blitze zuckten, Donner krachte, und es goß in Strömen. Ich wälzte mich hin und her; bei jeder Bewegung knarrte die Pritsche, und jedesmal sah der Posten durchs Guckloch, wohl um festzustellen, ob ich mir etwas antäte. Draußen grölten Betrunkene den damals gängigen Karnevalsschlager: »Am 30. Mai ist der Weltuntergang!«

In den folgenden Tagen kreisten die Verhöre zunächst um das »Einschleusen von Hetzschriften«. Dazu war mein Verhalten klar: Ich hatte aus — wenn auch falsch verstandener — Freundschaft den Vorfall zu leicht genommen und nicht angezeigt. Dafür zeigte ich Reue und war gewillt, die Konsequenzen zu ziehen.

Danach kam der Blonde jedoch auf Umwegen zum Thema »Staatsgeheimnisse«: »Da ist irgend etwas mit Kohle«, sagte er gedehnt. »Sie haben sich mit Hoffmann im Herbst oder Winter vergangenen Jahres, um die Zeit des faschistischen Putsches in Ungarn, über unsere Kohleproduktion unterhalten. Könnten Sie mir einmal schildern, wie die Unterhaltung verlaufen ist?«

Mir fiel ein Stein vom Herzen. Wenn es nur das war! Hier fühlte ich mich überlegen. Herbert verstand viel zu wenig von Wirtschaft, als daß er die Tragweite irgendwelcher Äußerungen von mir hätte einschätzen können, und der Offizier war offenbar auf diesem Gebiet auch nicht zu Hause.

»Wie wir auf dieses Thema zu sprechen kamen, weiß ich heute nicht mehr«, holte ich aus. »Das Stichwort ‚Kohle' ist in der Unterhaltung gefallen, aber es drehte sich nicht um die Produktion, sondern um die Versorgung. Das ist ein Unterschied. Infolge des faschistischen Putsches in Ungarn und des imperialistischen Überfalls auf Ägypten — wozu noch einige Ereignisse in Polen kamen — gingen damals die Zulieferungen an Steinkohle nicht regelmäßig und in der geplanten Höhe ein. Die Regierung rief daraufhin zur strengsten Sparsamkeit mit Kohle auf. In den Betrieben wurden verschiedene Maßnahmen zur Einsparung von Kohle getroffen, und die Bevölkerung konnte nicht immer regelmäßig mit Brennmaterial versorgt werden.« Ich nannte dem Blonden alle einschlägigen Veröffentlichungen aus dieser Zeit und wies auch auf die Reden Ulbrichts und Leuschners auf der Berliner Arbeiterkonferenz und dem 30. ZK-Plenum hin. Er notierte sich alles gewissenhaft. »Die Probleme wurden der Bevölkerung sehr offen unterbreitet«, schloß ich, »und die Regierung wäre froh gewesen, wenn die Bevölkerung ihre richtungweisenden Worte genau studiert und beachtet hätte. Vor allem in den Betrieben wurde, anstatt zu sparen, verschiedentlich sogar Kohle vergeudet.«

Der Blonde unterbrach und führte ein Telefongespräch. Schon nach kurzer Zeit erschien ein Posten mit einem Stoß Zeitungen und Gesetzblättern. Ich zeigte dem Offizier die betreffenden Stellen, er strich sie sich an und meinte: »Wir werden das genau prüfen.«

Es folgten noch etliche Fragen mit ähnlichem Inhalt. Meine Antworten kamen wie aus der Pistole geschossen. In diesem Punkt würde ich siegen, das spürte ich immer deutlicher. Der Offizier hatte bald mehrere Blätter mit Hinweisen auf ökonomische Veröffentlichungen gefüllt, die er alle lesen und im Zusammenhang mit Herberts Äußerungen überprüfen wollte. So schleppten sich die Verhöre zu einzelnen Sachthemen hin, die er jeweils für ein, zwei Tage unterbrechen mußte, um die von mir angegebenen Publikationen zu überprüfen.

Meine Rechnung ging auf: der SSD war nicht in der Lage, meine Argumentation zu erschüttern, dazu brauchte er die Mithilfe der Fachleute in der Plankommission. So nahm mein Schicksal eine für mich überraschende Wende: Ich erhielt 10 Blatt Papier und Bleistift und wurde zur Niederschrift einer Selbstkritik in meine Zelle zurückgebracht.

Was ich auf den 10 Blatt niederschrieb, hätte in jedem Parteilehrbuch als »Muster-Selbstkritik« Aufnahme finden können.

An einem Freitag mittag übergab ich dem Blonden dieses Produkt stalinistischer Erziehung. Er überflog es sofort. Dann reichte er mir die Hand — was bisher noch nie geschehen war — und verabschiedete mich mit den Worten: »Sie hören bald wieder von mir, Genosse Schenk!« Zum ersten Mal empfand ich bei dem Wort »Genosse« Freude. Es bedeutete, daß ich die Normannenstraße mit heiler Haut verlassen würde.

Und so war es auch. Am Mittwochmorgen trat der kleine Feldwebel in meine Zelle und befahl mir, mein Bett abzuziehen und die Sachen in die Kleiderkammer zu schaffen. Nachdem das geschehen war, wurde ich dem Blonden vorgeführt.

»Wir haben nicht lange miteinander zu tun«, sagte er. »Der Staatsanwalt hat das Verfahren gegen Sie wegen Geringfügigkeit eingestellt. Wir erwarten von Ihnen, daß Sie in Zukunft das beherzigen, was wir Ihnen hier geraten haben. Weiter brauche ich jetzt nichts zu sagen, denn Genosse Kleine hat noch einiges mit Ihnen zu besprechen.«

Ich mußte einige Formulare unterschreiben, darunter eines, das mich zum Schweigen über das Erlebte und Gesehene verpflichtete. Danach bekam ich meine Schuhe und bis auf den Dienstausweis die anderen Gegenstände wieder, die man mir am ersten Tag abgenommen hatte. Schließlich saß ich wieder in dem Raum, in dem ich »aufgenommen« worden war.

Dort holte mich Kleine ab. »Ich habe noch mit dir zu sprechen«, sagte er. »Das soll aber nicht hier geschehen. Wir fahren woandershin.«

Wir fuhren in den Berliner Norden, und bald merkte ich, daß unser Ziel der Stadtteil Hohenschönhausen war. Ich kannte die Gegend und wußte, daß dort viele höhere SSD-Funktionäre wohnten. Wir hielten vor einem schmucken Einfamilienhaus. Auf Kleines Läuten erschien eine Frau in mittleren Jahren. Sie nickte nur. Auf einen Wink folgte ich Kleine in das Gebäude. Die Frau führte uns in ein behagliches Wohnzimmer, brachte einen für östliche Verhältnisse fürstlichen Imbiß und alkoholische Getränke und ließ uns dann allein.

Dann kam er zur Sache: Erstens teilte er mir mit, daß ich aus Berlin und dem Staatsapparat »aus Gründen meiner Sicherheit« versetzt werden müsse; zweitens, daß gegen mich ein Partei- und Disziplinarverfahren eröffnet werden würde; und drittens nahm er mir eine schriftliche Spitzelverpflichtung für den SSD ab.

Flucht

Eine Stunde später war ich in meiner Wohnung. Wenn ich von den Toten auferstanden wäre, hätte die Begrüßung nicht leidenschaftlicher sein können. Ich konnte mich aber nur kurze Zeit zu Hause aufhalten, denn Leuschner hatte schon nach mir fragen lassen. So fuhr ich auf schnellstem Wege in die Leipziger Straße.

Leuschner empfing mich schimpfend, aber nicht unfreundlich. »Genaugenommen ist die ganze Sache ein

Scheißdreck«, begann er. »Wenn du rechtzeitig die Klappe aufgemacht hättest, wäre die Geschichte auf elegante Art aus der Welt geräumt worden. Mich hat am meisten enttäuscht, daß du mir keinen Ton gesagt hast.«

Die menschliche Wärme, die auch jetzt noch aus seinen Worten sprach, und daß er mich nun wieder mit »du« anredete, machte mich betroffen. Aber ich durfte mich keiner Täuschung hingeben; ich konnte ihm nicht sagen, was ich dachte. Natürlich waren die »Hetzschriften« eine Lappalie. Dennoch: mein Freund saß nach wie vor im Gefängnis, er hatte keinen Leuschner, der ihn herausholte. Das konnte ich meinem Chef unmöglich auseinandersetzen. Er hätte mich nicht verstanden — oder nicht verstehen wollen. Den geschriebenen und ungeschriebenen Gesetzen des Systems mußte auch er sich beugen. So antwortete ich ihm: »Ich hätte Ihnen bestimmt die Wahrheit gesagt, wenn Sie damals, als der Stein ins Rollen kam, nicht kurz vor dem Urlaub gestanden hätten. Dann wären Sie nicht mit Ruhe in die Ferien gefahren und hätten immer an Berlin denken müssen.«

Das schien ihm einzuleuchten, denn er ging nicht weiter auf die Frage ein. »Ja, wie nun weiter?« fragte er.

»Genosse Kleine hat angedeutet, daß es besser sei, wenn ich für einige Zeit aus Berlin weggehe.«

»Aha, hat Kleine angedeutet!«

Ich sah Leuschner an, daß er froh war, mir das nicht selbst sagen zu müssen. Er beeilte sich auch hinzuzufügen: »Ich halte das ja für übertrieben, aber die Normannenstraße besteht nun mal darauf.«

Das war bestimmt nur die halbe Wahrheit. Ich war überzeugt, daß Leuschner ebenfalls großes Interesse daran hatte, mich aus Berlin abzuschieben. Aber das konnte mir einerlei sein.

Leuschner schickte mich auf unbefristete Zeit in Urlaub. Von dort sollte ich mich laufend melden, bzw. für Rückfragen zur Verfügung stehen. Währenddessen hatten Zahn, der für Falkner in unser Sekretariat gekommen war und die Kaderabteilung den Auftrag, für mich einen Betriebsleiterposten in der Provinz zu suchen.

Ich erfuhr an diesem Nachmittag noch, daß in der Parteileitung erörtert worden war, ob ich womöglich fliehen würde, und es erfüllte mich mit Genugtuung, daß mein Taktieren richtig gewesen war. Sieber hatte den SSD-Leuten in seiner überheblichen Art prophezeit: »Dieser Kleinbürger haut nicht ab. Das ist ein ehemaliger Sozialdemokrat, ein Opportunist in jeder Beziehung. Der hängt viel zu sehr an seinen neugekauften Klamotten. Unter keinen Umständen läßt der das Zeug stehen und türmt. Wenn wir ihm eine anständige Funktion anbieten und ihn in die Provinz verfrachten, ist er heilfroh und wird sich hüten, noch mal solche Dummheiten zu machen.«

Mich beruhigte das. Was sie über mich dachten, war mir gleich; die Hauptsache, sie trauten mir und ließen mich auf freiem Fuß. In mein Innerstes konnte niemand sehen, und nach außen hin tat ich alles, um den reuigen Sünder hervorzukehren. Jetzt kam es vor allem darauf an, den SSD auf gute Art loszuwerden. Doch zunächst einmal fuhren wir zu meinen Eltern.

Acht Jahre war ich nun von zu Hause weg — und endlich war wieder einmal Zeit für einen umfassenden Gedankenaustausch mit meinem Vater. Wir stimmten noch immer in der Beurteilung der politischen Situation überein. Nur in einem stieß ich auf Widerstand: Sobald ich anklingen ließ, daß wir nach Herberts Verurteilung, vor allem wenn man erwarten könne, daß ihm durch meine Flucht nicht ein zusätzlicher Strick gedreht werde, nach Westen fliehen könnten, wurde mein Vater böse. Wie schon in Dresden Richard Stern, so stand er noch fester auf dem Standpunkt, daß wir bleiben und unser Land gegen den sowjetischen Besitzanspruch verteidigen müßten. »Wir haben den braunen Totalitarismus hinter uns gebracht, wir werden auch den roten überwinden«, mit dieser Zuversicht endeten alle Debatten.

Mehrere Male erschienen Wagen und Sicherheitsbegleiter aus Berlin und holten mich ab: einmal zur Sitzung über das Partei- und Disziplinarverfahren in die Plankommission — die anderen Male zu Betriebsbesuchen wegen eines neuen Postens. Nichts konnte ich jetzt mehr unbeaufsichtigt tun. Das Verfahren gab mir die Gewißheit, daß der SSD die Vernehmungsprotokolle mit meiner Parteileitung ausgewertet hatte. Ich mußte also in diesem Kreis noch besser aufpassen, um nicht den Verdacht der Preisgabe von Staatsgeheimnissen zu erhärten. Nach mehrstündiger Schelte wurde ich mit einer strengen Rüge wegen »kapitulantenhaften Verhaltens gegenüber einem Feind der Arbeiterklasse« und der Auflage zum »Bewährungseinsatz in der Produktion« entlassen.

Nachdem ich zunächst etliche gute Angebote für neue Stellen erhalten hatte, auf die jedesmal (aus mir natürlich nicht genannten Gründen) dann doch immer Absagen kamen, blieb ich schließlich trotz Verbots in Berlin. Ich wollte Klarheit über die Hintergründe der Ablehnungen erhalten. Dabei stieß ich jedoch immer öfter auf Ausflüchte und betretenes Schweigen. Anfang September war dann die Lage so brenzlig geworden, daß ich Frau und Kinder (unter dem Vorwand einer Reise zu den Schwiegereltern nach Dresden) heimlich nach Berlin zurückgeholt hatte.

Als ich von einer meiner Fahrten zwecks Arbeitssuche nach Berlin zurückkehrte, erfuhr ich, daß mein Gehaltskonto gesperrt worden war. Siegfried Mitterer, ein langjähriger Mitarbeiter der Plankommission, hatte inzwischen meine Nachfolge bei Leuschner angetreten. Er verlangte zu meiner Überraschung mir früher überreichte Prämiengeschenke zurück, wie er übrigens alles einziehen wollte, was mich als Leuschners Sekretär ausweisen konnte.

Am Sonnabend, dem 7. September 1957, versuchte ich Leuschner zu sprechen. Er ließ sich verleugnen. Obwohl sein ständiger SSD-Begleiter im Vorzimmer saß, wollte man mir einreden, der Planungschef sei nicht im Hause. Ich konnte ihn auch im Laufe des Tages telefonisch nicht erreichen. Durch einen Zufall erfuhr ich aber noch, was sich auf dem 32. ZK-Plenum zugetragen hatte: Bei der Diskussion über das sowjetische Reorganisationsprojekt war es zum Disput zwischen Ulbricht und einer reformfreudigen Gruppe gekommen. Oelßner und Selbmann, unterstützt von Ziller und Grete Wittkowski, hatten dem Parteichef Paroli geboten, und der sammelte nun hinter ihrem Rücken belastendes Material. Dabei ging es zunächst um die Parteidisziplin; auch Mitglieder des Politbüros durften sich nämlich gegenüber Dritten nicht über Vorgänge in der Führung äußern. Das aber hatte Oelßner wiederholt getan, und Ulbricht schien seinen Gegenschlag unter diesem Vorwand einfädeln zu wollen.

Damit war ich erneut gefährdet; denn diese Äußerungen waren vorwiegend im Wirtschaftsrat gefallen, und ich hätte sie protokollieren müssen. So änderte sich meine Situation vollständig. Mein Ausharren war nicht nur sinnlos, sondern nun auch für Herbert gefährlich geworden. Würde ich erneut verhaftet und mit der gegen Ulbricht agierenden Gruppe in Verbindung gebracht, dann würde womöglich sogar Herbert noch zum Verbindungsmann einer viel wichtigeren »Agentenbande« gestempelt werden. Als gegen Abend auch noch Schulze anrief und mich »zur Beantworung einiger Fragen« für Montag ins SSD-Ministerium bestellte, entschlossen wir uns zur Flucht.

Die Gelegenheit war günstig. Am Sonntag fand auf dem Marx-Engels- Platz eine Großkundgebung statt. Die Kontrollen auf den Grenzbahnhöfen würden flüchtiger als gewöhnlich sein, weil zahlreiche Grenzpolizisten an der Demonstration teilnehmen mußten. Trotzdem entschieden wir uns vorsichtshalber dafür, mit dem Omnibus über Grünau nach Potsdam zu fahren und erst dort, wo uns niemand kannte, die S-Bahn nach Westberlin zu besteigen.

Wir standen früh auf. Es war ein herrlicher warmer Herbstmorgen, der scheidende Sommer zeigte sich von seiner besten Seite. Wir durchkramten noch einmal die Schränke, ob auch nichts zurückblieb, was dem SSD nicht in die Hände fallen durfte. Ich schichtete meine Ausweise und Mitgliedsbücher in die Schreibtischschublade. Dann gingen wir aus dem Haus, leicht gekleidet, etwas Proviant in der Tasche, ein Federballspiel und eine Wolldecke unter dem Arm. Wie sorglose Ausflügler verließen wir das Reich der Partei.

Am Nachmittag waren wir in Westberlin.

ZWEITER TEIL:

Unterwegs nach Deutschland

AN DER BASIS

Neubeginn

Berlin (West) — Sonntag, der 8. September 1957. Wir verlassen den S-Bahnhof Schöneberg und gehen die Martin-Luther-Straße hinauf. Langsam löst sich die Angst. Wir haben es geschafft.

Als erstes registrieren wir den Kontrast: Auf ganz Berlin brennt zwar die Sonne des Spätsommers, doch im Osten der Stadt paradieren Soldaten, Polizei, Kampfgruppen der SED — und das zum »Weltfriedenstag«! Der Westen dagegen scheint ausgestorben zu sein: kaum Verkehr auf den Straßen, nur wenige Passanten auf den Gehsteigen, auf den Balkons das leuchtende Bunt zahlloser Sonnenschirme — diese Atmosphäre entspricht unserer Vorstellung von Frieden.

Wenig später sind wir bei Monika, der Cousine meiner Frau. »Ist es soweit?« fragt sie nur, und schon liegen wir uns in den Armen. Wir gehen schnell in die Wohnung und schließen die Tür ab. Noch müssen wir wachsam und vorsichtig sein. Der SED ist ein »Geheimnisträger« entflohen, den sie so rasch nicht als verloren buchen wird.

Am nächsten Morgen betrete ich die Berliner Geschäftsstelle des Ostbüros der SPD. Der Leiter des Büros, Dr. Reinhardt, empfängt mich. Ich kenne seinen Namen aus der Ostpresse. Er gilt drüben als einer der »gefährlichsten Agenten des Westberliner Frontstadtsumpfes«. Nach einigen Fragen und Antworten weiß er, daß es an meiner Identität keinen Zweifel gibt. Dabei erfahre ich seinen wirklichen Namen und weiß, daß er den Osten aus dem ff kennt: Anfang der fünfziger Jahre war er enger Mitarbeiter von Jenny Matern (der Frau des damaligen SED-Kontrollchefs Hermann Matern) im DDR-Gesundheitswesen. So nennen wir also auch hier der Einfachheit halber das kommunistische System »den Apparat« und kommen dann schnell zur Sache.

»Ist es möglich, daß ich ohne Aufsehen in die Bundesrepublik komme?« frage ich.

»Warum?«

»Ich glaube, daß ich mehr zu sagen habe, als es auf zwei, drei Pressekonferenzen und in ein paar Artikeln möglich ist. Das aber käme doch wohl dabei heraus, wenn ich ins Lager ginge?«

»Wahrscheinlich. Wo wohnen Sie hier?«

»Bei Verwandten!«

»Können Sie dort einige Tage bleiben?«

»Ja.«

»Entschuldigen Sie mich einen Augenblick. Ich werde mit Bonn telefonieren und sehen, was sich machen läßt.«

Kurz darauf sind wir uns einig. Es trifft sich gut, daß ich vorerst in Berlin untertauchen kann. Im Westen steht der Bundestagswahlkampf auf seinem Höhepunkt, dort ist kaum jemand für etwas anderes, schon gar nicht für einen Zonenflüchtling, zu sprechen.

Zwei Tage später beim Abendessen in der Wohnung von Monika: Es klingelt und gleichzeitig ertönt ein Klopfzeichen, das ich sofort erkenne. Ich eile zur Tür und rufe: »Bist du's wirklich?« Die antwortende Stimme ist unverwechselbar. Ich reiße die Tür auf, mein Vater tritt ein und drückt mich wortlos an sich. Ich fühle mich zurückversetzt in das Jahr 1941 und spüre erneut die Verbundenheit — wie damals im Wald meiner Heimat. Es dauert eine ganze Weile, ehe wir reden können.

Mein Vater berichtet: »Gestern nacht kamen sie aus Berlin, Kleine und Schulze, stellten sich als ‚Mitarbeiter der Kaderabteilung' der Plankommission vor. Sie wollten von mir wissen, wo ihr sein könntet. Gut, daß du nichts gesagt hattest! Natürlich ahnte ich's, daß ihr weg seid, aber da wir es eben noch nicht wußten, waren meine und Mutters Überraschung wohl überzeugend. Sie nahmen uns die halbe Nacht in die Zange — und mich heute früh mit nach Berlin. Um zehn war Sitzung in Leuschners Zimmer. Er selbst ließ sich nach einigem Warten entschuldigen und von Sieber vertreten. Und dann ging es los: Alle gegen mich! Ich sollte dafür sorgen, daß du sofort zurückkommst. Ich hab' sie alle erstmal brüllen lassen und nur zugehört. Als ich nicht reagierte, wurden sie stutzig. Sieber und der vom ZK (nach der Beschreibung weiß ich, daß dies Gerhard Schürer war, damals ein unbedeutender Mitarbeiter der Wirtschaftsabteilung des ZK und seit dem Selbstmord von Erich Apel im Dezember 1966 als Politbüromitglied und stellvertretender Ministerpräsident in den gleichen Funktionen wie Leuschner zu meiner Zeit) forderten mich dann zur Stellungnahme auf. Ich fing zunächst so ruhig an wie ich nur sein konnte: ‚Ich darf mal rekaputulieren, Genossen! Der Junge hat mein Haus 1949 als Neunzehnjähriger verlassen. Bis zu diesem Zeitpunkt hatte ich einen solchen Genossen aus ihm gemacht, daß er die bekannte Entwicklung nehmen konnte. Nun erfahre ich hier zum ersten Mal — das hatte er mir nämlich pflichtgemäß verschwiegen —, daß er über fünf Jahre Sekretär eines der wichtigsten Politbüromitglieder war.' Und dann habe ich alles in meine Stimme gelegt, was ich habe (und das war viel!) und alles an Entrüstung hervorgekehrt, was man sich denken kann und in die Runde gebrüllt: ‚Und da fragt ihr mich, warum der Junge abgehauen ist? Ich dachte, das erfahre ich endlich hier!' das saß!« Noch einmal kostet er listig strahlend den Triumph des Vormittags aus.

»Damit war denn auch schon Schluß,« fährt er fort. »Die Genossen waren so konsterniert, daß sie mich beruhigten. Kleine und Schulze brachten mich zum Bahnhof, ich fuhr zunächst nach Potsdam, dann zeigte mir Willi (ein guter Freund unserer Familie) den Schleichweg zum Sektorenübergang — und da bin ich nun! Übrigens: ich bin sicher, daß ich eventuelle Verfolger abgeschüttelt habe und mir niemand bis hierher gefolgt ist.«

Sofort löst sich die Spannung. Wir sind beruhigt, daß die Eltern die Situation meistern. Dann legen wir die Marschroute für die Zukunft fest: Was immer passiert, welche Briefe, Anrufe, Versicherungen auch kommen oder gegeben werden — sie gelten nicht. Nachdem der Schritt nach Westen von uns getan ist, bleiben wir dort. Selbst eidesstattliche Erklärungen der Unbedenklichkeit und elterliches Ehrenwort für »gefahrlose« Treffen im Osten sind null und nichtig. Wir werden nun noch einmal nach den Regeln der Illegalität leben.

Als Vater in der Nacht zurückfährt, wissen wir, daß wir uns für längere Zeit nicht werden wiedersehen und offen aussprechen können.

In den folgenden Tagen treffe ich mich täglich mit Dr. Reinhardt vom SPD-Ostbüro. In stundenlangen Gesprächen entwerfen wir einen umfangreichen Fragenkatalog. Er bildet die Grundlage für eine Dokumentation über die interne personelle und politische Situation sowie über Wirtschaftssystem und wirtschaftliche Lage der DDR und des Ostblocks.

Nach der Bundestagswahl, bei der die SPD ihre bitterste Niederlage erhält, während Adenauer sich die absolute Mehrheit holt, ist es soweit: Aus Bonn kommt ein

Kurier des »PV«. (Ich habe mich inzwischen auch hier schon wieder an Abkürzungen gewöhnen müssen: »PV« ist das Kürzel für »Parteivorstand« und wird in der SPD so selbstverständlich gebraucht wie in der SED »ZK«.) Mit einer Sondermaschine der US-Army werden wir nach Frankfurt geflogen. Dabei erleben wir ein erstes Kuriosum, das uns deutlicher als vieles andere den Unterschied zwischen Russen und Amerikanern vor Augen führt: Dr. Reinhardt hatte uns in Berlin unter dem Decknamen »Rose« geführt. Diesen Namen verwandte auch der »PV«-Kurier. Er wußte jedoch unser Alter nicht und schloß von meiner östlichen Funktion auf das Alter: So bin ich bei diesem Flug der 47jährige Fritz Rose (zwanzig Jahre älter), Rosemarie ist statt 25 nun 44 Jahre alt und unsere Söhne Steffen und Alexander machten Sprünge von fünf und drei auf 12 und 15 Jahre. Als der Kurier uns die Identitätszettel gibt, denken wir, der Flug platzt. Der aber lacht nur — und er lacht erneut, als wir uns wundern, daß niemand von den amerikanischen Wachen auf die Zettel schaut. (Als ich reichlich ein Jahr danach zum erstenmal mit hohen Beamten der amerikanischen Botschaft in Bonn zusammentreffe und sie sich wundern, daß sie von meiner Existenz im Westen noch nichts erfahren hatten, halten selbst sie im Nachhinein diesen Ablauf für normal und geben sich zufrieden.)

Von Oktober bis Dezember 1957 sitzen wir in einem Gästehaus der SPD in der Eifel. Ich schreibe die Dokumentation. Für Rosemarie, mich und die Kinder zählen diese Wochen mit zu unseren glücklichsten. Während die Kinder in den Eifelwäldern spielen und von Kurgästen verwöhnt werden, diktiere ich Rosemarie den Rohentwurf gleich in die Maschine, dann überarbeiten wir ihn und fertigen die Reinschrift an. Ein Vierteljahr lang arbeiten wir wie die Besessenen täglich zehn bis vierzehn Stunden. Für uns ist es Erholung, endlich all das zu Papier zu bringen, was wir bisher nur denken durften.

Mehrmals fahre ich nach Bonn und hole Unterlagen aus dem Archiv des Ostbüros der SPD. Helmut Bärwald (der sich 1972 wegen der Brandt'schen Ostpolitik von der SPD trennt) hilft mir dabei, und wir freunden uns schnell an. Ich mache meine erste enttäuschende Entdeckung: Fast alle Informationen, die ich früher von Ost nach West geschmuggelt hatte, waren zwar angekommen, vom Ostbüro auch ausgewertet worden, dann jedoch im Archiv gelandet. Den »PV« hatten sie offensichtlich nie interessiert. Ich erkenne zum erstenmal, daß man »hier« nur mit halber Sache bei Ostproblemen ist. Was wir »drüben« zuviel auf den Westen starrten, zuviel in ihn hineingeheimnisten, ihm zuviel Überlegung, Planung und gezielte Politik unterstellten, wird vom Westen in umgekehrter Richtung viel zu wenig getan.

Der bittere Beigeschmack dieser Erkenntnis verstärkt sich durch einen Anruf von Monika aus Berlin. Zunächst teilt sie uns mit, daß unsere gesamte Ostberliner Wohnungseinrichtung auf Weisung des SSD versteigert wurde. Eine gute Bekannte von uns habe ihr davon Mitteilung gemacht, berichtet Monika im Telegrammstil, und sie habe es sich nicht verkneifen können, nach Adlershof (in den Ostsektor) zu fahren und sich das Schauspiel anzusehen. Die Menschen hätten in Doppelreihen bis um die nächste Straßenecke etwa 200 Meter weit gestanden — und es habe ihr das Herz umgedreht zu sehen, wie unsere Habe zu Schleuderpreisen Stück für Stück fortgeschleppt worden sei.

Schon diese Information gibt uns einen Stich (auch wenn sie uns nicht gänzlich unvorbereitet trifft, schließlich hatten wir im Osten oft genug mit ansehen müssen, wie in ähnlichen Fällen verfahren worden war.) Mehr jedoch trifft uns Monikas fast beiläufige Nachbemerkung: »Übrigens habe ich in Adlershof auch erfahren, daß Herbert in einem Geheimprozeß zu drei Jahren Zuchthaus verdonnert worden sein soll — mehr wußten eure Bekannten aber auch nicht!«

Rosemarie und ich haben unsere erste schlaflose Nacht im freien Westen. Nagende Zweifel beschleichen uns. Haben wir es richtig gemacht? Lohnt sich überhaupt das Engagement für die gesamtdeutsche Freiheit? Sind die Westdeutschen überhaupt bereit, nicht nur das gleiche Risiko tragen zu wollen, sondern überhaupt den Versuch zum Mitdenken, Mitfühlen, Mittragen zu unternehmen? Was haben wir, was hat Herbert davon, daß wir glaubten, gegen das SED-Regime etwas unternehmen zu müssen? Wir müssen wieder ganz von vorn anfangen, Herbert wird in der Haft geschunden, irgendwann wird auch er kommen und feststellen, daß all unsere Informationen nur in Archiven landeten.

Bei uns — bei euch

Anfang Dezember bringe ich den Schluß meiner Arbeit nach Bonn. Stefan Thomas (damals Leiter des SPD-Ostbüros, später Chefredakteur des »Deutschlandfunks«) ist in Verlegenheit. Umständlich versucht er, mir klarzumachen, daß mich die SPD weder beschäftigen kann, noch die Absicht besteht, meine Dokumentation zu veröffentlichen. Er macht mir jedoch ein Angebot: Da ich Schriftsetzer gelernt habe, kann ich in der Druckerei des »Vorwärts« als Maschinensetzer anfangen. Außerdem besteht die Chance, daß ich für den »Vorwärts« und andere SPD-Publikationen schreibe. Die Artikel kann ich direkt auf der Maschine absetzen und genieße neben dem Maschinensetzer-Lohn noch den Zuverdienst des freien Journalisten. Wir finden ein möbliertes Zimmer in Bad Godesberg, verlassen das Gästehaus der SPD in der Eifel und führen nach achtmonatigen Wirren wieder ein einigermaßen geregeltes Leben.

Jetzt erst wird uns der Ost-West-Kontrast voll bewußt. Beginnend bei der täglichen Arbeit über die sonstigen Alltagsprobleme bis hin zum kulturellen und Unterhaltungsangebot — hier ist alles anders als drüben. Das heißt nicht, daß deshalb auch alles besser wäre. Im Gegenteil: Wir sind Flüchtlinge wie Tausende jener Zeit und vergleichen ständig hüben und drüben, »bei uns« und »bei euch«. »Bei uns«, das ist noch immer alles, was in der DDR geschieht. Wir sind hier noch lange nicht zu Hause.

Das einzige, was wir sofort annehmen und täglich neu begrüßen, ist die Freiheit: kein Parteisekretariat im Betrieb, kein Parteilehrjahr, keine Arbeitsbrigaden, keine staatsbürgerliche Schulung; keine Sonderschichten, Aufbaueinsätze, Selbstverpflichtungen für den »sozialistischen Wettbewerb«; keine Spitzel, die jedes Wort belauschen; man sagt, was man denkt; man liest, was man will; man tut (oder läßt), was man möchte; und wenn Überstunden gemacht werden müssen, dann sind es Überstunden, und sie werden mit den entsprechenden Zuschlägen bezahlt! Und im privaten Bereich: keine Wohnbrigade, kein Haus-, Straßen- oder Wohnbereichsobmann, keine Wohngruppenversammlungen und Diskussionsabende der Hausgemeinschaft — Feierabend ist Feierabend, Freizeit ist freie Zeit im vollen Sinne des Wortes.

Sie ist halt eine andere Welt, diese Bundesrepublik. Kaum jemand interessiert sich für die »Zone«, wie sie hier noch heißt. Uns hatte man drüben längst das »DDR« eingebleut. Wir sagen dies auch hier noch und müssen uns nun ständig korrigieren lassen: »Sie meinen die Zone!« (Nur wenige Jahre, und wir müssen uns zum dritten Mal umgewöhnen.)

Wenn es nur dies wäre, Schwamm drüber! Viel mehr regen uns die unsinnigen Vorstellungen auf: Die einen vermuten drüben die total verelendete Trümmerwüste, die anderen nehmen den soeben gestarteten ersten »Sputnik« der Sowjets zum Anlaß, den kommunistischen Vers von der Überlegenheit des Sozialismus nachzuplappern. Differenzierte Betrachtungen sind selten, das Unwissen und Desinteresse bei allem, was den Osten betrifft, läßt uns in mancher Debatte resignieren. Mich beängstigt an dieser Erscheinung vor allem, daß dies in Deutschland und von Deutschen geschieht. Naivität, Unwissen, Desinteresse, Verständnislosigkeit bei Ausländern halte ich für normal. Wir Deutschen haben jedoch gerade erst die braune Diktatur hinter uns, und deshalb erschüttern mich Bemerkungen wie »Warum laßt ihr euch drüben denn das gefallen?« oder »Das sollten sie mal mit uns versuchen!« oder »Denen würden wir's aber zeigen!« ganz außerordentlich. Haben wir nichts gelernt, nichts behalten, nichts begriffen?

Dagegen stört uns das Mißtrauen gegen mich und meine Frau kaum, das wir hier und da zu spüren glauben. Wo so wenig Detailkenntnis über den Kommunismus vorhanden ist, kann man sich auch nicht vorstellen, daß der SSD niemals einen hochkarätigen Geheimnisträger als Agenten nach Westen schicken würde.

Für kurze Zeit versuche ich, mich von der Politik zu lösen. Ich rede mir ein, mit der Niederschrift meiner Dokumentation meine Pflicht gegenüber dem Westen erfüllt zu haben. Ich finde wieder Freude an meinem Lehrberuf und bemühe mich, Anschluß an die technische Entwicklung zu finden. Das geht schneller als ich dachte. Ich bewerbe mich um Stellen im graphischen Management und habe gute Aussichten. Doch wiederum siegt die Politik.

Auslösende Momente sind der Sturz der Anti-Ulbricht-Gruppe in der DDR, der Entwurf für ein neues Grundsatzprogramm der SPD (das spätere »Godesberger Programm«) und kurz danach der »Deutschlandplan der SPD«. Die beiden Programme werden vom »PV« in die »Vorwärts«-Druckerei zur Herstellung gegeben und von mir gesetzt. Alle drei Vorgänge wecken mein Interesse an Politik wieder so stark, reizen mich so sehr zur Stellungnahme, daß die Freude am Setzen besiegt wird von dem Willen zur Stellungnahme, und das heißt, zum Schreiben.

Im Februar 1958 wird der Beschluß des ZK der SED veröffentlicht, daß Karl Schirdewan, Fred Oelßner, Fritz Selbmann und — dies ist eine Überraschung für mich — Staatssicherheits-Minister Ernst Wollweber wegen »Fraktionsbildung« aus dem ZK ausgeschlossen wurden. Auch Gehart Ziller, der sich Weihnachten 1957 erschossen hatte, wird mit genannt. Nun erst wird mir klar, warum ich so schnell aus der U-Haft entlassen worden war. Von der Fraktionstätigkeit der anderen hatte ich Kenntnis, daß Wollweber mit dazugehörte, wertete die Fraktion noch auf und macht mir erst jetzt so recht deutlich, in welcher Gefahr ich drüben geschwebt hatte.

Vor diesem brisanten gesamtdeutschen Hintergrund erscheint mir der Entwurf des neuen SPD-Grundsatzprogramms noch weltfremder, als dies vielleicht sonst der Fall gewesen wäre. Der erste Absatz endet mit den Formulierungen: »... der Weg wird frei zu friedlicher Zusammenarbeit der Völker. Der ganze Erdball wird zu einer einheitlichen Welt.« Dies und ähnliche Sätze wecken meinen Widerspruch, denn so sehe ich diese Welt ganz und gar nicht. Mir scheint das Wesentliche dieser Zeit zu sein, daß die Welt immer tiefer in die beiden Machtblöcke gespalten wird. Ich verfasse eine Stellungnahme mit meiner widersprechenden Ansicht und gebe sie Willi Eichler, dem zuständigen Vorstandsmitglied für das neue Grundsatzprogramm. Wir haben einige Aussprachen, und ich bin am Ende stolz, daß sich im dann beschlossenen Programm einige meiner Gedanken wiederfinden.

Ähnlich ist meine Reaktion auf den Deutschlandplan. Ich finde ihn erschreckend naiv und sende meine Einwände an Stefan Thomas und Herbert Wehner. Doch während das Grundsatzprogramm beschlossen wird (und für lange Zeit Gültigkeit behielt), verschwindet der Deutschlandplan rasch von der Bildfläche. Was bleibt, ist mein fester Vorsatz, jetzt meine Dokumentation als Buch zu veröffentlichen.

Selbst ist der Mann

Der Zufall bringt mich mit Carola Stern zusammen. Sie war bis Anfang der 50er Jahre Lektorin an der SED-Parteihochschule, jetzt stellt sie sich mir als Mitarbeiterin des Verlages Kiepenheuer und Witsch in Köln vor. Sie organisiert ein Treffen mit Ex-Funktionären im Hause von Gerd Gniffke. Er ist der Sohn von Erich W. Gniffke, der 1945 zusammen mit Grotewohl und Fechner die SPD der Sowjetzone wiedergründete, nach der Zwangsvereinigung zu den sechs höchsten Funktionären der Zone gehörte und 1948 nach Westen ging. Es kommen unter anderem Wolfgang Leonhard, wie Carola Stern einst Lehrer an der SED-Parteihochschule und im Westen längst bekannt durch sein Buch »Die Revolution entläßt ihre Kinder«; Heinz Lippmann, bis 1953 FDJ-Sekretär und enger Freund von Erich Honecker; und Ilse Spittmann, einst Mitarbeiterin von Lotte Ulbricht in der Kaderabteilung des ZK der SED, sie flüchtete 1949 mit Wolfgang Leonhard nach Jugoslawien und ist nun Redakteurin der Zeitschrift »SBZ-Archiv« (seit 1968 »Deutschland-Archiv«).

In diesem Kreis brauche ich nur anzudeuten: Namen, Funktionen, Abläufe, Örtlichkeiten — dies ist alles bekannt. Einige Stunden lang muß ich berichten, sie frischen Bekanntes auf und schließen Lücken, dann sind wir beim Fachsimpeln. Hauptthema: der Sputnik-Schock. Meine Analyse lautet: Nach dem 17. Juni 1953, dem gescheiterten Neuen Kurs, den personellen Wirren und Fraktionskämpfen, dem XX. Parteitag mit der gewagten Entstalinisierung, dem polnischen Oktober und dem Ungarnaufstand war der Sputnik-Start ein geradezu genialer Coup! Er möbelt die verunsicherten Genossen auf, versetzt den Westen in Angst und Schrecken und lenkt vom inneren Dilemma des Ostens ab. Mit keiner anderen Leistung hätte Moskau mehr Aufmerksamkeit erzielen können.

Hier gehen die Meinungen auseinander: Ilse Spittmann und Gerd Gniffke stimmen zu, Wolfgang Leonhard, mehr aber noch Heinz Lippmann und Carola Stern, widersprechen; sie glauben nicht an das wirtschaftliche Desaster des Ostblocks. Nach ihrer Meinung ist die härteste Aufbauphase des Kommunismus jetzt beendet, und wir müssen uns nun wohl darauf einrichten, daß in Zukunft weitere und größere Erfolge der Sowjetwirtschaft Schlagzeilen machen. Für und Wider gehen hin und her, und ich schließe mit einer Prognose, an die ich heute noch oft erinnert werde: »Die Sowjetwirtschaft hat mit dem Sputnik-Projekt eine ihrer leichtesten Aufgaben gelöst. Viel schwieriger ist es, das Kunststück zu bewerkstelligen, daß es in der riesigen Sowjetunion zu jeder Zeit und in jedem Geschäft den weißen Zwirn, den Anzugs- oder Kleiderstoff, die Nähseide, die Schuhe, die Kochtöpfe, kurz: die vielen Kleinigkeiten gibt, die die Menschen wollen und brauchen. Die Russen werden noch mehr Sputniks ins All schießen, sie werden auf dem Mond oder anderen Planeten landen — aber sie werden mit diesem System das Problem des ‚weißen Zwirns' nicht lösen!«

Nach diesem ersten Treffen ergreift Wolfgang Leonhard die Initiative. Für ihn steht fest, daß ich meine Dokumentation herausbringen und auch einen Erlebnisbericht schreiben muß. Er ist hell begeistert, daß sich dies mit meinen Wünschen deckt.

Schon wenige Tage später treffe ich Richard Löwenthal. Er ist außenpolitischer Ressortchef und Kolumnist des Londoner »Observer« (Anfang der 60er Jahre geht er als Berater von Willy Brandt und Professor für Politikwissenschaft an das Otto-Suhr-Institut der Freien Universität Berlin). Von ihm erhalte ich eine Einladung nach London und bin für einige Wochen Gast des »Observer«. Gemeinsam schreiben wir eine Serie über den Ostblock, die im Herbst 1958 erscheint. Ein Jahr nach unserer Flucht stellen sich damit die Weichen für unsere Zukunft im Westen.

Die »Observer«-Serie hat ein gutes Echo. Sie wird in wesentlichen Teilen vom amerikanischen »New Leader« übernommen, für den deutsch-sprachigen Dienst von BBC London verfasse ich daraus eine erweiterte Serie; sie wird auch in der Bundesrepublik gehört — und alles weitere entwickelt sich wie von selbst: Vom NDR meldet sich Thilo Koch und macht mir ein Angebot zur Mitarbeit in seiner Fernsehreihe »Rote Optik«. Andere Sender und Zeitungen unterbreiten mir ebenfalls Angebote. Ich wage den Sprung ins Ungewisse, kündige meine Bonner Stelle und gehe mit Unterstützung politischer Freunde als freier Journalist nach Frankfurt.

Der Start gelingt. 1960 erscheint im Kölner Verlag Kiepenheuer und Witsch unter dem Titel »Magie der Planwirtschaft« meine Dokumentation über die Wirtschaft der DDR und des Ostblocks, zwei Jahre später »Im Vorzimmer der Diktatur«, mein Erlebnisbericht. Hauptsächlich arbeite ich jedoch für das Deutsche Fernsehen. In den Reihen »Diesseits und jenseits der Zonengrenze«, »Ost und West«, »Panorama«, »Report« und später auch beim ZDF bin ich vollauf beschäftigt. Ich rechne mich zu den Glücklichen, bei denen sich Beruf und Hobby decken.

Meine Artikel und Rundfunkkommentare bleiben drüben ohne Echo bei der offiziellen Propaganda. Von den Eltern aber weiß ich, daß die Rundfunksendungen von den Bürgern heimlich gehört und diskutiert werden. Mein erster Fernsehauftritt Ende 1959 löst dagegen eine sofortige Kettenreaktion aus. Die Sendung, in der ich mitwirke, wird an einem Montag abend ausgestrahlt. Als mein Vater am anderen Morgen sein Büro betreten will, wird er bereits vom Parteisekretär und zwei SSD-Beamten empfangen. Sie nehmen ihm die Schlüssel und Werkspapiere ab, schicken ihn wieder nach Hause und bestellen ihn für den übernächsten Vormittag zu einer Betriebsversammlung.

Dort läuft dann das Schauspiel genauso ab, wie in all diesen Fällen: der Parteisekretär verliest eine vorbereitete Resolution, nach der sich die Belegschaft »einstimmig« weigert, unter einem Betriebsleiter zu arbeiten, dessen Sohn »ein Verräter der Arbeiter- und Bauern-Macht und zugleich Agent des USA-Imperialismus« ist.

Die Aufforderung zur selbstkritischen Stellungnahme weist mein Vater mit dem Hinweis zurück, daß er sich nicht für die Handlungen eines volljährigen, eigenverantwortlich handelnden Sohnes zu rechtfertigen gedenke. Mein Vater wird zwangsweise beurlaubt. Das Amt für Wasserwirtschaft soll ihn auf eine andere Betriebsleiterstelle versetzen. Die Pause nutzt er zu einer gründlichen ärztlichen Untersuchung. Sie ergibt ernsthafte Durchblutungsstörungen, er wird krankgeschrieben und schon nach einem Vierteljahr pensioniert. Mein Bruder, sieben Jahre jünger als ich, bekommt ebenfalls Ärger an seinem Arbeitsplatz in den Leuna-Werken. Zwischen Weihnachten und Neujahr 1959 flieht er zu uns in den Westen.

Ich bin zu diesem Zeitpunkt noch immer gut über alles informiert, was sich drüben abspielt. Es gibt noch nicht die Mauer; die alten Kontakte von und nach West-Berlin und von dort nach Ostberlin und in die DDR bestehen weiter. Wir treffen uns häufig im Westsektor der Stadt, nach Vaters Persionierung aber auch im Bundesgebiet. Das ist in dieser Zeit kein Problem. Man hinterlegt ein Ticket bei der entsprechenden Fluggesellschaft in Tempelhof oder Tegel, und der DDR-Reisende kann darauf ohne Schwierigkeiten ins Bundesgebiet fliegen. Drüben darf dies natürlich niemand wissen, illegales Verlassen der DDR (auch nur zu einer kurzen Reise) steht seit Oktober 1957 unter Strafe. Deshalb werden Sicherungen nach konspirativen Regeln eingebaut: man hinterläßt bei einem zu Hause gebliebenen Verwandten oder absolut zuverlässigen Bekannten einen Telefonkontakt in Ostberlin oder Umgebung, der ebenso zuverlässig sein muß, und wenn der SSD nach dem illegalen Westreisenden fragen sollte, wird ein Ausflugsziel innerhalb der DDR genannt. Dann wird der zuverlässige Freund im Berliner Raum angerufen, dieser fährt in den Westsektor und schlägt von dort aus im Bundesgebiet Alarm. Mit der nächsten Maschine fliegt der illegale Ausreißer nach Westberlin zurück und ist am Abend oder in der Nacht wieder zu Hause. Jetzt begreifen wir auch die großzügige Handhabung unserer Identitätszettel bei der Übersiedlung von Berlin ins Bundesgebiet und nutzen dies für unsere innerfamiliären Hilfen. Bei all diesen Treffen spüren wir, wie stark mein Vater gesundheitlich angeschlagen ist. Wir können die Eltern jedoch nicht zum Verlassen der Heimat bewegen. »Auch die Zone ist Deutschland,« sagt mein Vater, »wir können sie doch nicht einfach den Russen überlassen. Wir haben die Nazis überstanden, und wir werden auch die Kommunisten zum Scheitern bringen.« Er spricht es nicht offen aus — doch im Innern billigt er unsere Flucht immer noch nicht.

Der Mauerbau am 13. August 1961 trennt dann auch unsere Familie, und unmittelbar danach setzt eine Serie von merkwürdigen Briefen ein, die ich von meinem Vater erhalte. Sie beginnt mit der Schilderung eines »zufälligen« Treffens zwischen ihm und Leuschner am Rande eines SED-Bezirksparteitages in Halle. Er sei beeindruckt gewesen von den anerkennenden Worten, die Leuschner auch jetzt noch für mich finde. Mit keinem persönlichen Mitarbeiter habe er so gut zusammengearbeitet wie mit mir. Bei dem Gespräch habe man alles noch einmal Revue passieren lassen und sei zu dem Schluß gekommen, daß mein Weggang voreilig, unüberlegt und unnötig gewesen sei. Der Brief gipfelte in der Aufforderung, doch möglichst bald mal nach drüben zu kommen, um alles in Ruhe zu besprechen — meine Stelle bei Leuschner und sogar unsere Ostberliner Wohnung könnte ich zu jeder Zeit wiederhaben.

Ich weiß sofort, daß dieser Brief vom SSD diktiert worden ist. Deshalb antworte ich ausweichend: ich fände dies zwar alles interessant, sei auch bereit, das Vorgeschlagene zu besprechen, hätte jedoch hier als freier Publizist meine Verträge mit festen Terminen, die ich einhalten müsse. Da Vater jedoch Rentner sei und Mutter nie berufstätig war, könne man in einer so wichtigen Angelegenheit und aufgrund des Interesses so hoher Persönlichkeiten doch wohl eine Ausnahme machen und die Eltern nach hier reisen lassen, dann ließe sich schneller ein Termin für ein klärendes Gespräch finden.

Die Antwort kommt rasch: ich hätte wohl doch Bedenken und sei nicht ganz ehrlich gewesen, mein Vorschlag klinge wie ein Ausweichsmanöver. Meine Angst sei jedoch unbegründet. Er gebe mir sein väterliches Ehrenwort, daß mir bei einer Reise in die DDR nichts passiere. Wenn ich jedoch zu große Befürchtungen hinsichtlich einer Reise in die DDR hätte, könne man sich ja auch in Prag oder Warschau treffen.

In diesem Stil wechseln wir etwa zehn Briefe zwischen September und Dezember 1961, als uns zwischen Weihnachten und Neujahr die Nachricht erreicht, daß Vater mit einem Herzinfarkt ins Krankenhaus eingeliefert wurde. Davon erholt er sich nur wenig. Dennoch nimmt der SSD, sich über die ärztlichen Proteste hinwegsetzend, die Pressionen im Frühjahr 1962 wieder auf. Freunde aus dem Westen, die bei DDR-Besuchen Verbindung zu meinen Eltern aufnehmen, berichten, daß der SSD meinen Vater jeweils für einen bis drei Tage in Staatssicherheitsgefängnisse nach Halle oder Weimar mitnimmt. Von einem dieser Zwangsverhöre, bei denen er die Briefe an mich unter Aufsicht schreiben muß, wird er in der Nacht vom 9. auf den 10. November 1962 apathisch und fast bewegungslos nach Hause gebracht. Er erliegt in den frühen Morgenstunden des 10. November 1962 einem weiteren Herzinfarkt, genau einen Monat vor seinem 60. Geburtstag, und ohne daß meine Mutter noch einmal mit ihm über die Absichten des SSD sprechen konnte.

Wir können unserem Vater nicht die letzte Ehre erweisen, wissen jedoch, daß die Mutter von vielen Freunden umgeben ist. Die Beisetzung wird zu einer politischen Demonstration. Trotz kalten Novemberwetters stehen einige hundert Getreue vor dem Krematorium in Eisleben. Das wiederholt sich zur Urnenbeisetzung im Familiengrab der Schenks auf dem Friedhof von Helbra. Jetzt beginnt unser Kampf um die Übersiedlung der Mutter zu uns nach Westen. Auch sie ist Repressalien ausgesetzt. Nach dem Tode des Vaters wird die Wohnung (im eigenen Haus!) als zu groß bezeichnet, sie soll ausziehen oder untervermieten, Rentnerreisen nach Westen werden ihr mit dem Hinweis auf meine »DDR-Hetze« im Westfernsehen abgelehnt.

Ich greife zu einem politischen Trick: Seit der Krankheit von Grotewohl übt Willi Stoph die Funktion des amtierenden Ministerpräsidenten der DDR aus. Leuschner rückt dadurch in die Rolle des außenpolitischen Koordinators auf und reist nun immer häufiger in neutrales Ausland, um für die völkerrechtliche Anerkennung der DDR zu werben. In Abstimmung mit der Ost-West-Redaktion vom Norddeutschen Rundfunk verbreite ich in der Funkhauskantine meinen Plan, daß ich bei einer der nächsten Reisen dieser Art mit einem Team mitreisen, auf allen Pressekonferenzen in der ersten Reihe sitzen und Leuschner mit unangenehmen Fragen und Bemerkungen überall die Schau stehlen werde — es sei denn, er sorge dafür, daß meine Mutter übersiedeln kann, dann solle er in Gottes Namen seine Ruhe haben.

Der Trick zieht. Wie ich vermutet hatte, wird meine Absicht nach Ostberlin berichtet. Beim NDR brüsteten sich damals etliche Kollegen mit ihren guten Beziehungen zum DDR-Presseamt. Da ich weiß, daß dies mit dem SSD in Verbindung steht und solche Informationen melden muß, konnte nichts schiefgehen. Und richtig: Schon nach wenigen Tagen schreibt meine Mutter, daß zwei Herren aus Berlin bei ihr seien, die ich kennen würde. Sie schreibe diesen Brief in ihrer Gegenwart und solle mir von ihnen ausrichten, daß alles in Ordnung ginge, wenn ich ein ganz bestimmtes Vorhaben unterließe. Wir sollten uns um Wohnung für sie bemühen und mitteilen, wann sie übersiedeln könne.

So geschieht es. Als der Umzug vonstatten geht, braucht unsere Mutter kaum einen Finger zu rühren. Vier Beamte vom Zoll der DDR und zwei vom SSD verpacken das Umzugsgut, dann fahren sie sie sogar bis zum Grenzbahnhof Herleshausen mit dem Pkw und setzen sie in den Zug nach Frankfurt. Dabei erst wagen sie die Eröffnung, daß Mutter, im Gegensatz zu anderen ausgesiedelten DDR-Rentnern, nie mehr zu Besuch nach drüben darf.

Genau ein Jahr nach ihrer Übersiedlung stirbt auch unsere Mutter. Wir merken zu spät, daß sie schon mit einem Krebsleiden herüberkam. Ihrem ausdrücklichen Wunsch entsprechend lassen wir ihre Urne in das Familiengrab nach Helbra überführen. Zur Urnenbeisetzung wiederholt sich die gleiche politische Demonstration wie bei der Beerdigung unseres Vaters.

Das Haus der Schenks und Thiemanns Bäckerei sind heute in fremden Händen. Die »rote Schankwirtschaft« gibt es schon lange nicht mehr. Die neuen Besitzer sind uns unbekannt. Für uns ist die Heimat weiter entfernt als Australien oder der Südpol.

IM ÜBERBAU

Staatsdiener West

Der Mauerbau in Berlin hat die deutsche Teilung komplett gemacht. Ich spüre das täglich mehr. Bis zum Sommer 1962 läuft beim NDR die Fernsehreihe »Diesseits und jenseits der Zonengrenze«. Zusammen mit Helmut Reinhardt, Hans-Ullrich Barth, Peter Herz, Peter Schulze und Eva Müthel gehöre ich zu den Moderatoren dieser Sendung, die sonntags von 19 bis 19.30 Uhr ausgestrahlt wird. Seit Sommer 1960 arbeite ich darüber hinaus sporadisch für »Panorama«, das Rüdiger Proske und Gerd von Paczenski im zweiten NDR-Programm als Versuchsreihe senden. Ab Februar 1962 wird deutlich, daß »Panorama« auf unseren begehrten Sonntagstermin im ersten Programm kommen soll — »Diesseits und jenseits der Zonengrenze« wird als Titel abgeschafft und erscheint unter dem Namen »Ost und West« nur noch alle vierzehn Tage an einem Wochentag.

Titeländerung und Verlegung auf einen Wochentagstermin sind mehr als programmtechnische Korrekturen. Es wird immer deutlicher, daß sich auch eine neue deutschlandpolitische Richtung etabliert. Die Reihe »Ost und West« soll sich nicht mehr vorrangig mit der kommunistischen Ideologie und der inneren Lage im Sowjetblock auseinandersetzen, sondern »einen gewissen Service für die Zone« liefern, wie es Rüdiger Proske formuliert und worunter auch mehr Kulturberichterstattung aus der Bundesrepublik gemeint ist.

In dieser Zeit treffe ich bei einem Vortrag, den ich im Schulungsheim der Friedrich-Ebert-Stiftung in Bergneustadt halte, den stellvertretenden SPD-Fraktionsvorsitzenden Fritz Erler. Ich kenne ihn schon längere Zeit, hatte mit ihm manchen Gedankenaustausch zu Themen der Ost-West-Politik, und wir unterhalten uns auch über den neuen Trend in der Deutschlandpolitik. Erler stimmt meinen Beobachtungen zu und meint, daß dies erst der Anfang sei. Nach seiner Ansicht werde sich der Druck unserer westlichen Nachbarn und Verbündeten mit dem Ziel, uns zur Anerkennung der DDR zu bewegen, noch erheblich steigern.

Wir kommen auch auf die SPD-Wahlniederlage von 1961 und auf die Aussichten für 1965 zu sprechen. Dabei fragt mich Erler, ob ich nicht Lust hätte, einen Wahlkreis zu übernehmen und für den Bundestag zu kandidieren. »Ihr jungen Genossen müßt raus aus den Ballungszentren,« ist seine Meinung. »Dort haben wir sowohl ausreichend Kandidaten als auch stabile Mehrheiten. Uns fehlen gute Leute in der Provinz.«

Ich bin nicht abgeneigt und offenbare ihm, daß ich sogar sehr gern Parlamentarier sein würde. Im Winterhalbjahr 1962/63 mache ich die Sache perfekt. Hermann Polenz, ein Freund aus meiner Heimat, ist jetzt hauptamtlicher Sekretär in der württembergischen SPD-Landesleitung. Wir hatten 1945 gemeinsam an der Wiedergründung der SPD im Mansfelder Land teilgenommen und die SPD-Jugendorganisation ins Leben gerufen. Polenz war 1946 »paritätischer« SED-Kreissekretär geworden, 1948 wegen »Sozialdemokratismus« (wie tausende mitteldeutscher Sozialdemokraten) verhaftet und erst 1954 freigelassen worden. Er sieht sich nun nach einem Wahlkreis für mich um.

Im Frühjahr 1963 macht mich Polenz mit Gottlob Kamm bekannt, »dem roten Kämpen vom Remstal«. Kamm, Schwerkriegsbeschädigter des Ersten Weltkrieges, war nach Kriegsende Minister in den ersten Kabinetten von Reinhold Maier und will sich langsam aus der Politik zurückziehen. Sein politisches Revier ist der Kreis Waiblingen. Wir stimmen in fast allen politischen Fragen, über die wir sprechen, überein. Ich gewinne den Eindruck, daß ich es mit seiner Hilfe und Erfahrung schaffen könnte. Im Herbst 1963 übersiedeln wir von Frankfurt in den Kreis Waiblingen. Wenig später wechsle ich auch beruflich zur Fernsehreihe »Report« nach Stuttgart, die zu dieser Zeit gemeinsam vom Süddeutschen, Bayerischen und Westdeutschen Rundfunk ausgestrahlt wird. Von nun an bekommt mich meine Familie kaum noch zu sehen. Wenn ich nicht zu Recherchen oder Dreharbeiten für meine Sendung unterwegs sein muß, nimmt mich die Partei- und Öffentlichkeitsarbeit im Wahlkreis in Anspruch. Nach und nach kommen dazu noch Funktionen in den SPD-Kreis- und Landesorganen.

Das Waiblinger Experiment wird ein Fehlschlag. Schon nach gut einem Jahr muß ich erkennen, daß ich als freischaffender Journalist einer Kandidatur finanziell nicht gewachsen bin. Als Wahlkampfleiter für die Landtagswahl 1964 muß ich vier Monate beruflich pausieren und den Verdienstausfall allein tragen. So bin ich gezwungen, für die Bundestagswahl 1965 eine Kandidatur abzulehnen. Nach Bildung der großen Koalition in Bonn (1966) und Erlers Tod (Februar 1967) verhärten sich in der SPD die politischen Fronten, und zu meinem materiellen Manko kommen politische Differenzen hinzu. Der linke Flügel der SPD kämpft sowohl gegen das Regierungsbündnis mit der CDU wie gegen die Notstandsgesetze, wie gegen jene Genossen, die beidem zustimmen. Und dieser Flügel ist in Stuttgart und Umgebung sehr stark. Er hat seine festen Positionen in der IG Metall, der ÖTV und der IG Druck und Papier. Dagegen komme ich nicht an, und sogar Gottlob Kamm wirft das Handtuch. Im Herbst 1967 lege auch ich alle Parteiämter nieder, am 1. April

1968 nehme ich eine Stelle im Bundesverteidigungsministerium an, und am 1. August 1968 übersiedeln wir nach Bonn. Genau zehn Jahre nach meinem Sprung in den freiberuflichen Journalismus lande ich wieder an unserem Ausgangspunkt.

Wieder ein Jahr später holt mich Herbert Wehner ins Bundesministerium für gesamtdeutsche Fragen. Auf seine Initiative hin beschließt die Regierung der Großen Koalition die Gründung der »Bundesanstalt für gesamtdeutsche Aufgaben« (Gesamtdeutsches Institut). Mit Ludwig Rehlinger (dem früheren Bürochef von Rainer Barzel, später Staatssekretär) als Präsident sowie Professor Karl Newman (als Abteilungsleiter Forschung), Willi Jäger (als Verwaltungs- und Personalchef) und Walther Rosenthal (Abteilungsleiter DDR-Recht), sollen wir unter dem Dach dieser Obersten Bundesbehörde alle Institutionen und Aufgaben zusammenfassen, die im gesamtdeutschen Sinne wirken. Als Abteilungsleiter für Öffentlichkeitsarbeit bin ich verantwortlich für Publikationen und Pressewesen, Bilderdienst, Filmstelle, Vortragsdienst und Ausstellungen.

Zurück zum Journalismus

Der Start im Gesamtdeutschen Institut erfüllt mich mit Optimismus. Herbert Wehner, zur Zeit der Gründung unserer Behörde schon voll mit dem Bundestagswahlkampf 1969 befaßt, läßt Staatssekretär Dr. Wetzel freie Hand. Und dieser wiederum gibt uns Mittel und grünes Licht für eine ganze Reihe von Projekten zur Forschung und Information über die Lage der DDR und ihre Rolle im Ostblock. Ich bin wieder einmal mit Feuereifer bei der Sache.

Die Freude ist von kurzer Dauer. Das Ergebnis der Bundestagswahl 1969, die knappe Mehrheit für SPD und FDP und die Bildung der Regierung Brandt/Scheel, führen schlagartig zum Stopp aller von uns begonnenen Vorhaben. Wehner verläßt die Bundesregierung und wird Vorsitzender der SPD-Fraktion. Sein Nachfolger als Minister (statt für gesamtdeutsche Fragen nun für innerdeutsche Beziehungen) wird Egon Franke. Er verfügt nicht nur einige gravierende personelle Veränderungen, sondern auch Informationsverbot für das Gesamtdeutsche Institut. Ab sofort soll alles dem Ministerium zur Genehmigung vorgelegt werden, was für die Öffentlichkeit bestimmt ist. Darüber hinaus setzt das Ministerium eine große Zahl von Publikationen auf eine Indexliste, die jetzt nur noch auf gezielte Sonderbestellung hinausgegeben werden dürfen. Hatte es früher eine Zeit gegeben, in der vom Ministerium nichts angekauft, vertrieben oder gefördert werden durfte, worin die Buchstaben DDR im Klarnamen ohne Anführungszeichen standen, so sind jetzt die Namen Zone oder Sowjetzone oder die Abkürzung SBZ (für sowjetisch besetzte Zone) zu tilgen. Das Ministerium fördert und veröffentlicht nur noch Publikationen, die den SED-Staat ohne Einschränkung oder Relativierung bei seinem Eigennamen Deutsche Demokratische Republik — DDR — nennen.

Unter den Veröffentlichungen, die auf den Index gesetzt werden, ist auch ein kleines Büchlein von mir mit dem Titel »Anerkennung — ja oder nein«. Ich hatte es auf Geheiß Herbert Wehners erst im Frühjahr 1969 für den Wahlkampf geschrieben, — und zwar gegen den FDP-Vorschlag, der DDR einen Generalvertrag anzubieten. Die Broschüre war in 40000 Exemplaren erschienen und in großen Posten den SPD- und CDU/CSU-Bezirksverbänden als Argumentationshilfe gegen die FDP zugestellt worden. Da die FDP nun Regierungspartner ist und ihre deutschlandpolitischen Vorstellungen schon in der ersten Regierungserklärung Willy Brandts vom 28. Oktober 1969 durchklingen, hat die Broschüre zu verschwinden. Die restlichen Exemplare im Vertriebslager der Bundesregierung werden auf Weisung des Ministeriums den Vertriebenenverbänden zugestellt. Andere Publikationen nehmen einen ähnlichen Weg.

Vor der Bundestagsaussprache über den Bericht zur Lage der Nation im Januar 1970 werde ich zum letzten Mal zu einer Sitzung der »Ostkommission« beim »PV« der SPD eingeladen. (»Ostkommission« nannten wir intern jene Gruppe von Genossen, die aus früherer intimer Kenntnis des Ostens oder von Berufs wegen mit der Ost-West-Politik und -Forschung befaßt waren.) In der Regel ist Herbert Wehner Gastgeber dieser Runde. Diesmal fehlt er. An seiner Stelle wollen Willy Brandt, Egon Bahr, Horst Ehmke und Hans-Jürgen Wischnewski mit uns über die neue Ost- und Deutschlandpolitik diskutieren. Willy Brandt und Egon Bahr geben nur eine kurze Gastrolle, lassen sich dann wegen dringender Staatsgeschäfte entschuldigen und überlassen das Feld Horst Ehmke. Vom ihm erfahren wir nicht mehr, als in Brandts Regierungserklärung steht.

In der Diskussion wollen wir wissen, ob die Bundesregierung zur Anerkennung der DDR und aller sonstigen Forderungen bereit ist, die der Ostblock seit 1966 zur Bedingung für andere Regelungen macht. Ehmke weicht zunächst aus, dann läßt er durchblicken, daß die Politik der Bundesregierung mit Abstrichen auf Anerkennung zulaufe. Nach seiner Ansicht hat das Deutsche Reich mit der Kapitulation von 1945 aufgehört als Völkerrechtssubjekt zu existieren. Man müsse nun praktische Politik im Interesse der Bundesrepublik und zum Zusammenhalt der Restnation machen. — Ich habe das Gefühl, auf einer Fortsetzungsveranstaltung der Tutzinger Konferenz von 1963 zu sein, auf der Egon Bahr mit seinem Vortrag »Wandel durch Annäherung« schockiert hatte.

In der Diskussion spreche ich dies aus, und wir erfahren, daß die Politik dieser Route folgen werde. Ich stelle daraufhin die für mich entscheidende Frage: Wie wolle die Bundesregierung diese Politik realisieren? In der Demokratie herrsche ungehinderte Öffentlichkeit. Wenn die Bundesregierung sage, daß sie die Freiheit für alle Deutschen wolle, vergraule sie sich die östlichen Gesprächspartner. Sage sie dies nicht, müsse sie sich auf schwerste innenpolitische Auseinandersetzungen gefaßt machen. Und schließlich müsse sie bedenken, daß sie ihre Politik mit dem Parteiapparat der Opposition zu verwirklichen habe; denn da die CDU/CSU seit Gründung der Bundesrepublik an der Macht war, habe sie im Unterschied zur SPD bis dahin doch kaum einen ernstzunehmenden Parteiapparat in Bonn etabliert.

Diese (von meiner Seite gutgemeinten) Bedenken werden von Ehmke mit einer Handbewegung weggewischt, und ich erhalte eine ziemliche Abfuhr. Wahrscheinlich ist das zufällig. Ich habe den Eindruck, daß er nur auf einen Anlaß wartete, um dann seine vorbereitete Standpauke loszuwerden: die SPD sei nun Regierungspartei, und die Genossen müßten sich dem anpassen — das Gemecker in den eigenen Reihen solle aufhören, die Regierung habe genug Kritiker von außerhalb, da sollten es die eigenen Mitglieder unterlassen, auch noch das Geschäft der Opposition zu betreiben.

Daß nach diesem Disput mein Kontakt zum »PV« so gut wie abreißt, bereitet mir kaum Kopfzerbrechen. Viel schwerer wiegen dagegen die Differenzen, die sich mit der Spitze des Ministeriums für innerdeutsche Beziehungen entwickeln. Zu Beginn des Jahres 1970 werde ich noch beratend zur Vorbereitung der Verhandlungskonzepte für die Begegnungen Brandt/Stoph in Erfurt und Kassel hinzugezogen. Als sich daraus die ständigen Verhandlungsrunden Egon Bahrs mit dem DDR-Unterhändler (und späterem DDR-Vertreter in Bonn) Michael Kohl entwickeln, gerate ich auch im Ministerium mehr und mehr in die Isolierung. Der Grund: meine Prognosen erweisen sich als totale Fehleinschätzungen. Der Hintergrund dafür ist folgender: Jedesmal, wenn die Verhandlungsgruppe der Bundesrepublik mit neuen Vorschlägen zu den deutsch-deutschen Konsultationen fährt, prophezeie ich längerdauernde Unterbrechungen. Ich schildere die östlichen bürokratischen Instanzenwege (Verhandlungsgruppe DDR muß der Regierung berichten — diese holt Weisung des SED-Politbüros ein — dies berät mit dem Sowjetbotschafter in Ostberlin — der informiert das sowjetische Außenministerium — das holt Instruktionen bei der Moskauer Partei- und Staatsführung ein — und von dort nehmen die Entscheidungen den Weg in der gleichen Reihenfolge zurück — eventuell werden noch Sonderkonferenzen auf höchster Ebene notwendig), und daher bin ich sicher, daß die bundesdeutschen Unterhändler gar nicht mit Resultaten zurückkehren können. Diese Annahmen sind fast jedesmal falsch. Ich muß mich ziemlich hochnäsig mit dem Argument abfackeln lassen, daß ich halt über 10 Jahre von drüben weg sei, daß sich dort vieles verändert habe, die DDR sei längst nicht mehr der Satellit wie zu meiner Zeit, die östlichen Unterhändler besäßen durchaus Sachverstand, Kompetenzen und Mut zur Entscheidung, und alles in allem zeige sich eben darin, wie anders doch die Situation im Vergleich zu den 50er Jahren sei. Bald werde ich denn auch nicht mehr gehört.

Nur sehr kurz habe ich an mir selber gezweifelt. Mit der Enttarnung des Brandt-Referenten Guillaume und anderer Ostspione, klärt sich das so souverän wirkende Auftreten der östlichen Unterhändler auf: die kommunistische Seite war in der glücklichen (und in der Geschichte der Diplomatie fast einmaligen) Lage, rechtzeitig, bis ins Detail und aus verschiedenen sicheren Quellen über die westliche Verhandlungskonzeption informiert worden zu sein. Die anscheinend so selbstbewußten, sachkundigen und kompetenten Verhandlungspartner Bahrs hatten ihre Rollen nur gut einstudiert.

Veranstaltungen wie die mit Ehmke, der Beginn der neuen Ost- und Deutschlandpolitik mit den Treffen von Brandt und Stoph in Erfurt und Kassel, die Sonderverhandlungen Egon Bahrs in Moskau und Warschau und vor allem der Versuch des Ministeriums für innerdeutsche Beziehungen, hauptsächlich nur noch solche Forschungsprojekte und Publikationen über die DDR zu unterstützen bzw. herauszugeben, die die Verhältnisse drüben zum Positiven hin manipulieren und unliebsame Tatbestände über die DDR verschweigen, bei gleichzeitiger mimosenhafter Empfindlichkeit gegenüber kritischen Einwänden, Zweifeln oder Fragen, das alles fördert meinen Entschluß, den Staatsdienst zu quittieren. Ich habe kein Verständnis für Beamte, die nicht mit ehrlichem Gewissen und vollem Arbeitseinsatz dem Staate (dessen materielle Leistungen und Sicherheiten sie ja voll in Anspruch nehmen) auch dienen, so wie es das Wort »Staatsdienst« ausdrückt. Für mich ist es die selbstverständlichste Sache der Welt (und ich genieße und würdige auch diese reale Freiheit des Westens), daß ich die beruflichen Konsequenzen ziehe, wenn ich mit der Politik meines Arbeitgebers nicht einverstanden bin und sie daher auch nicht aktiv unterstützen kann. Ich hätte dies auch drüben getan ohne zu fliehen, wenn das nur mit materiellen Konsequenzen (und nicht mit dem Verlust des letzten Restes an persönlicher Freiheit für mich und meine Familie) verbunden gewesen wäre. Mein Entschluß bekommt zusätzlichen Antrieb durch eine schwere und langwierige Erkrankung meiner Frau. Wir sind auf verwandtschaftliche Hilfe angewiesen, und das heißt, wir müssen zurück nach Frankfurt. Dort ist mein Bruder verheiratet, und meine Schwägerin kann meiner Frau zur Seite stehen, insbesondere unseren »Nachzügler«, den 1968 geborenen dritten Sohn Patrick mit betreuen.

Als ich 1968 vom ZDF nach Bonn in den Staatsdienst ging, verabschiedete mich Intendant Prof. Holzamer mit der Versicherung, daß ich mich jederzeit wieder an ihn wenden könne. Daran erinnere ich ihn im Sommer 1970. Er hält sein Versprechen. Ich kann die Stelle des zweiten Moderators im »ZDF Magazin« haben.

Meine Partei stellt sich zunächst dagegen und will auch im Verwaltungsrat gegen mich stimmen. Ihr mißfällt, daß ich mit Gerhard Löwenthal vor allem in der Beurteilung der Ost- und Deutschlandpolitik übereinstimme, und er sich zudem auch mit großem Engagement dafür einsetzt, daß ich zu ihm kommen kann. Sie möchte eine zweite Richtung in dieses Magazin bringen. Ich widerspreche dem aus grundsätzlicher Überlegung: Sowenig man von einer Zeitung erwarten kann, daß sie auf einer Seite als »Frankfurter Allgemeine«, auf der anderen als »Welt«, auf der dritten als »Süddeutsche« und auf der vierten als »Bild« erscheint, sowenig kann das »ZDF Magazin« einmal so und ein anderes Mal als »Panorama« oder »Monitor« erscheinen. Jedes der ARD-Magazine hat sein Profil und seine Richtung. Wenn die SPD tatsächlich mehr Demokratie wagen wolle, wie in Brandts Regierungserklärung versprochen, dann werde sie doch wohl diese eine kritische Stimme im Fernsehen verkraften, ist meine Argumentation.

Ich weiß nicht, ob ich damit überzeugt habe. Auf jeden Fall lassen die SPD-Vertreter in der entscheidenden Sitzung des ZDF-Verwaltungsrates meine Bewerbung passieren. Seit dem 1. September 1971 bin ich wieder Journalist. Diesmal für immer — soweit man das in dem »Gewerbe« sagen kann.

Die folgenden 16 Jahre werden die bewegtesten meines Lebens. Als ich in die Magazin-Redaktion eintrete, ist die Sendung schon fast drei Jahre alt und als »Löwenthal«-Magazin längst die bekannteste politische Fernsehsendung deutscher Sprache. Vierzehn Jahre habe ich bis dahin als Buchautor, freier Zeitungs- und Fernsehjournalist meine Themen in meinem Stil und nach meiner Machart publiziert. Jetzt treffe ich auf einen Chef und Moderationspartner, der von seiner Arbeit besessen ist. In den Grundauffassungen zwar übereinstimmend, sind unsere Charaktere und die Vorstellungen über Machart, Stilfragen und Präsentation von Sendungen doch so verschieden, daß wir uns erst zusammenraufen müssen.

Das wird durch die allgemeine politische Entwicklung und die damit einhergehende Polarisierung in der Medienlandschaft begünstigt. Wir harmonisieren schließlich auf dem Generalnenner, daß sich das ZDF Magazin vor allem jener Themen annimmt, die sonst im Fernsehen entweder gar nicht, oder aus anderer Sicht oder von anderen Autoren, Sachverständigen oder Gesprächspartnern gebracht werden. Den Vorwurf der Einseitigkeit nehmen wir bewußt in Kauf und kontern ihn mit dem Hinweis darauf, daß die Mehrheit der vielen anderen politischen Sendungen auch nicht an ihrer Einseitigkeit rütteln läßt. So bilden die Themen Ost-West-Konflikt, Menschenrechte, militärische Bedrohung, innere Sicherheit, Terrorismus und die Vorgänge im sowjetischen Machtbereich Schwerpunkte in unseren Sendungen — wie die Gespräche und Interviews mit Politikern, Wissenschaftlern, Publizisten und mit Dissidenten aus dem Osten, die hier sonst weder in Talkshows oder anderen Gesprächsrunden noch in sonstigen politischen Sendungen auftreten.

Ende Mai 1987 erreicht mich während eines USA-Aufenthalts ein Anruf von Gerhard Löwenthal. Er unterrichtet mich über eine Presseerklärung des ZDF, wonach der Intendant ab Januar 1988 eine neue junge Leitung für das ZDF Magazin berufen hat. Zum Jahresende 1987 geht Löwenthal in Pension. Ich führe die Sendung bis März 1988 fort. Am 30. März verabschiede ich das ZDF Magazin mit der 592. Ausgabe. Helmut Schmidt und Rainer Barzel sind meine letzten Gesprächspartner. Mit 58 Jahren und nach rund 600 Magazin-Sendungen, Dokumentationen, Reportagen und Kommentaren ist mein direktes Wirken für den Bildschirm beendet. Seit dem 1. April 1988 bin ich als Chef vom Dienst in der Chefredaktion tätig. Der Kreis hat sich geschlossen: Am Ausgang meines aktiven Berufslebens liegt das Schwergewicht meiner Arbeit wieder auf Organisation und Planung.

Bruch mit der SPD

Mein Bruch mit der SPD vollzieht sich in mehreren Etappen. Die erste beginnt unmittelbar nach der Bundestagswahl von 1969. Obwohl Willy Brandt in seiner ersten Regierungserklärung verkündet, er wolle mehr Demokratie wagen, seine Regierung suche keine Bewunderer, sondern Menschen, die kritisch mitdenken, und er verspricht, das Selbstbewußtsein seiner Regierung werde sich in Toleranz zu erkennen geben, bekomme ich das Gegenteil zu spüren. Kritik und skeptische Fragen werden als »Kalter Krieg« und »Mießmacherei« abgekanzelt und mit Kaltstellung beantwortet. An die Stelle von Offenheit tritt Geheimniskrämerei. Ausgerechnet die SPD, durch deren Parteigeschichte sich der Kampf gegen Geheimdiplomatie wie ein roter Faden zieht, betreibt jetzt nur noch Geheimdiplomatie. Statt mitberatende Beteiligung vieler Experten, deren fachkundiges Urteil man wenigstens hören sollte, gibt es nach meinen Beobachtungen nur noch das allwissende Dreierteam Brandt-Bahr-Ehmke. Anfangs denke ich noch, daß sich das Mißtrauen vor allem gegen mich richtet und vielleicht mit meiner DDR-Vergangenheit zusammenhängt. Doch sehr bald wird deutlich, daß auch so bedeutende Ostexperten wie die Professoren Meißner, Mehnert, Thalheim, Hensel,

Leonhard, Gleitze, Leptin und sogar Richard Löwenthal (der über viele Jahre einer der engsten Berater Brandts war) kaum konsultiert werden. Als ich am Rande einer Tagung der Deutschen Gesellschaft für Osteuropakunde mit Richard Löwenthal spreche und ihn danach frage, wie denn seine Ratschläge von der neuen Regierung aufgenommen werden, antwortet er nur sarkastisch lächelnd: »Diese Regierung braucht keine Berater, die weiß alles!«

Sowohl während meiner letzten Arbeitsmonate im Gesamtdeutschen Institut 1970/71 wie nach meinem Wechsel zum ZDF Magazin bin ich in den SPD-Parteigliederungen und -Freundeskreisen mehr schlecht als recht geduldet. Diesen Zustand beobachte ich noch mit einem gewissen inneren Vergnügen, weil ich es lächerlich finde, welche Angst die so nach kritischem Mitdenken rufenden Genossen davor haben, daß die eine oder andere Information oder Bemerkung im Zusammenhang mit der Ostpolitik von mir oder Gerhard Löwenthal im ZDF Magazin wiedergegeben werden könnte.

Von grundsätzlicher Bedeutung (und ideelle Ursache für meinen Bruch mit der SPD) ist die Verleihung des Friedens-Nobelpreises an Willy Brandt im Oktober 1971. Meine Frau und ich haben wieder eine deprimierende, selbstquälerische, schlaflose Nacht, wie nach unserer Flucht 1957 im SPD-Gästehaus in der Eifel, als ich die Feststellung gemacht hatte, daß unsere Informationen aus Ostberlin hier kaum beachtet worden waren. Friedens-Nobelpreis! Wofür? Was tut Brandt, wenn am Tage der Überreichung dieses Preises ein Deutscher von Deutschen an der immer noch blutenden Zonengrenze erschossen wird, nur weil er von Deutschland nach Deutschland wollte? Oder wenn noch schlimmeres passiert — nicht gerade ein neuer 17. Juni, aber vielleicht eine versuchte Massenflucht, die blutig vereitelt wird? Was werden unsere Freunde drüben zu diesem Preis sagen?

Wie tief muß die Niedergeschlagenheit jener sein, die diese Nachricht in den SSD-Gefängnissen, Arbeitslagern, psychiatrischen Folterkellern hören? Ich bezweifle nicht das humanitäre Wollen Brandts, auch wenn ich mit Bedauern und Beunruhigung davon überzeugt bin, daß seine Politik nicht zu mehr Humanität, Frieden und Freiheit für die Menschen drüben führen wird. Aber für guten Willen, Absichten (vielleicht sogar für einen folgenschweren politischen Irrtum) einen Preis anzunehmen, der den Namen »Frieden« trägt? In Deutschland, in diesem durch totalitäre, imperialistische Gewalt geteilten Deutschland? Wir verstehen die Welt nicht mehr. Ich muß wieder oft an meinen Vater denken und kann mir vorstellen, wie ihn die Nachricht verbittert hätte. Meine Niedergeschlagenheit wird noch dadurch verstärkt, daß ich ja weiß, wie dieser Vorschlag zustande gekommen ist. Ich kenne die engen Beziehungen Brandts zu den norwegischen und schwedischen Sozialisten, von denen der Vorschlag kommt und kann daher schlußfolgern, daß er von seiner Benennung für den Preis gewußt haben muß, er folglich nichts unternahm, sie im Vorfeld zu verhindern und daher von sich überzeugt ist, ein würdiger Preisträger zu sein. Das macht den inneren Bruch vollkommen.

Am 10. November 1972, drei Tage nach dem Abschluß der Verhandlungen Egon Bahrs über den Grundlagenvertrag zwischen beiden Teilen Deutschlands und reichlich eine Woche vor den Bundestagswahlen, schreibe ich einen Offenen Brief an Willy Brandt. Ich drücke darin meine Enttauschung über das deutsch-deutsche Verhandlungsergebnis aus: alles, was der Sowjetblock seit 1966 gefordert hatte — Anerkennung der DDR als zweiten deutschen Staat, ihre Aufnahme in die Vereinten Nationen, ihre Anerkennung durch die Westmächte, Hinnahme Ost-Berlins als Hauptstadt der DDR und damit die Akzeptierung eines Sonderstatus für West-Berlin, Festschreibung der bestehenden Grenzen durch Gewaltverzicht —, all dies ist nun völkerrechtlich gültiger Vertrag ohne Befristung und Kündigungsklausel, während unsere Wünsche nach mehr Freizügigkeit für die Deutschen im Osten nur durch Briefe des DDR-Verhandlungsführers Michael Kohl in mehrdeutig formulierten Absichtserklärungen der DDR-Regierung »im Zuge der Normalisierung« großenteils erst in Aussicht gestellt werden. Ich drücke die Befürchtung aus, daß wir uns damit zu Helfern des kommunistischen Regimes machten und mithülfen, die Bevölkerung dem SED-Staat in die Arme zu treiben. Ich schließe mit der Bemerkung, daß ich mich zum ersten Mal außerstande sehe, SPD zu wählen.

Der Brief wird von allen wichtigen Zeitungen erwähnt, von einigen fast wörtlich veröffentlicht. Die Antwort darauf kommt zwei Tage nach der Bundestagswahl vom 19. November 1972. Ich erhalte sie jedoch nicht von Willy Brandt (er antwortete nie), sondern vom Vorsitzenden meines Frankfurter SPD-Ortsvereins. Und sie geht auch nicht auf meine Argumente ein, sondern auf mein Verhalten: sie enthält die Mitteilung, daß gegen mich ein Partei-Ordnungsverfahren mit dem Ziel des Ausschlusses eröffnet werden soll. Dem kommen meine Frau (ebenfalls seit unserer Flucht in den Westen SPD-Mitglied) und ich durch Austritt zuvor.

Dieser Schritt schafft praktisch über Nacht um uns eine völlig neue Situation. Sie erinnert uns an die Atmosphäre drüben zwischen meiner Verhaftung und unserer Flucht. Alte Freundschaften gehen in die Brüche. Ich erhalte bösartige und beleidigende anonyme Anrufe und Drohbriefe. Meine erwachsenen Söhne müssen in Gymnasium und Betrieb Pöbeleien und Belästigungen über sich ergehen lassen. Mein Chefredakteur Rudolf Woller bezeichnet mich in meiner Abwesenheit vor Redakteuren als einen politischen Dummkopf — wohl, weil ich mit meinem Schritt den Parteien-Proporz der öffentlich-rechtlichen Anstalt ZDF störe und damit auch ihm Unannehmlichkeiten bereiten könnte? In der ZDF-Kantine machen seither bestimmte Kollegen einen Bogen um meinen Tisch oder verdrücken sich bald, wenn ich mich zu ihnen setze. Auch von drüben erreichen mich unfreundliche Briefe. Die Absender erinnern an den Großvater und die Familientradition, und fast ausnahmslos wird Unverständnis darüber geäußert, daß ich nicht der Vertrags- und Entspannungspolitik von Brandt und Scheel zustimmen kann. Unbeeindruckt und unverändert in ihrer Haltung zu uns bleiben nur die allerengsten Freunde und jene alten Genossen, die die Weimarer Republik, den Nationalsozialismus und die Sowjetisierung des Ostens miterlebt haben und die gegen Nazis wie Kommunisten Widerstand leisteten. Dabei war der Parteiaustritt für mich eine so selbstverständliche Sache wie mein Ausscheiden aus dem Bonner Staatsdienst: entweder ich kann eine Sache mit voller Überzeugung engagiert unterstützen oder ich kann es nicht, dann ziehe ich die Konsequenzen. Von passiven Mitgliedschaften oder lauem Mitläufertum halte ich nichts.

Dieser Überzeugung folgend, beteilige ich mich 1974 mit anderen ehemaligen Sozialdemokraten in Berlin an einer Sammlungsbewegung, die wir Bund Freies Deutschland (BFD) nennen. Unser Ziel ist die Entwicklung einer gesamtdeutschen Gegenposition zur Ost- und Deutschlandpolitik der Bundesregierung. Als sich der BFD jedoch wenige Wochen später zur politischen Partei konstituiert, die nur in Berlin tätig sein will, stelle ich auch dort meine Mitarbeit ein.

Seitdem bin ich parteipolitisch ungebunden. Das entspricht eigentlich nicht meiner Grundeinstellung vom Verhalten eines engagierten Demokraten. Da ich den Grundsatz unserer Verfassung bejahe, wonach sich die unterschiedlichen Strömungen unseres Volkes in politischen Parteien organisieren, dort ihre programmatischen Ziele formulieren und in freien Wahlen um die Stimmenmehrheiten ringen, die ihnen das Mandat zur Verwirklichung ihrer politischen Ziele geben, sollte sich der engagierte Staatsbürger auch parteipolitisch binden. Ich muß jedoch — nicht ohne Besorgnis — feststellen, daß die durch die Vertragspolitik der 70er Jahre geschaffenen Realitäten zu einem parteipolitischen Klima geführt haben, in dem ich seit Ende dieser 70er Jahre keine aussichtsreichen Möglichkeiten für eine — nach meinem Verständnis — konstruktive politische Betätigung im gesamtdeutschen Interesse sehe. Dies ist eine deprimierende Erkenntnis für jemanden, der, wie ich, im und mit dem deutschen demokratischen Parteiensystem aufgewachsen ist und entsprechend mit ihm verbunden war. Nach meiner Einschätzung befinden sich jedoch die im Deutschen Bundestag vertretenen Parteien (in sich selbst wie in der politischen Auseinandersetzung untereinander und gegeneinander) in einer Phase vordergründiger, konzeptionsloser, kurzatmiger und zum Teil auf billige Effekthascherei angelegter Tagespolitik. Der starre Blick auf das Heute der Bundesrepublik Deutschland blockiert das Nachdenken und Planen über und für das Morgen der deutschen Nation und der Freien Welt. Obwohl wir nun seit 1958 in der Bundesrepublik Deutschland leben, hier unsere Wohnung, Arbeit, neuen Freundeskreise haben, unsere Kinder bereits nur noch westlich-freiheitliche Lebensgewohnheiten kennen, haben meine Frau und ich jetzt eher das beklemmende Gefühl, politische Emigranten zu sein, als nach unserer Flucht. Stärker als je zuvor empfinden wir das deutsche Dilemma als unser eigenes.

DAS DEUTSCHE DILEMMA

Die DDR — Relikt des Stalinismus

Die häufigste Frage, die mir bei Gesprächen über die DDR und das Sowjetsystem immer wieder gestellt wird, lautet, was denn von dem, was ich aus meinen Erlebnissen im Osten schildere, noch geblieben sei; immerhin liege das alles viele Jahre zurück, Ulbricht, Grotewohl, Leuschner, Schirdewan, Oelßner, Stalin, Malenkow, Chruschtschow, Molotow, Saburow, Kossygin und viele andere einst weltbekannte Namen seien schon fast vergessen — es müsse sich doch auch drüben vieles geändert haben. Das ist gewiß richtig, und die Ost-Forschung bei uns — wie in der gesamten westlichen Welt — spürt all den vielfältigen kleinen Veränderungen nach und ordnet sie politisch ein.

Dennoch gibt es etwas, das geblieben ist, und wer nur den Westen kennt, versteht das vielleicht am besten, wenn er sich erinnert, wie er vor zwanzig, dreißig Jahren im Westen gelebt hat: Wie er seinen Beruf wählte, die Arbeitsstelle suchte, die Wohnung, das Grundstück, andere Wirtschaftsgüter erwarb, wie er seine Freizeit, Ferien, Hobbys gestaltete, sich informierte, politisch, sportlich, kulturell oder wie immer betätigte — kurzum: welchen Raum und welchen Anteil in seinem Alltagsleben eigene Initiative, eigene Möglichkeiten, Wünsche, persönliche Verbindungen, Bekanntschaften usw. hatten und noch haben — oder in welchem Umfang dies vom Staat, von Behörden, Institutionen usw. bestimmt, beeinflußt, reglementiert wurde oder bestimmt wird. Jüngere Gesprächspartner bitte ich, sich das von älteren schildern zu lassen. Dabei gibt es sehr rasch Übereinstimmung darüber, daß sich an der Art und Weise unseres Lebens im Westen (man könnte auch sagen, »am System«) nichts geändert hat, das »Wie« unserer gesellschaftlichen und auch privaten Abläufe ist grundsätzlich so geblieben wie es war, geändert hat sich nicht die Qualität, sondern die Quantität, es geht uns im allgemeinen besser. Nicht anders verhält es sich drüben: Auch dort ist »das System« geblieben, und auch dort geht es im allgemeinen allen etwas besser, auch wenn der Fortschritt geringer ist als in der Bundesrepublik.

Diese Frage ist übrigens auch nicht neu. Als ich in den Westen kam, lag der Mord an Leo Trotzki, dem Gefährten Lenins und Organisator der bolschewistischen Revolution in Rußland, fast zwanzig Jahre zurück. Und noch einmal zehn Jahre zurück lag die Verbannung Trotzkis aus der Sowjetunion durch Stalin. Ich hatte meine ersten beiden Bücher schon veröffentlicht, als ich endlich die Zeit fand, Trotzki zu lesen (drüben war und ist dies unmöglich). An vielen Stellen seiner Bücher traf mich peinliches Entsetzen: Was ich an Neuigkeiten über »das System« verbreitet zu haben glaubte, ist bereits bei Trotzki nachzulesen, das heißt: das »Wie« jener gesellschaftlichen Vorgänge und Abläufe, die »das System« prägen. Das peinliche Unbehagen, ich könnte in Verdacht geraten, von Trotzki abgeschrieben zu haben, schwand mit jedem Buch, das ich von anderen Insidern der kommunistischen Machtsphäre las. Das Wesen des Sowjetsystems hat sich seit seiner Etablierung durch Stalin nicht geändert.

Und außerdem gibt es schon wieder neuere Augenzeugen als mich. Ihre Berichte über die inneren Vorgänge im SED-Regime decken sich mit meinen Erkenntnissen und Schilderungen. Es gibt zahlreiche qualifizierte Berichte von Emigranten aus der Sowjetunion und aus anderen Ostblockstaaten aus jüngster Zeit. Und schließlich kommen Rentner herüber, gibt es Besuche nach drüben und vor allem: es gibt die uns zugänglichen Publikationen der DDR und des Ostblocks. Dies alles ausgewertet, läßt mich mit Gewißheit sagen, daß sich am »Wie« drüben nichts geändert hat, »das System« ist geblieben.

In seinem Rahmen haben sich allerdings tiefgreifende Veränderungen vollzogen. Die wichtigsten sind die personellen. Mit Pieck, Grotewohl, Ulbricht, Rau, Leuschner, Selbmann, Matern, Oelßner, Ackermann und fast der gesamten Gründergarde der KP ist jene Funktionärsschicht ausgestorben, die noch reale Vorstellungen vom parlamentarisch-demokratischen Rechtsstaat und einer dezentralen, auf Eigeninitiative gegründeten Wirtschaftsordnung hatte. Daher gab es unter ihrer Herrschaft die permanenten Auseinandersetzungen über betriebliche Selbstverwaltung, Demokratisierung und Liberalisierung; denn manche von ihnen (Selbmann, Oelßner, Ackermann) erstrebten aus ehrlicher Überzeugung tatsächlich einen demokratischen Sozialismus.

Honecker (Jahrgang 1912) und Stoph (Jahrgang 1914) begannen ihre Parteikarrieren bereits bei den Saalschlachten der untergehenden Weimarer Demokratie im »Roten-Frontkämpfer-Bund«. Und die noch jüngeren Funktionäre im Management der Diktatur sind ideologisch verbildete Technokraten, vielfach ehemalige stramme HJ-Führer, ohne innere Beziehungen zum westlichen Pluralismus und nur auf die zentralistischen Bürokratien des modernen Totalitarismus fixiert. Selbstverwaltung, Demokratisierung, Liberalisierung sind den meisten von ihnen suspekt. Diese Funktionäre sind Produkte und Verteidiger des »zentralen Apparates«. Von ihnen ging daher die zweite wichtige Veränderung aus: die vielschichtige pseudo-rechtliche Absicherung und Zementierung »des Systems«. Die neue DDR-Verfassung (einschließlich aller den Deutschlandbegriff tilgenden Ergänzungen), das »Gesetzbuch der Arbeit« und das »Arbeitsgesetzbuch« (dies ist kein Schreibfehler!, und es wäre dringende Pflicht der Bundesregierung und unserer freien Gewerkschaften, diese beiden Schöpfungen kommunistischen Arbeitsrechts der Öffentlichkeit kritisch nahezubringen!), das »Zivilgesetzbuch« (Nachfolger unseres Bürgerlichen Gesetzbuches), »Staatsbürgerschaftsgesetz«, »Wehrpflichtgesetz« und vor allem jene lange Kette von Verträgen und Abkommen der DDR mit der Sowjetunion, dem Warschauer Pakt, dem Rat für Gegenseitige Wirtschaftshilfe und den Einzelstaaten des Ostblocks — dies alles hat das Sowjetsystem in der DDR so total, so perfekt, so absolut gemacht, wie es der Nationalsozialismus selbst in seiner pervertierten Endphase nie gewesen ist. Offene Rechtsbrüche, Drohung, Nötigung und Folter, wie in der Anfangszeit des Systems, sind heute gegenüber Systemkritikern zur Verhaftung und Verurteilung meist gar nicht mehr notwendig, wer nicht »dafür« ist, ist schuldig.

Durch die Verstaatlichung der Wirtschaft und aller Lebensbereiche kann sich niemand dem Zugriff der Diktatur entziehen; dies ist ein wesentlicher Unterschied des Sowjet-Sozialismus zum Nationalsozialismus. Ich weiß aus eigenem Erleben, daß meine Familie unter dem NS-Regime solange unbehelligt blieb, wie sie nicht laut »Nein« sagte. Damit gibt sich der Sowjet-Sozialismus nicht zufrieden. Meine Großmutter zum Beispiel (Wirtin von Thiemanns Roter Schankstube und Inhaberin eines SPD-Mitgliedbuchs Jahrgang 1896) holte sich während der Nazizeit ihre kleine Bergmannsrente wie alle Witwen am Postschalter ab. Erst den Sowjet-Sozialisten blieb es vorbehalten, auch noch die Rentner zu verstaatlichen: die (ohnehin empörend niedrigen) Renten werden drüben meist nur noch auf »Rentner-Nachmittagen« der »Nationalen Front« ausgezahlt, wobei sich selbst die Alten noch das »Ja« zum System abtrotzen lassen müssen. Der Rückzug in die »innere Emigration« (das war die gefahrlose Verhaltensweise der meisten NS-Gegner) ist im Sowjet-Sozialismus fast unmöglich.

Die Herausbildung einer neuen Führungsschicht und die juristische wie organisatorische Verfestigung des DDR-Systems nach dem Modell des Sowjet-Sozialismus sind die wesentlichen Veränderungen der 60er und 70er Jahre. Alle anderen Pferdefüße sind geblieben wie ich sie erlebt habe: Die Abhängigkeit der DDR von den Sowjets, die Integration in den Ostblock, die Schwerfälligkeit der Bürokratie, sogar die Wochenabläufe mit der Sitzungsmanie im Staats- und Parteiapparat, das Zurückbleiben hinter der Entwicklung des Westens, die Mangelkrisen auf der einen und die »Überplanbestände« (sprich Produktion von Ladenhütern) auf der anderen Seite, die Westorientierung der Bevölkerung und die Wirkungslosigkeit der Indoktrination durch die Ideologie des Marxismus/Leninismus. Wer wie ich miterlebt hat, wie verhaßt Walter Ulbricht bei unseren Landsleuten drüben war, der kann den Tiefstand der Stimmung ermessen, wenn ihm seit 1975 immer öfter und immer eindringlicher berichtet wird, daß man Honecker und Genossen sofort wieder gegen Ulbricht und seine Mannschaft eintauschen würde.

Die Pflicht des freien Deutschland

Man bedenkt im freien Teil Deutschlands viel zu wenig, daß die 17 Millionen jenseits der Zonengrenze unverschuldet in diese Lage gekommen sind. Daß der Sowjet-Sozialismus bis an die Elbe vordringen konnte, haben alle Deutschen zu verantworten. Daß aber nur ein Teil unseres Volkes unter seine Fremdherrschaft geriet, ist jedoch allein geographischer Zufall: Auf den Konferenzen der

Kriegsgegner Deutschlands waren bis 1944 auch andere Modelle für die Einteilung der Besatzungszonen im Gespräch, und es hätte auch so kommen können, daß Bayern und Baden-Württemberg oder Niedersachsen und Nordrhein-Westfalen oder Hessen und Rheinland-Pfalz mit Sachsen und Thüringen die Sowjetzone gebildet hätten. Diese Vorschläge sind in der Endphase des Krieges vor allem deshalb verworfen worden, weil der Bombenkrieg die wichtigsten Verkehrswege zerstört hatte und man den Siegermächten die besten Transportmöglichkeiten von und nach ihren Heimatländern sichern wollte. Die westdeutschen Nachkriegspolitiker waren sich dessen bewußt, und so spielten diese Überlegungen mit eine wesentliche Rolle für die Formulierung und Inanspruchnahme des Alleinvertretungsrechts — richtiger hätte es heißen müssen: der Alleinvertretungspflicht — aller Deutschen durch die Bundesrepublik Deutschland. (Ohne Zweifel war die Hauptbegründung dafür natürlich die Tatsache, daß der Bundesrepublik Deutschland von den Westmächten das Selbstbestimmungsrecht eingeräumt worden war.)

Dieser Rechtsstandpunkt der Bundesrepublik Deutschland zur Alleinvertretung aller Deutschen war überhaupt die einzige Legitimation für die Gründung des westdeutschen Staates. Nur ein wirklich freier Volksentscheid aller Deutschen — insbesondere jedoch der Deutschen in der DDR — könnte auch die Bundesrepublik aus ihrer gesamtdeutschen Pflicht entlassen. Als Verrat an den unfreien Deutschen müßte empfunden werden, wenn sich die Bundesrepublik selbst aus dieser Pflicht entließe. Denn: solange den Bürgern drüben verwehrt wird, in eindeutig freier Selbstbestimmung zu entscheiden, ob sie mit uns in einem Staat zusammenleben oder bei ihrer Eigenstaatlichkeit verbleiben wollen, solange müssen wir davon ausgehen, daß sich ihr Wille mit dem der Mehrheit in der Bundesrepublik deckt.

Dieser Rechtsanspruch auf Alleinvertretung aller Deutschen durch die Bundesrepublik war also auch zugleich der Rechtsanspruch auf Erlangung des Selbstbestimmungsrechts für alle Deutschen — und das heißt natürlich: für die Deutschen in der DDR. Es versteht sich von selbst, daß dieser Rechtsstandpunkt den äußersten Widerstand der Sowjetunion herausforderte. Ihre Argumentation lautete seit 1949: Mit der Entscheidung für den Sozialismus hätten die Bürger der DDR ihr Selbstbestimmungsrecht verwirklicht. Und entsprechend der Doktrin des Marxismus/Leninismus, wonach der Sozialismus/Kommunismus die höchste Stufe der gesellschaftlichen Entwicklung darstellt, in die die kapitalistische Bundesrepublik ohnehin geschichtsnotwendig hineinwachse, ließ Moskau nie mit sich über freie Volksentscheide reden, die womöglich »zurück« zur westlichen Demokratie geführt hätten, was die Sowjetunion als ein »zurück in den Kapitalismus« versteht.

Doch dabei hat es die Sowjetführung nicht belassen. Sie hat sich zugleich mit dem Hinweis auf den Alleinvertretungsanspruch der Bundesrepublik sowie auf die Verweigerung der völkerrechtlichen Anerkennung der DDR durch den Westen ernsthaften Gesprächen über die Lösung der Deutschlandfrage wie der Regelung praktischer und humanitärer Probleme verschlossen. Ihre Standardformel lautete: Ohne völkerrechtliche Anerkennung der Realitäten, die der Zweite Weltkrieg geschaffen habe, sei auch eine Regelung humanitärer Anliegen, die Verbesserung des Reiseverkehrs, der Kommunikation und des Kulturaustausches zwischen Ost und West nicht möglich.

Diese Argumentation fiel nach dem Bau der Berliner Sperrmauer auch im Westen mehr und mehr auf fruchtbaren Boden. Die erwähnte Rede Egon Bahrs in Tutzing 1963 über »Wandel durch Annäherung« war nur der spektakulärste Ausdruck einer Welle des Meinungsumschwungs. Bei unseren Nachbarn im Westen herrschte ohnehin die Vorstellung, der Frieden in Europa (der für sie ja anscheinend nur durch die deutschen Querelen gestört wurde) würde vollkommen, wenn Bonn die DDR anerkenne, die Deutschen sich mit der Teilung abfänden und die europäische Friedensordnung auf der Basis von zwei deutschen Staaten begründet werde.

Auf der Jahrestagung des Kuratoriums Unteilbares Deutschland am 4. Dezember 1964 machte Herbert Wehner mit all seiner Beredsamkeit klar, warum der Weg der Anerkennung ein Irrweg sein müßte:

> *»Heute gibt's im deutschen Blätterwald ... Wochenblätter mancher Stimmen, die diesen Rechtsanspruch (Wehner sprach vom gesamtdeutschen Rechtsanspruch auf Wiedervereinigung in freier Selbstbestimmung) ein wenig modifizieren, um ihn dann besser, ich deute das wohl nicht falsch, wirklich durchsetzen zu können, weil man doch nicht umhin könne, Realitäten anzuerkennen. Wie aber steht es mit der Realität des Rechtes, dessen Ausübung den Deutschen als einem Volk und dem Teil, der sich noch unter besonderer Verwaltung befindet ganz im speziellen, verweigert wird. Wie sollten wir eigentlich im Teile Deutschlands, in dem das Grundgesetz gilt, auf ein Recht der Deutschen verzichten, die es selbst nicht wirkungsvoll geltend machen können? Wer gäbe uns eigentlich dieses Recht und was hätte die Welt damit gewonnen, wenn die Deutschen sich zu dieser Anerkennung und zu dieser neuen Form des Mitläufertums bekennten? ... Wir wollen diesen Rechtsanspruch nicht preisgeben, auch nicht stückweise. Denn das bedeutet, das Übel zu vermehren, ohne uns oder der Welt damit zu helfen. Wer hätte eigentlich etwas damit gewonnen, wenn die Deutschen in dieser Beziehung das Heucheln lernen und im internationalen Verkehr anwenden würden?«*

Die große Koalition aus CDU/CSU und SPD konnte dem Drängen starker Kräfte im In- und Ausland nach »Anerkennung der Realitäten« noch standhalten. Das sozialliberale Regierungsbündnis seit 1969 vollzog den Kurswechsel. Wir haben ständig zu prüfen, ob diese Politik die Pflicht der freien Deutschen gegenüber den unfreien erfüllen kann und erfüllt.

Das sowjetische Drängen nach Anerkennung

Keiner der zahlreichen Viererkonferenzen zwischen 1945 und 1960 war es gelungen, die Deutschlandfrage zu lösen. Nach dem Bau der Berliner Sperrmauer im August 1961 schien das Deutschlandproblem total festgefahren. Der Mauerbau hatte die deutsche Wiedervereinigung nun auch theoretisch unmöglich gemacht — »theoretisch« deshalb, weil bis dahin durch das offene Schlupfloch Berlin die Vereinigung der Deutschen auf dem Territorium der Bundesrepublik hätte stattfinden können (wozu es praktisch sicher nicht gekommen wäre). Auf jeden Fall war die Spaltung Rest-Deutschlands erst jetzt komplett.

Schon bis zu diesem Zeitpunkt war die Entwicklung in Ost- und Westdeutschland so weit auseinandergelaufen, daß selbst wenn sich die Großmächte über die Wiedervereinigung politisch einig geworden wären, die praktische Zusammenführung der deutschen Teilstaaten ein kompliziertes Vorhaben von mehr als zwanzig Übergangsjahren bedeutet hätte (so errechnet von Experten der Bundesregierung Ende der 60er Jahre; selbst die Wiedereingliederung des Saarlandes nach nur fünfjähriger Verwaltung durch Frankreich dauerte länger als zehn Jahre!). Die totale Trennung der Deutschen durch den Mauerbau mußte nun jedoch die Gefahr stärken, daß sich unser Volk so auseinanderlebt, daß es seine nationale Substanz verliert. Diese Gefahr spüren wir Flüchtlinge wahrscheinlich am deutlichsten. Wir nehmen hier (wie das bei uns eben üblich ist) an der allgemeinen Entwicklung teil, lernen auch immer mehr die Welt kennen, und stellen durch die Verbindungen in die alte Heimat fest, wie sie drüben mit ihren Problemen auf der Stelle treten.

Schließlich wurde deutlich, daß die Nachfolger des 1964 gestürzten Chruschtschow, die Troika Breschnew, Kossygin, Podgorny, viel weniger zu politischen Zugeständnissen und Experimenten bereit war als ihr Vorgänger. Seit der Bukarester Gipfelkonferenz des Warschauer Paktes von 1966 wiederholten Moskau und seine Zwangsverbündeten monoton folgende Forderungen als Grundvoraussetzung für praktische Regelungen im Interesse der Menschen:

— Anerkennung der durch den Zweiten Weltkrieg entstandenen Grenzen, d.h. der Oder-Neiße-Grenze als Westgrenze Polens und der Zonengrenze als westliche Staatsgrenze der DDR;
— Anerkennung der DDR als eines souveränen und gleichberechtigten zweiten deutschen Staats;
— Anerkennung West-Berlins als einer besonderen politischen Einheit;
— Verzicht der Bundesrepublik Deutschland auf Kernwaffen;
— Abkommen über Gewaltverzicht bei der Lösung politischer Streitfragen;
— Aufnahme von diplomatischen Beziehungen aller europäischen Staaten untereinander, d.h. auch zur DDR;
— Aufnahme beider deutschen Staaten in die UN;
— Einberufung einer gesamteuropäischen Sicherheitskonferenz und Abschluß eines europäischen Sicherheitssystems;

— Verhandlungen über allgemeine Abrüstung und Auflösung der Militärbündnisse.

Die Beharrlichkeit bei der Wiederholung dieser Forderungen, verbunden mit der demagogischen Frage: wie man denn mit jemandem zu humanitären Regelungen kommen wolle, von dem man ansonsten sage, daß es ihn gar nicht gebe, zeigten im Westen mehr und mehr Wirkung. Vor allem wurde verkannt, daß diese Forderungen aus schwerwiegenden inneren Problemen des Sowjetblocks erwuchsen und erneut die Richtigkeit der These bewiesen, daß im Sowjetsystem die Innenpolitik die Priorität vor der Außenpolitik einnimmt. Anstatt also nach den innenpolitischen Hintergründen und Zwängen für die Anerkennungsforderung zu fragen und zu forschen, wurden von der herrschenden politischen und publizistischen Mehrheit des Westens die außenpolitischen Vorwände der Sowjets für bare Münze genommen.

Die innenpolitische Notwendigkeit für die Anerkennungsforderung ergab sich aus zwei Problemkomplexen: der eine lag in den bereits beschriebenen Dauersorgen des Systems: mangelnde Effektivität, Zurückbleiben hinter dem Westen, Unzufriedenheit in der Bevölkerung; der zweite ergab sich aus der Verweigerung der völkerrechtlichen Anerkennung all jener »Realitäten«, die die sowjetische Machtpolitik seit Ende des Zweiten Weltkrieges geschaffen hatte, seitens der Westmächte. Und dieser zweite Komplex war für das System sogar weitaus gefährlicher als der erste.

Solange nämlich durch die völkerrechtliche Nichtanerkennung die Möglichkeit bestand, daß sich an der von der Sowjetunion geschaffenen Lage noch etwas ändern könnte, wurde das Sowjetimperium auch von der Funktionärsschicht als Interim betrachtet. Das hatte praktische und psychologische Folgen. Die praktischen zeigten sich in den immer wiederkehrenden Bestrebungen einzelner

Ostblockstaaten, sich aus der sowjetischen Bevormundung zu lösen oder gar vom Ostblock zu trennen (17. Juni 1953, Polenkrise 1956 und 1970, Ungarn-Aufstand 1956, Prager Frühling 1968). Die psychologischen Folgen waren nur für den Insider wahrnehmbar. Sie lagen in zu vorsichtiger, abwartender, Hintertürchen auflassender, sich nach allen Seiten absichernder Verhaltensweise der Funktionärsbürokratie (... es könnte ja mal anders kommen ...).

Diese politisch-psychologische Labilität prägte insbesonder die innere Situation der DDR. Alle Härte, Propaganda, außenpolitische Erfolge und völkerrechtliche Anerkennung bei und durch Drittstaaten hatten nicht vermocht, aus der DDR im Bewußtsein ihrer eigenen Bürger wirklich einen Staat zu machen. Nur die Anerkennung durch die Bundesrepublik Deutschland und die drei Westmächte vermochte dieses Dilemma zu lösen, nur durch uns konnte die DDR zum Staat gemacht werden und damit auch für den gesamten Ostblock den labilen Interimszustand beseitigen.

Diese Zusammenhänge wurden von der Mehrheit des Westens durch ein Mißverständnis verdrängt, das sich noch immer fortsetzt: gemeint ist die Annahme, in der DDR habe sich ein eigenes Staatsbewußtsein herausgebildet, und die Bevölkerung habe sich mit dem System und der Zweistaatlichkeit abgefunden, ja sogar arrangiert. Als Beweise für diese Annahme mußten unter anderem herhalten, daß die Jugend drüben in der Terminologie des Marxismus/Leninismus spricht, und daß die Arbeiter stolz auf ihre Leistungen sind. Daß gerade die Jugend in ihrer Mehrheit nicht für das System zu gewinnen ist, schreit uns tagtäglich aus allen östlichen Publikationen entgegen. Seit Jahrzehnten beklagt nun schon die Partei, daß ihr die Jugend nur nach dem Munde redet, daß sie bei Prüfungen, Bewerbungen, Fortbildungskursen usw. das sagt oder schreibt, was die Prüfer hören wollen —

nach Erreichen des jeweiligen Berufs- oder Bildungsziels zieht sie sich jedoch wieder in die gesellschaftspolitische Lethargie und Unansprechbarkeit zurück. Es kommt hinzu, daß die jungen Menschen den Großteil der noch zu uns gelangenden Flüchtlinge ausmachen, und daß sie auch die Masse der auf 500000 geschätzten Antragsteller der DDR auf Übersiedlung in den Westen bilden.

Und der Stolz der Arbeiter auf erbrachte Leistungen hat ausschließlich mit dem »Wie« der Arbeitsbedingungen und nicht das geringste mit Sympathien für das kommunistische System zu tun. Welch beleidigendes Unwissen über das Können der Automobilbauer aus Sachsen und Thüringen (die einst mit »Horch«, »Wanderer«, »BMW« und »DKW« Wagen von einsamer Spitzenklasse produzierten), wollte man annehmen, sie seien stolz auf »Wartburg« oder gar »Trabant«! Auch für die mitteldeutschen Buchdrucker, Textilarbeiter, Feinmechaniker oder Möbelhersteller ist das, was sie produzieren, eine blamable Zumutung, deren sie sich eher schämen. Wenn die Arbeiter drüben gegenüber unwissenden westdeutschen Schwätzern ihre Leistungen dennoch verteidigen, dann tun sie es, weil sie wissen, daß wir verwöhnten Westdeutschen, die seit dem Marshall-Plan nur noch aus dem Vollen zu wirtschaften verstehen, unter ihren Bedingungen nicht einmal »Wartburgs« oder »Trabants« zusammenbrächten. Was sie drüben an Leistungen vollbringen, geschieht nicht für das System, sondern trotz des Systems.

Für dieses grundsätzliche Ost-West-Mißverständnis (das auch so alt ist wie die Frage, ob und was sich denn am System des Sowjet-Sozialismus im Lauf der Jahre ändere, geändert habe oder ändern könne), konnte man bis zum »Prager Frühling« im ersten Halbjahr 1968 oder zur polnischen und ungarischen Entwicklung seit Sommer 1980 noch einige logisch klingende Argumente anführen. Seit sie jedoch bewiesen haben, wie schnell die erstarrte Einparteien-Diktatur in ein pluralistisches System nach westlichem Muster umschlagen kann; wie Menschen, die über Jahrzehnte das amtlich verordnete Parteichinesisch gesprochen haben, plötzlich über Nacht wieder normal reden und debattieren können; wie schnell die Jugend Fahnenappelle, militärischen Drill und (wie die Alten) die Parteisprache vergißt; kurzum: seit sie bewiesen haben, wie schnell sich das »Wie« des gesellschaftlichen Lebens (»das System«) nach westlichen Prinzipien zu ordnen beginnt, wenn nur der zentrale Druck der Diktatur verschwindet — seit diesen Ereignissen sollte kein Verständnis mehr für jene aufgebracht werden, die uns ein Arrangement der östlichen Bevölkerungsmehrheit mit dem System des Sowjet-Sozialismus einreden wollen. Das gilt übrigens nicht nur für die DDR und Osteuropa: Rotchina beweist seit dem Tode Maos, daß sich auch die Völker anderer Kulturkreise nicht so grundsätzlich von uns unterscheiden, wie uns jahrelang einzureden versucht wurde. Der menschenunwürdige Drill und Kult mit der »Mao-Bibel« (dem roten Sprüchebüchlein) war über Nacht vergessen, als die Parteidiktatur gelockert und das »Sprücheklopfen« nicht mehr verlangt wurde. Praktisch über Nacht auch benehmen sich die »blauen Ameisen«, die doch gestern noch ihr höchstes Glück in kollektiver Schufterei zu sehen schienen, wie normale Menschen: streben nach individueller Kleidung, junge Menschen möchten sich wieder lieben, sich gegenseitig Zärtlichkeiten schenken, sie tanzen nach westlicher Musik, trinken plötzlich Coca Cola (während sie gestern noch vorgaben, dieses »imperialistische Gift« zu verabscheuen); kurzum: aus maschinenähnlichen kollektivistischen Arbeitsbienen wurden über Nacht wieder ganz normale Einzelwesen.

Das Märchen vom Arrangement der Bevölkerung mit dem System des Sowjet-Sozialismus ist eine Glanzleistung der Abteilungen Desinformation aller kommunistischen Geheimdienste. Es fällt im Westen vor allem deshalb auf fruchtbaren Boden, weil sich mit ihm am leichtesten das Nichtstun für unsere Mitmenschen drüben erklären läßt ... (die wollen es ja nicht anders!) ... Dabei geht den Kolporteuren dieses Märchens nicht einmal auf, daß es für unser Ansehen in der Welt ja nichts Beschämenderes gäbe, als wenn uns Deutschen nachgewiesen werden könnte, daß wir wie einst dem braunen Totalitarismus nun auch dem roten nachlaufen. Die Achtung vor uns selbst sollte uns gebieten davon auszugehen, daß der Drang nach all den vielfältigen Freiheiten, die wir Westdeutschen genießen, bei den Bürgern drüben weder anders noch geringer ist als bei uns.

Entspannung — Normalisierung — Friedenssicherung Die Irrtümer der 70er Jahre

Die erste Bundesregierung der Koalition aus SPD und FDP unter Bundeskanzler Brandt und Außenminister Scheel von 1969 trat mit dem außenpolitischen Ziel an, der Aussöhnung Deutschlands mit unseren westlichen Nachbarn nun die Herstellung gutnachbarlicher Beziehungen zum Osten folgen zu lassen. Die deutsche Außenpolitik, bis dahin hauptsächlich nach Westen orientiert, sollte durch eine aktive Ostpolitik auf ein »zweites Bein« gestellt werden. Über ein geregeltes Nebeneinander wollte man zu einem Miteinander kommen, um über die so geförderte *Entspannung* zwischen den Staaten und Blöcken auch endlich die *Normalisierung* der Beziehungen nach Osten zu erreichen, was im Ergebnis dann der *Friedenssicherung* dienen werde.

Mit dem Abschluß der »Ostverträge« (dies wurde zum Sammelbegriff für den Moskauer Vertrag vom August 1970, den Warschauer Vertrag vom Dezember 1970, das Berlin-Abkommen der vier Großmächte vom September 1971, den deutsch-deutschen Grundlagenvertrag vom November 1972 und den Vertrag mit der CSSR vom Dezember 1973) hat die Bundesrepublik Deutschland im wesentlichen jene völkerrechtlichen Handlungen vollzogen, die der Sowjetblock seit 1966 als Ausgangspunkt und Voraussetzung für sachliche Regelungen gefordert hatte: Die Verträge beschreiben den bestehenden Zustand in Europa als Realität, und die Vertragspartner verpflichten sich, diesen nicht gewaltsam zu verändern; die Bundesrepublik Deutschland und die DDR sind inzwischen vollberechtigte Mitglieder der Vereinten Nationen; die Westmächte haben mit Ostberlin diplomatische Vertretungen ausgetauscht; in Helsinki hat die europäische Sicherheitskonferenz stattgefunden und mit dem verabschiedeten Schlußdokument die von der Bundesregierung geschlossenen zweiseitigen Verträge auch noch international bekräftigt.

Als Gegenleistung für diese Völkerrechtsakte haben die jeweiligen Vertragspartner der Bundesregierung durch einfachen Schriftwechsel mitgeteilt, welche menschlichen Erleichterungen sie in ihrem Herrschaftsgebiet zu gewährleisten gedenken. Diese humanitären Maßnahmen sind also nicht Bestandteil der Verträge und somit auch jederzeit einseitig revidierbar (markanteste Beispiele: Erhöhung des Zwangsumtausches 1974 und Beschränkung journalistischer Arbeitsmöglichkeiten 1979). Das stand schon während der Verhandlungen fest und konnte eigentlich auch gar nicht anders sein. Denn wenn sich die Sowjetunion und ihre Vasallen nach offizieller Bekundung als souveräne Völkerrechtssubjekte verstehen und folglich keine Einmischung in ihre inneren Angelegenheiten dulden können, dann ist ihnen auch nicht zuzumuten, mit sich überhaupt darüber reden zu lassen, wie sie ihren Reiseverkehr ordnen, welche Zeitungen sie einführen lassen und welchem Personenkreis sie Aussiedlung oder Einbürgerung gestatten. Die seit 1972 schrittweise gewährten menschlichen Erleichterungen wurden also von der östlichen Seite (aus ihrer Sicht nicht einmal unbegründet) als eine großzügige Geste, gewissermaßen als Vertragszugabe, betrachtet.

Dennoch ist unbestritten, daß diese Vertragspolitik, sowie die humanitären Vereinbarungen in der Schlußakte der Konferenz über Sicherheit und Zusammenarbeit in Europa (KSZE) von Helsinki 1975 neben dem gesteigerten Wirtschaftsverkehr auch die Möglichkeit der privaten gesamtdeutschen Begegnungen verbessert haben. Auch ich selbst — der ich ja für alle drüben Wohnenden als einer der schlimmsten Verräter zu gelten hatte, von dem man sich offiziell distanzierte, um nicht in Schwierigkeiten zu kommen — kann heute wieder Fäden anknüpfen, die jahrelang abgerissen waren. Zwar darf ich nach wie vor nicht in die DDR. Daran dürfte sich auch sobald nichts ändern. Aber das übrige östliche Lager ist mir nicht mehr generell verschlossen. So sind Begegnungen mit alten Freunden, die entweder das Rentenalter noch nicht erreicht haben oder denen als »Geheimnisträger« der Westen auch nach der Pensionierung unerreichbar bleibt, inzwischen in einigen Ostblockstaaten möglich.

Die folgenden Bemerkungen zu den Stichworten Entspannung — Normalisierung — Friedenssicherung gründen sich daher nicht nur auf eigene Erfahrungen. Sie sind vielmehr Ergebnis vielfältigen Gedankenaustausches mit politischen Freunden von drüben, deren Werdegang meinem eigenen ähnlich ist. Es sind größtenteils ehemalige Sozialdemokraten (oder aus sozialdemokratischen Familien stammend), aber auch linke Liberale, Christdemokraten und gemäßigte Kommunisten. Wir alle haben unsere speziellen Entwicklungsphasen durchgemacht, und wir alle haben — teils mehr, teils weniger — an die Erfüllung unserer irdischen Wünsche in einem System des rechtsstaatlich-demokratischen Sozialismus geglaubt, nur wenige glauben daran noch immer. Die meisten meiner Freunde, insbesondere die noch lebenden politischen Weggefährten meiner Eltern, stehen heute am Rande der DDR-Gesellschaft, ohne Einfluß, einige aus allen Ämtern verdrängt, degradiert, beargwöhnt, manche zu »Parteifeinden« erklärt. Das liegt nicht etwa daran, daß sie ihre Grundauffassungen geändert hätten, sondern es erklärt sich aus der seelenlosen Bürokratisierung des Sowjet-Sozialismus und dem damit verbundenen Aufsteigen einer neuen undemokratischen und prinzipiell inhumanen Funktionärskaste. In meinem Geburtsort Helbra zum Beispiel ist der ehemalige Hitlerjugendführer Bürgermeister und SED-Funktionär. Widerstandskämpfer aus der NS-Zeit müssen sich von Aktivisten und Mitläufern des Nationalsozialismus über »sozialistische Demokratie« belehren lassen. Das ist der Grund dafür, daß bei Wiederbegegnungen all die Themen, über die wir uns früher die Köpfe heiß redeten: die innere Ordnung des Sozialismus, Demokratisierung, Selbstverwaltung, Rechtsstaatlichkeit — heute so gut wie keine Rolle mehr spielen. Die alles beherrschenden Fragen der Gegenwart drüben sind die Menschen- und Bürgerrechte und die Hoffnung auf Reform des Systems. Jeder politische Schritt des Westens wird daran gemessen, ob und in welchem Maße er diesem Grundanliegen der Bürger dient. Und alle politischen Formeln, Slogans, Schlagworte, Absichtserklärungen usw. werden auf ihre Wahrhaftigkeit hin geprüft, weil man drüben auf nichts so abweisend reagiert, wie auf Tatsachen vernebelnde oder Tatsachen verfälschende Schlagworte.

Stichwort Entspannung: Es drückt aus, daß es Spannungen gab bzw. gibt, die gutnachbarliche oder freundschaftliche Beziehungen der Staaten und Völker behindern oder gar verhindern. Spannungen zwischen Staaten, Gruppen, Blöcken, anderen gesellschaftlichen Kräften oder zwischen Einzelpersonen gab es, gibt es, kann es und wird es immer wieder geben. Wer ernsthaft entspannen will, muß zunächst zum Kern der Spannungen vorzudringen versuchen. Nur wenn man die Ursachen kennt, kann man auch die Spannungen selbst beseitigen.

Als Kern und Ursache aller Spannungen zwischen Ost und West können meine Freunde und ich jedoch keine geringere Realität feststellen als die zwischen dem sowjetischen ideologisch-dogmatischen Totalitarismus auf der einen und den parlamentarisch-demokratischen Rechtsordnungen des Westens auf der anderen Seite. Solange die Sowjetführung an der seit Stalin gültigen Doktrin des Marxismus/Leninismus festhält, wonach die Sowjetunion die Vollstreckerin des historisch unausweichlichen Übergangs zum Sozialismus (so wie sie ihn versteht) ist; solange sie dort, wo sie Einfluß gewinnt, diese Entwicklung betreibt; sie Staaten und Völker, denen sie diese Entwicklung aufzwang, nicht wieder in die bürgerlich-westliche Ordnung entläßt (Breschnew-Doktrin von der verminderten Souveränität sozialistischer Staaten); und solange sie alle politischen, wirtschaftlichen, gesellschaftlichen und kulturellen Bewegungen daraufhin prüft, ob sie dieser Entwicklung dienen oder schaden und nur solche unterstützt, die ihren »Sozialismus« fördern — solange war und ist wirkliche Entspannung unmöglich.

Vergleicht man die Zeit des vielverschrieenen »Kalten Krieges«, die 50er und 60er Jahre, mit den als das beginnende Entspannungszeitalter gepriesenen 70er Jahren, dann sind die Unterschiede minimal. Die Gipfelkonferenzen in Berlin, Genf, Wien, der berühmte »Geist von Camp David« beim Treffen zwischen Chruschtschow und Eisenhower — sie alle sollten auch schon Schritte zur Entspannung sein. Sie bremsten den Sowjetisierungsprozeß im Osten nicht, brachten den Menschen drüben keine größeren Freiheiten und endeten meist mit neuen aggressiven Vorstößen der Sowjets. Gewiß: es gab zwischen 1962 (Kuba-Krise und Sturz Chruschtschows) und 1969 (militärische Beendigung des »Prager Frühlings« und sowjetisch-chinesischer Konflikt am Ussuri) den fast totalen Stillstand der Ost-West-Beziehungen. Aber dies lag nicht am »Kalten Krieg« seitens des Westens, sondern an den inneren Schwierigkeiten des Sowjetimperiums, und nichts garantiert, daß sich dies bei Führungswechseln oder anderen tiefgreifenden innenpolitischen Vorgängen in der Sowjetunion nicht wiederholt. Die Politik Gorbatschows seit 1985 gibt berechtigten Anlaß zur Hoffnung — gesichert ist sie (auch nach seinen Aussagen) noch nicht.

Die Entspannungspolitik der 70er Jahre hat auch den sowjetischen Expansionsdrang nicht im mindesten gebremst. Die Unterstützung sogenannter Befreiungsbewegungen in der Dritten Welt — markanteste Beispiele: die militärischen Interventionen in Angola mit Beteiligung von Truppen aus Kuba und den Warschauer-Pakt-Staaten am Horn von Afrika; der Überfall Vietnams auf Kambodscha — übersteigt die friedliche Entwicklungshilfe des Sowjetblocks um ein Vielfaches. Die Auf- und Umrüstung der Armeen des Warschauer Paktes, was im Ergebnis das konventionelle Kräfteverhältnis noch weiter zugunsten des Sowjetblocks verschoben hat, wie die weitere Militarisierung der Gesellschaften des Warschauer Paktes (Einbeziehung der sogenannten Betriebskampfgruppen in die Militärverbände, die Einführung sogenannter Wehrerziehung an den Schulen und Erziehung zum Haß gegenüber dem Westen) gehörten ebenso zur Entspannungspolitik, wie die atomare Aufrüstung der Sowjetunion (von der maßgebende Beobachter des Westens annehmen, daß sie die USA eingeholt hat und selbst die vorsichtiger Rechnenden betonen, daß der Unterschied nur noch unbedeutend ist). Weder im Innern noch nach außen hat die Entspannungspolitik den grundsätzlich aggressiven Charakter des Sowjet-Sozialismus gemildert.

Stichwort *Normalisierung:* Hier zeigen vor allem die vielen Briefe, die mir und unseren Redaktionen von drüben zugehen, daß wir Deutschen uns im Grunde weit weniger auseinandergelebt haben, als dies die gewaltigen Unterschiede der Systeme vermuten lassen müßten. Das heißt: was wir Westdeutschen als »normal« empfinden und daher als selbstverständlich und gar nicht anders vorstellbar tun oder lassen, möchten sie drüben auch. Kein Brief, in dem nicht vor allem der Wunsch nach freien Reisemöglichkeiten geäußert wird. Flüchtlinge, Übersiedler und freigekaufte Häftlinge von drüben nennen vor allen anderen materiellen Wünschen, die sie sich im Westen erfüllen möchten, an erster Stelle den Wunsch nach einer Auslandsreise. Wir Westeuropäer haben uns ja längst daran gewöhnt, daß es für uns praktisch kaum noch Grenzen gibt. Fahrten innerhalb der Europäischen Gemeinschaft sind so einfach wie Inlandsreisen, in das übrige westliche Ausland kommt man ähnlich unbürokratisch — ein gültiger Personalausweis oder Paß (und natürlich das erforderliche Geld, Schecks oder Kreditkarten) reichen aus. Selbst in der Zeit der härtesten ost-westlichen Stagnation und Konfrontation (zwischen 1962 und 1970) war uns Westdeutschen und auch westlichen Ausländern die DDR nicht total verschlossen. Reisen nach drüben waren möglich und wurden wahrgenommen. Für private und familiäre Anlässe war Bundesbürgern eine Reise jährlich gestattet, bei geschäftlichen Anlässen (und viele verbanden das Private mit dem Geschäftlichen) so viele wie notwendig. Diese Möglichkeiten wurden von Millionen genutzt.

Seit den Verträgen sind auch aus privatem Anlaß Mehrfachreisen pro Jahr erlaubt, auch darf man seitdem seinen PKW benutzen. Dies hat die Zahl der Grenzpassagen (die Statistiker nennen es den grenzüberschreitenden Verkehr) von hier nach drüben sprunghaft in die Höhe schnellen lassen. Die Bundesregierungen stellten diese Zahlen auch immer als einen der Glanzpunkte ihrer Deutschlandpolitik heraus, obwohl sie kaum Aussagewert dafür haben, ob sich damit auch real mehr Menschen aus Ost und West begegnen können als früher. Die zum Teil erschütternden Klagen in den Briefen von drüben schilderten, daß durch die Abgrenzungspolitik der DDR gegenüber der Bundesrepublik (indem man selbst kleine und mittlere Angestellte und Lehrer zu »Geheimnisträgern« machte) der Personenkreis, der drüben »Westkontakte« haben darf, seit 1971 sogar erheblich kleiner geworden war. Konnten sich zum Beispiel früher 100 Bürger einmal im Jahr sehen, dann waren es zunächst nur noch 70 — da diese aber im Durchschnitt dreimal fuhren, war die Zahl der Grenzüberschreitungen dennoch von 100 auf 210 gestiegen, und nur dies wurde in Regierungsberichten gewürdigt. Die Politik der Regierungen von CDU/CSU und FDP seit 1982 hat fühlbare Fortschritte gebracht. Dennoch: Die allgemeine Unsicherheit und Ungewißheit darüber, ob man überhaupt reisen darf und wen man drüben sehen und sprechen kann, mehr aber noch die Modalitäten des Reisens selbst: sechs Wochen vor Antritt sind die Anträge einzureichen; bis kurz vor der Abfahrt bleibt die Ungewißheit, ob sie genehmigt werden oder nicht; die Gefängnisbesuchen gleichende Art des Grenzübertritts mit den teilweise entwürdigenden Kontrollen durch DDR-Grenzsoldaten; Zwangsumtausch und Straßenbenutzungsgebühren; die Vorschriften über das, was man mitführen und mitbringen darf und über das Verhalten der Reisenden in der DDR — kurzum: all das, was in einem mehr als 50seitigen Ratgeber des Bundesministers für innerdeutsche Beziehungen für »Reisen in die DDR« als beachtenswert bekanntgegeben wird, lassen selbst für uns Westdeutsche eine Fahrt nach drüben so ziemlich zum Anomalsten werden, was es in unseren Lebensabläufen gibt. Doch noch weitaus unsicherer, bürokratischer und deshalb eben unnormaler verlaufen die Formalitäten für DDR-Bewohner, wenn sie nach Westen reisen möchten.

Wer könnte daher annehmen, daß das Erreichte für die Bürger drüben als »Normalisierung« gilt? In ihren Augen waren wir Westdeutschen schon vor den Verträgen Bevorrechtigte, wir konnten hin- und herreisen, auch wenn wir noch keine Rentner waren, — jetzt dürfen wir es mehrfach im Jahr und auch noch mit unseren protzigen Autos! Wir haben sie vorher schon mit unseren Paketen und Mitbringseln beschämt (denn sie leiden und litten darunter, daß sie sich bei ihrer permanenten Mangelwirtschaft nie gebührend, und wie sie es mit Freude tun würden, revanchieren können und konnten) — jetzt demütigen wir sie auch noch mit unserem Westgeld, wofür man drüben in den »Intershops« all das bekommt, was uns längst selbstverständlich, für sie jedoch unerreichbar, ist. Die Kontrolle der privaten westlichen Devisenströme durch Einführung nicht übertragbarer Intershop-Wertbons im April 1979 wurde daher für das SED-Regime unvermeidbar.

Ja, die politisch-psychologische Lage unserer Mitbürger drüben hat sich durch die Verträge, durch die UN-Mitgliedschaft und durch die KSZE-Schlußakte von Helsinki noch insofern verschärft, als drüben auf westliches Drängen hin publiziert wurde, welche Rechte sie durch die Charta der Vereinten Nationen, die Allgemeine Erklärung der Menschenrechte, den Internationalen Pakt über bürgerliche und politische Rechte, die Zusagen zum Grundvertrag und »Korb III« der Schlußakte der Helsinki-Konferenz nun auf dem Papier, das ihre Machthaber feierlich und vor Fernsehkameras unterzeichneten, gewonnen haben, und deren Inanspruchnahme vielen so unmöglich ist wie vor den Verträgen. Viele Briefe von drüben enthalten erschütternde Schilderungen darüber, wie Bürger der DDR nur dadurch in allergrößte Schwierigkeiten geraten sind, daß sie die Veröffentlichungen in ihren Zeitungen ernst nahmen und lediglich bei ihren Behörden anfragten, welche Antragsformulare sie für die nun möglichen Reisen denn auszufüllen hätten. Von Normalisierung sind wir noch weit entfernt. Jetzt handelt es sich um reglementierte und streng kontrollierte Vorgänge, die nach den bürokratisch-totalitären Regeln des östlichen Systems ablaufen, und die eher den Westen zu Anpassung, Wandel und Angleichung veranlassen als umgekehrt. Für die Bürger hat sich grundsätzlich keine Normalisierung der Lage ergeben. Was sich unter diesem Stichwort wirklich entwickelt hat, ist die *Formalisierung* der Beziehungen zwischen den Regierungen.

Der die Realitäten verfälschende Gebrauch des Wortes Normalisierung verbittert vor allem jene Mitbürger drüben, denen wir uns ganz besonders verpflichtet fühlen sollten: die bewußten und überzeugten Demokraten, die jeder Form von ideologisiertem Totalitarismus widerstanden und widerstehen. Jahrzehnte der Diktatur haben ihr Bewußtsein insbesondere für das Erkennen von Unwahrhaftigkeit und Täuschung geschärft. Wie unter Hitler und Stalin, so lassen sie sich auch heute nicht von propagandistischen Schlagworten täuschen. Die grundsätzliche Verlogenheit des Systems (die zum Prinzip erhobene Lüge, in der Wirklichkeit und Fiktion so vereint werden, daß nichts Helles entsteht, sondern die radikale Lüge selber Wirklichkeit wird — wie der große Philosoph Karl Jaspers das Wesen jedes Totalitarismus charakterisiert hat), macht sie schon gegen kleine Zwecklügen, Halb- oder Unwahrheiten hellhörig. Wer vermag sich im Westen das Ausmaß ihrer politischen Niedergeschlagenheit auszumalen, die sie dabei empfinden, daß die kleinen Segnungen dieser vermeintlichen Normalisierung drüben gerade den Zeitgenossen zukommen, die jedem System dienen, jedes demagogische Schlagwort nachplappern, jede Zwecklüge glauben, während die der Wahrheit und Freiheit verbundenen unbestechlichen Demokraten in den meisten Fällen weder nach Westen reisen noch Westbesuch empfangen dürfen?

Stichwort Friedenssicherung: In der Vorbereitungsphase der neuen Ost- und Deutschlandpolitik war eines der wichtigsten Argumente dies: der Sowjetunion (und zwar der Führung wie der Bevölkerung) sitze der Schock des deutschen Überfalls von 1941 nach wie vor tief im Bewußtsein. Daraus erkläre sich die fast unüberwindliche Angst vor uns Deutschen. Nicht anders sei es bei den Polen und Tschechen. Sie beurteilten daher die Forderungen von deutschen Vertriebenenorganisationen und einigen rechtskonservativen Blättern nach Revision der Ostgrenzen ernster als notwendig. Wenn man ihnen also durch Anerkennung der Realitäten in Verträgen über Gewaltverzicht mehr Sicherheit gebe, komme man auch in der Abrüstungsfrage weiter. Und wenn das Wettrüsten aufhöre, werde automatisch der Frieden sicherer.

Andere Stimmen unter den Befürwortern der Vertragspolitik räumten zwar ein, daß die in der Ostpresse geschürte Hysterie über den angeblichen kriegslüsternen deutschen Revanchismus nur Zweckpropaganda sei, an die die kommunistischen Führer selber nicht glaubten. Daraus zogen sie jedoch den Schluß, daß man ihnen durch die gewünschten Gewaltverzichtsverträge diese propagandistischen Vorwände für die Verweigerung von praktischen Regelungen auf humanitärem und militärischem Gebiet nehmen würde.

Diesen Überlegungen entsprang auch die Preisgabe des westlichen Widerstandes gegen die von den Sowjets geforderte gesamteuropäische Sicherheitskonferenz. Zwischen 1966 und 1969 hatte man das sowjetische Drängen nach all den gewünschten vertraglichen Regelungen noch durchaus richtig eingeschätzt: Da nämlich das Potsdamer Abkommen von 1945 (als letztes einmütig verfaßtes Dokument der ehemaligen Hauptkriegsgegner Deutschlands) die Einberufung einer Friedenskonferenz vorsieht, deren Ergebnis ein Friedensvertrag für Deutschland sein sollte, der allein die Rechte der Siegermächte aufheben kann, da diese Friedenskonferenz aber angesichts der Teilung Deutschlands und Europas weder zu erreichen noch zu bewegen gewesen wäre, die sowjetischen Kriegseroberungen (die von Moskau immer wieder herausgestellten »Realitäten«) in einem Friedensvertrag endgültig zu sichern, so versuchte daher die sowjetische Außenpolitik, diese Hindernisse durch zwei- und mehrseitige »Umwegabkommen« zu unterlaufen.

Mit den Ostverträgen und der Schlußakte der KSZE von Helsinki hat die Sowjetführung im wesentlichen erhalten, worauf es ihr ankam. Da an der KSZE neben allen europäischen Staaten auch die USA und Kanada vollberechtigt beteiligt waren, setzte Moskau dieses Ergebnis mit der im Potsdamer Abkommen geforderten Friedenskonferenz aller ehemaligen Kriegsgegner Deutschlands gleich. Für sie ist die deutsche Frage und das offene Problem eines Friedensvertrages mit ganz Deutschland damit (zumindest auf absehbare Zeit) erledigt. Für sie herrscht damit in Europa »Frieden«, Frieden, der durch gutwillig ausgehandelte Verträge »abgesichert« ist. Auch Gorbatschow, der mit »Perestroika« vieles in Bewegung gebracht hat, hält (noch?) an diesem Standpunkt fest.

Zu fragen ist, ob dies denn nun die »Friedenssicherung« ist, die die Völker ersehnen (oder ob wir ihr wenigstens gegenüber den 50er und 60er Jahren näher gekommen sind), oder ob nicht eher das eingetreten ist, wovor Herbert Wehner in der zitierten Rede von 1964 gewarnt hatte: daß wir uns nämlich durch den leichtfertigen und trügerischen Gebrauch der Worte Entspannung — Normalisierung — Friedenssicherung »dieser neuen Form des Mitläufertums« angeschlossen und das »Heucheln im internationalen Verkehr« gelernt und angewandt haben?

Friedenssicherung ist ebensowenig zu erreichen wie Entspannung, wenn nur an Symptomen laboriert und nicht zum Kern vorgedrungen wird. Wie die Ursache aller Spannungen in den total gegensätzlichen Systemen liegt, so hat die Kriegsgefahr ihre Wurzel in den unvereinbaren Ansichten über »Frieden«. Dogma Nummer eins der

Sowjetideologie ist auch noch in dem unter Gorbatschow abgeschwächten neuen Parteiprogramm, daß Frieden nur im Sozialismus möglich ist. Solange es privates Eigentum und Gesellschaftsverhältnisse mit freiem Wettbewerb und ungehinderter Öffentlichkeit gibt, schließt der Sowjet-Sozialismus Frieden aus. Die »friedliche Koexistenz« betrachtet er nicht als Frieden schlechthin, sondern als internationalen Klassenkampf. Friedliche Koexistenz soll nur den großen nuklearen Weltkrieg verhindern. Begrenzte Kriege, Revolutionen, Bürgerkriege, sonstige lokalisierbare militärische Auseinandersetzungen sind im Rahmen der friedlichen Koexistenz für den internationalen Klassenkampf zu planen, zu unterstützen und zu nutzen.

Mit geradezu zynischer Offenheit hoben die Führer des Ostblocks auf den Tagungen des Warschauer Paktes wie auf Veranstaltungen ihrer Parteispitzengremien hervor, daß die Vertragspolitik ein großer Sieg des Sozialismus war, der das imperialistische (sprich: das westliche) Lager geschwächt und günstigere Voraussetzungen für den internationalen Klassenkampf geschaffen habe. Und obwohl die bereits erwähnten Vorgänge in der Dritten Welt, die Aufrüstung des Warschauer Paktes und die Blockade ernsthafter Schritte in der Abrüstungsfrage die Standardthemen unserer Tagespresse waren, wurde von den Regierenden des Westens und ihren publizistischen Anhängern beschwichtigend versichert, dies sei nur für den innerkommunistischen Hausgebrauch gemachte Propaganda. Indem der Westen die Aussagen der östlichen Führer und ihrer Presse nicht ernst nimmt, und solange er nach dem selbstbetrügerischen Motto verfährt, daß nicht sein kann, was nicht sein darf, bewirkt er das Gegenteil von Friedenssicherung: er ermuntert die Sowjetführer zu neuen und weitergehenden außenpolitischen Vorstößen und vielleicht sogar zu militärischen Abenteuern.

In diesem Zusammenhang ist auf ein gleichermaßen tiefsitzendes Mißverständnis hinzuweisen wie im Zusammenhang mit der Frage des sogenannten DDR-Bewußtseins unserer Landsleute drüben. Auf militärpolitischem Gebiet beruht das Mißverständnis in der Annahme, der Warschauer Pakt betreibe seine gewaltige konventionelle Aufrüstung in der Absicht eines überraschenden Überfallkrieges gegen Westeuropa. Die immer wieder zitierte Möglichkeit, die östlichen Truppen könnten mit ihren auf das modernste ausgerüsteten motorisierten Schützenverbänden an einem Freitagmorgen (wenn Bundeswehr, Grenzschutz und alliierte Streitkräfte zum erheblichen Teil in den Wochenendurlaub verreist sind) losschlagen und am Sonntagabend am Rhein stehen, erhält nicht dadurch an realem Gewicht, daß sie auch hier und da von führenden westlichen Militärs genannt wird. In der Praxis stehen dieser theoretischen Möglichkeit reale Sicherheiten entgegen — und dies nicht erst seit Beginn der neuen Ostpolitik.

Ein Überraschungsschlag, wie ihn Hitlerdeutschland 1939 gegen Polen führte, ist heute aus dem Stand nicht mehr möglich. Ohne umfangreiche Aufmarsch- und Nachschubvorbereitungen für die rund 30 Divisionen in der DDR, der CSSR und Ungarn ließe sich ein solcher Angriff nicht führen. Diese Vorbereitungen würden jedoch sowohl von der konventionellen wie von der elektronischen Aufklärung des Westens erkannt. Es ist also davon auszugehen, daß der Westen entsprechende vorbeugende Maßnahmen ergreifen und auf einen Angriff vorbereitet sein würde. Die Eskalation müßte dann zwangsläufig in den nuklearen Weltkrieg führen, den die Sowjetführung aber nicht will.

Ein weiterer Faktor, der gegen die Möglichkeit eines Überraschungsschlages aus dem Osten spricht, ergibt sich aus dem westlichen Wirtschafts- und Gesellschaftssystem. Solange ich drüben tätig war, ist niemals im SED-

Politbüro darüber gesprochen worden, daß konkrete Pläne für die Besetzung und spätere sozialistische Umgestaltung der Bundesrepublik Deutschland ausgearbeitet werden sollten. Es gibt in der Sowjetideologie und -strategie überhaupt kein diskutables Konzept für die Übernahme einer intakten Wettbewerbswirtschaft in die sowjetsozialistische Planbürokratie. Wie mir berichtet wird, konzentriert sich auch heute noch die Kaderschulung für Auslandsfunktionäre auf die sozialistische Umwandlung von Gesellschaften ohne nennenswerte Industrie. Die Führung drüben weiß, daß Westeuropa im Chaos versinken würde, wenn es nach sowjetsozialistischen Methoden verwaltet werden sollte. Und schließlich geht man in der Ostblockführung davon aus, daß im Falle eines geglückten Vormarsches der roten Armeen bis an den Rhein die Ölzufuhr nach Deutschland und Europa unterbunden würde. Dies brächte den Zusammenbruch der Energiewirtschaft. Doch ohne Elektroenergie wären bei unserem heutigen technologischen Standard die 60 Millionen Westdeutschen nur noch aus dem Ostblock zu ernähren, wozu dieser nicht in der Lage ist.

Hieraus erhebt sich die Frage, welchen Zweck dann die überwältigende Rüstung des Sowjetblocks hat? Aus östlicher Sicht ergeben sich drei Gründe: Erstens erfordert der totalitäre Imperialismus der Sowjetunion ungleich größere bewaffnete Kontingente, als der Westen benötigt, weil weder die Sowjetunion selbst noch der Warschauer Pakt ohne die Sowjetarmee unter Kontrolle gehalten werden konnten; Armee und Kriegwirtschaft sind die noch am ehesten intakten Zweige des Sowjetsystems überhaupt. Daher kann die Sowjetführung zweitens sicher sein, wenigstens auf diesen Gebieten den Vorsprung gegenüber dem Westen zu behalten; denn in Friedenszeiten wird kein freigewähltes Parlament jemals einer Regierung solche Rüstungsausgaben bewilligen, wie sie zur Angleichung der Truppenstärken von Demokratien an die von

Diktaturen erforderlich wären. Und drittens war diese massive konventionelle Überlegenheit, die weit über das zur Verteidigung Notwendige hinausgeht, seit jeher die Voraussetzung für begrenzte militärische Aktionen des Kreml im Rahmen der friedlichen Koexistenz. Ob am 17. Juni 1953, beim Überfall auf Ungarn 1956, beim Einmarsch in die CSSR 1968, bei Vietnam und Afghanistan, — jedesmal stand hinter der militärischen Einzelaktion die gesamte konventionelle Übermacht der Sowjetunion und des Warschauer Paktes. Da dem die USA und die NATO nichts Gleichgewichtiges entgegenzusetzen hatten, stellte sich für sie jedesmal die Frage, ob sie wegen Ungarn oder der CSSR oder Vietnam oder Afghanistan (oder wegen welchem begrenzten Überfall auch immer) den Atomkrieg riskieren sollten.

Die Vertragspolitik der 70er Jahre hat an dieser ostwestlichen Grundkonstellation kein Jota gebessert. Sie hat der Sowjetführung vielmehr Vorteile hinzugefügt, indem sie den Kreml vom politisch-psychologischen Druck des europäischen Interims befreite, auf diese Weise zur inneren Stabilisierung des Sowjetblocks beitrug und durch die Selbsttäuschung mit der angenommenen Entspannung und Normalisierung so viel wirtschaftliches Entgegenkommen praktiziert wird, daß Moskau die Löcher, die seine Mißwirtschaft und die Rüstungslasten rissen, aus westlichen Lagern ausgleichen konnte. Die westeuropäische Kuh sollte also weder geschlachtet noch gestohlen werden, sondern möglichst lange und billig als Kraftspender für die Politik der friedlichen Koexistenz dienen.

Dieses Ziel unterstrich insbesondere der Ausbau des sowjetischen Raketensystems vom Typ SS 20. Diese Mittelstreckenrakete mit einer Reichweite von bis zu 5000 Kilometern konnte mit drei Atomsprengköpfen ausgerüstet werden. Elektronisch gesteuert hatte sie eine fast hundertprozentige Treffsicherheit. 800 dieser Raketen — mit einer atomaren Sprengkraft, die nach Angaben des ehemaligen Bundesverteidigungsministers Leber die 380000-fache Wirkung der Hiroshima-Bombe haben — waren seit 1980 auf Ziele in der Bundesrepublik Deutschland, in Belgien und den Niederlanden gerichtet, und pro Woche kam eine weitere Rakete hinzu. Da der Westen gegen diese Waffe nahezu machtlos war, ihr andererseits nur den totalen atomaren Gegenschlag der Vereinigten Staaten gegen die Sowjetunion entgegenzusetzen hatte, drängte sich die Befürchtung auf, daß am Ende der 70er Jahre, d.h. nach rund einem Jahrzehnt propagierter Politik der Entspannung, Normalisierung und Friedenssicherung nun doch auch die Bundesrepublik Deutschland sowie die Benelux-Staaten in das Kalkül begrenzter militärischer Operationen der Sowjetunion gerückt waren. Auf jeden Fall aber war die Gefahr der politischen, wirtschaftlichen und militärischen Erpreßbarkeit der Bundesrepublik und Westeuropas durch die sowjetische Überrüstung beängstigend gestiegen.

Die Standfestigkeit der neuen Bundesregierung Kohl / Genscher in der Nachrüstungsfrage 1983 (Stationierung von Mittelstreckenraketen) hat nicht nur diese Bedrohung gemildert. Sie hat vielmehr der Sowjetführung deutlich gemacht, daß der Westen sich nicht täuschen und durch bloßes Friedens- und Entspannungsgerede einschläfern läßt. Das militärische Risiko eines Überraschungsschlages gegen den Westen ist für die Sowjetunion zu hoch. Diese Politik hat zugleich deutlich gemacht, daß Waffen allein die Kriegsgefahr dann nicht erhöhen, wenn das Kräftegleichgewicht gewahrt bleibt und Kriege nicht mehr gewinnbar sind. Und diese Politik brachte der Sowjetunion die bittere Erkenntnis, daß sie die Rüstungsspirale überdreht hat. Die sozialistische Wirtschaft ist überfordert, sie droht am permanenten Aderlaß durch die Militärökonomie auszubluten. Die Annahme der sowjetischen Herausforderung des Westens (durch Vor- und Überrüstung) und deren Kontern durch die Nachrüstung (durch Verwirklichung des NATO-Doppelbeschlusses) hat den Frieden sicherer gemacht. Gerade die viel verschrieene »Politik der Stärke« hat den ersten wirklichen Entspannungsprozeß durch vertraglich vereinbarte und kontrollierte Vernichtung der Mittelstreckenraketen bewirkt.

Dank der Erfahrungen in der kommunistischen »Nomenklatura« sind die Lehren aus der vermeintlichen Entspannungspolitik der 70er Jahre für mich eindeutig:

Das Gezeter der kommunistischen Agitation und Propaganda über den angeblich aggressiven Charakter des westlichen Imperialismus sollte vom Westen einfach überhört werden. Die östlichen Geheimdienste arbeiten viel zu gut, als daß die dortigen Führer nicht wüßten, daß die NATO zu einem Angriffskrieg gegen den Warschauer Pakt überhaupt nicht fähig ist.

Indem wir aussprechen, daß wir über die Vorgänge im Osten unterrichtet sind (siehe Vor- und Überrüstung) und entsprechend deutlich und selbstbewußt reagieren, mildern wir die Gefahren, die aus Fehleinschätzungen kommunistischer Politiker und Militärs entstehen können.

Wirkliche Entspannung, Abrüstung und Friedenssicherung kann nur aus eindeutig geschlossenen Verträgen erwachsen, deren Einhaltung detailliert und vor Ort kontrolliert werden kann. Wenn der Osten solche Fortschritte braucht und will, wird er entsprechende Verträge schließen. Bloße »Klimaverbesserungen« unter den Mächtigen dieser Welt bei Staatsbesuchen und Konferenzen sind noch keine Politik für die Bürger.

Einseitige Vorleistungen, Vertrauensseligkeit und Beschwichtigungsdiplomatie führen zum Gegenteil von Entspannung. Sie ermuntern jene Kreise in der Führungsschicht, die immer noch vom Weltsieg des Sozialismus träumen und sich einer Perestroika nach innen wie nach außen verschließen.

Alexander Solschenizyn nannte die Ost-West-Wirtschaftsbeziehungen die unmoralischste Sache unserer Zeit, weil sie Zusammenarbeit mit Sklavenhaltern bedeute. Gäbe es nicht vielfältige andere Beweise, der Paragraph 80 des »Arbeitsgesetzbuchs« der DDR vom 16. Juni 1977 (man beachte die Infamie des Datums: am 16. Juni 1953 begann der Volksaufstand in Ostberlin!) macht allein deutlich, daß der Terminus »Sklavenhalterordnung« nach den Menschenrechtsprinzipien am Ausgang des 20. Jahrhunderts keine unzulässige Überteibung ist:

> *»Der Werktätige hat seine Arbeitspflichten mit Umsicht und Initiative wahrzunehmen. Er ist insbesondere verpflichtet, seine Arbeitsaufgabe ordnungs- und fristgemäß zu erfüllen, die Arbeitszeit und Produktionsmittel voll zu nutzen, die Arbeitsnormen und andere Kennzahlen der Arbeitsleistung zu erfüllen, Geld und Material sparsam zu verwenden, Qualitätsarbeit zu leisten, das sozialistische Eigentum vor Beschädigung und Verlust zu schützen und die Bestimmungen über den Gesundheits- und Arbeitsschutz und den Brandschutz sowie über Ordnung, Disziplin und Sicherheit einzuhalten.«*

Sind sich eigentlich die westlichen Wirtschaftskreise, die sich am Ostgeschäft beteiligen, der zynischen Demütigung bewußt, die gerade dieser Paragraph für die hinter Todesstreifen, Minengürteln und Sperrmauer gewaltsam festgehaltenen Arbeitnehmer des Ostens bedeutet? Mehr noch wird von drüben gefragt, welche Empfindungen wohl westliche Gewerkschaftsführer haben mögen, wenn sie Freundlichkeiten mit jenen kommunistischen »Gewerkschafts«-Funktionären austauschen, die diesem Paragraphen im DDR-Arbeitsgesetzbuch (der sich übrigens in ähnlicher Form auch in den Arbeitsgesetzen der anderen

Staaten des Sowjetblocks findet) einstimmig mitbeschlossen haben, und für dessen Einhaltung sie in den Staatsbetrieben sorgen?

Noch wichtiger als diese moralische Bewertung ist jedoch die Prüfung jener Faktoren, die dem Ost-West-Geschäft im Rahmen der Entspannungspolitik zugeschrieben werden: Durch erweiterte und verbesserte Wirtschaftsbeziehungen soll die mit den Verträgen eröffnete Vertrauensbasis untermauert werden und eine Entwicklung einleiten, die »von der Konfrontation zu Kooperation« führt. Und diese Kooperation soll bewirken, daß der östliche Rückstand gegenüber dem Westen im allgemeinen Produktionsniveau sowie im Lebensstandard so schnell wie möglich überwunden wird. Schon die These Egon Bahrs vom »Wandel durch Annäherung« ging davon aus, daß ein wesentlicher (wenn nicht gar der ausschlaggebende) Teil des östlichen Bestrebens nach Abriegelung der Grenzen, Unterbindung von Westkontakten der Bevölkerung und ideologischer Abgrenzung gegen westliche Informationen, Ideen und Meinungen aus einer Art »Arme-Leute-Komplex« herrührte. Wenn es also gelänge, so wurde geschlußfolgert, durch kräftige Wirtschaftsspritzen aus dem Westen den Sowjetsozialismus auf »kapitalistisches« Niveau zu heben, dann schwinde bei den Führungen drüben der Minderwertigkeitskomplex, bei den Bürgern der Drang zur Abwanderung, und damit entfiele von selbst die Notwendigkeit von Mauern und Todesstreifen.

Diese politischen Überlegungen fanden Mitte der 60er Jahre eine vielbeachtete wissenschaftliche Untermauerung durch den niederländischen Nationalökonomen Jan Tinbergen. Die von ihm begründete »Konvergenztheorie« glaubte nachweisen zu können, daß der allgemeine technische Fortschritt (die zweite industrielle Revolution) die unterschiedlichen Systeme in Ost und West zwangsläufig angleichen werde. Der revolutionäre technologische

Wandel, verbunden mit der Komputertechnik, zwinge den Westen zu immer mehr Eingriffen des Staates in das Wirtschaftsgeschehen (er nähere sich somit dem Osten an), während der gleiche Vorgang im Osten die dortigen zentralistischen Staatsbürokratien ebenso zwangsläufig zur Dezentralisierung veranlassen müsse (also zu einer Angleichung an den Westen), was im Ergebnis den Abbau des Totalitarismus bringe. An irgendeinem Punkt gleichen technologischen und produktiven Standes würden sich Ost und West treffen und dann auch fast deckungsgleiche gesellschaftspolitische Strukturen angenommen haben.

Aufgrund meiner Herkunft aus dem östlichen Wirtschaftsapparat und der noch immer dorthin reichenden persönlichen Kontakte und Interessen spielten und spielen diese Theorien sowie alle mit dem Ost-West-Wirtschaftsverkehr zusammenhängenden Fragen naturgemäß die Hauptrolle bei jedem Gedankenaustausch mit Freunden von drüben. Und wie im Falle der Mißverständnisse über ein vermeintlich gewachsenes DDR-Bewußtsein in der Bevölkerung drüben oder bezüglich der strategischen Absichten, die hinter der gewaltigen Sowjetrüstung stecken, so herrscht nach unserer Ansicht im Westen noch größere Unklarheit über die Rolle der Wirtschaftsbeziehungen im Ost-West-Konflikt.

Zunächst muß der vom Osten genährten Legende widersprochen werden, der Osthandel (und damit die wirtschaftliche Entwicklung des Sowjetblocks) sei durch den »Kalten Krieg« behindert worden. Das trifft nicht einmal auf den Zeitraum des Korea-Krieges zwischen 1950 und 1953 zu, als es das bisher strengste Embargo gegen den Osten überhaupt gegeben hatte. Inzwischen haben viele östliche wie westliche Experten bestätigt, daß es auch in dieser Zeit dem Sowjetblock gelang, über Drittmärkte alles das einzuführen, was er haben wollte. Der Unterschied zu »normalen« Handelszeiten bestand lediglich darin, daß man in diesen Jahren hauptsächlich bar Kasse zahlen und auf Kompensationsgeschäfte verzichten mußte. Es braucht deshalb auch nicht auf die törichte Forderung eingegangen zu werden, man solle den Osthandel blockieren oder als politisches Druckmittel benutzen. Wenn wir nicht den freien Weltmarkt zerstören und damit uns selbst den größten Schaden zufügen wollen, kann der Osthandel gar nicht unterbunden werden. Das sogenannte Röhrenembargo, mit dem die Bundesregierung nach dem Bau der Berliner Sperrmauer die Lieferung von Großrohren an den Osten untersagte, die für die Erdölleitung »Freundschaft« aus dem Kaukasus nach Schwedt bei Frankfurt an der Oder bestellt waren, ist in doppelter Hinsicht ein lehrreiches Beispiel: Es zeigte zum einen, daß der Westen nicht zu einheitlichem Vorgehen beim Osthandel zu bewegen ist; als den westdeutschen Firmen das Röhrengeschaft nicht genehmigt wurde, sprangen britische ein. Und zum anderen bewies der Osten, daß ihm westliches Rentabilitätsdenken völlig fremd ist; denn obwohl die Briten nicht in der Lage waren, Rohre entsprechend den westdeutschen Ausmaßen zu liefern, wodurch die Leistungsfähigkeit dieser Pipeline nur etwa 50 Prozent der übrigen Projektion (Pumpen, Lager, Verarbeitung usw.) erreichte und so zu einer (nach realen volkswirtschaftlichen Rentabilitätsrechnungen) eklatanten Fehlinvestition wurde, ließen Moskau und Ostberlin nicht von dem Vorhaben ab.

Ebenfalls ins Reich der Legende gehört die Vorstellung, daß wir mit unseren Lieferungen im Osten einen politischen Wandel auslösen könnten. Weder der Wettlauf westlicher Firmen nach Osten während Lenins »Neuer Ökonomischer Politik« (NEP) zu Anfang der zwanziger Jahre, noch die deutsch-sowjetische wirtschaftliche »Bündnisblüte« während des Hitler-Stalin-Paktes zwischen 1939 und 1941, noch die wirtschaftliche Kriegsbrücke des Pacht- und-Leih-Vertrages zwischen Moskau und Washington zwischen 1942 und 1945 (praktisch eine 15-Milliarden-Dollar-Schenkung der USA, bestehend aus Wirtschaftsgütern und kompletten Fabriken) — und auch nicht die rund 100-Milliarden-Reichsmark-Kriegsbeute in Form von Demontagen und unbezahlten Zwangsexporten aus der deutschen Sowjetzone und Osteuropa zwischen 1945 und 1953 haben den geringsten demokratischen Wandlungsprozeß im Sowjetsystem ausgelöst. Das Gegenteil war der Fall: jedesmal, wenn der Westen dem Sowjetsystem über die von ihm selbst verursachten Krisen hinweggeholfen hatte, fühlten sich die Machthaber stark genug, ihre Vorstellungen vom Aufbau des Sozialismus voranzutreiben. Der wirtschaftlichen Erholung durch die westliche Kraftspende während Lenins Neuer Ökonomischer Politik folgte die Stalin'sche Kollektivierung der Landwirtschaft und die Komplettierung der zentralistischen Planbürokratie. Ihre verheerenden Folgen mußten Millionen Menschen mit Verbannung und Tod in der Periode der »Großen Säuberung« von 1935 bis 1939 bezahlen. Die Kraftspende aus dem Pacht-und-Leih-Vertrag sowie aus den Nachkriegsreparationen machte die Sowjetunion zur aggressiven imperialistischen Weltmacht und löste den Kalten Krieg aus. Und die neue Welle der kopflastigen Lieferung von modernster westlicher Technik in den 70er Jahren ließ mit dem Raketentyp SS 20 die Sowjetunion zur atomaren Supermacht werden. Das Reformprogramm des »Neuen Ökonomischen Systems der Planung und Leitung der Volkswirtschaft« (NÖS) in der DDR, mit welchem man (im Sinne der Konvergenztheorie von Jan Tinbergen) schon die Liberalisierung im Osten anbrechen sah, wurde indessen abgebrochen. Am Ende der 70er Jahre stützte sich der Kreml wieder auf das Instrumentarium des stalinistischen Zentralismus.

Ein weiterer westlicher Trugschluß ist die Vorstellung, wir würden mit dem Ost-West-Handel der Bevölkerung drüben helfen, sie erhalte dadurch Produkte, an die sie sonst nie herankäme. In Wahrheit haben wir auf die Art und Weise des Handels, das heißt auf das, was an Produkten oder Dienstleistungen ausgetauscht wird, keinerlei Einfluß. Der Staatshandel ist untrennbarer Bestandteil der gesamten Staatswirtschaft, und je nach dem Charakter der Staatspläne wird festgelegt, ob einmal der investive Bereich den Vorrang hat oder ein andermal der Konsum. Ginge es den Machthabern wirklich darum, mit dem System des Sowjetsozialismus der Bevölkerung letztlich zu einem höheren Lebensstandard als im »Kapitalismus« zu verhelfen, dann hätten die 70er Jahre die besten Voraussetzungen dafür geboten, das Ost-West-Gefälle abzubauen und den Osten näher an uns heranzubringen. Allein die DDR hat seit Beginn der Entspannungspolitik zwischen 1970 und 1977 von der Bundesrepublik rund 6,8 Milliarden Westmark an freien Devisen praktisch als Geschenk erhalten. Sie konnte sich darüber hinaus im innerdeutschen Handel mit rund 3,9 Milliarden Mark verschulden. Der Zinsverlust der Deutschen Bundesbank aus dem sogenannten Swing im Interzonenhandel (ein zinsfreier Dauerkredit von rund 850 Millionen Westmark) wird pro Jahr auf rund 100 Millionen DM veranschlagt. Insgesamt stand die DDR bei den westlichen Industriestaaten Ende 1978 mit rund 24 Milliarden Westmark im Minus. Die Gesamtverschuldung der Warschauer-Pakt-Staaten gegenüber den NATO-Mächten und Japan wurde von der Bundesregierung per Ende 1976 auf rund 62 Milliarden US-Dollar geschätzt.

Trotz dieses Kapital- und Devisenstroms ist der Rückstand der DDR gegenüber der Bundesrepublik in der Arbeitsproduktivität (das ist die volkswirtschaftliche Leistung pro Beschäftigtem), den Walter Ulbricht 1970 mit rund 25 Prozent angab, auf mehr als 30 Prozent gestiegen, und auch der Abstand im Lebensstandard ist mit rund 30 Prozent nicht geringer geworden, und er vergrößert sich weiter. Nicht einmal das spektakuläre Geschäft mit dem Volkswagenwerk (Einfuhr von 10000 Golf-PKW in die DDR) kann verschleiern, daß die Milliardenhilfe des Westens zum größten Teil in die Sowjetrüstung ging und zum kleineren im System der zentralen Planbürokratie versandete. Diese Entwicklung sollte den Westen vor allem deshalb von Illusionen bezüglich der Anhebung des östlichen Produktions- und Versorgungsniveaus auf westlichen Standard befreien, weil sich die Differenz zwischen Ost und West ja gerade in einer Zeit vergrößert hat, in der der Westen durch den Jom-Kippur-Krieg von 1973 mit dem anschließenden Ölschock in seine erste große Krise seit Ende des Zweiten Weltkrieges geraten war und Jahre der wirtschaftlichen Stagnation (in einigen Staaten sogar des wirtschaftlichen Rückgangs) erlebte.

In diesem Zusammenhang wird drüben auch mit Unverständnis registriert, daß der Westen auf das entschuldigende Argument der kommunistischen Propaganda hereinfällt, der östliche Rückstand sei eingetreten, weil die DDR und die übrigen Zwangsverbündeten der Sowjetunion von Stalin zur Ablehnung der Marshall-Plan-Hilfe gezwungen worden seien. Damals lautete das Argument für die Ablehnung ganz anders: Entsprechend der Ausbeutungs- und Verelendungstheorie des Marxismus-Leninismus glaubten die kommunistischen Führer, »wissenschaftlich« nachweisen zu können, der Marshall-Plan sei ein Instrument der »imperialistischen Doppelausbeutung«. Da die amerikanischen Kredite westeuropäischen Kapitalisten gegeben würden, so wurde 1947/48 argumentiert, würden die Arbeiter sowohl durch sie wie zusätzlich durch die US-Kreditgeber ausgebeutet, die das Mittel der Kapitalhilfe nur als neuen Trick zur Sanierung des »Spätkapitalismus« erfunden hätten. Die »wissenschaftliche« Schlußfolgerung aus dieser Theorie besagte, daß wirtschaftlicher Aufschwung und Wohlstand schneller erreicht würden, wenn die Arbeiterklasse die Produktionsmittel in die eigenen Hände nehme und ohne nationale und internationale Ausbeutung den Wiederaufbau nur im Interesse des Volkes vorantreibe. Inzwischen haben sie ein vielfaches im Vergleich zur damaligen Marshall-Plan-Hilfe an den Westen an Devisen- und Kapitalhilfe erhalten und stehen dennoch vor einer katastrophalen Wirtschaftslage.

Auch das Argument, der Osthandel helfe bei uns Arbeitsplätze zu erhalten, muß mit einem Fragezeichen versehen werden. Da einerseits von uns sehr viele Großanlagen nach Osten geliefert werden, die nicht sonderlich arbeitsaufwendig sind (u.a. auch das neue Röhrengeschäft) — andererseits aber der Osten als Niedriglohn-Gebiet viele Konsumgüter liefert, die arbeitsaufwendig sind oder gar mit reinen Lohnarbeiten (Zulieferungen für westdeutsche Haushaltgeräte-Hersteller usw.) bezahlt, ist zu befürchten, daß wir uns mit dem Ostgeschäft mehr Arbeitsplätze zerstören als erhalten. Es gehört jedoch leider zu den politischen Voreingenommenheiten im Rahmen der Entspannungspolitik, daß man die Ausweitung des Osthandels unbedingt will, wodurch in diesem Fall die bundesdeutsche (und eigentlich sogar die westliche) Ausnahmesituation entstanden ist, daß Regierung, Opposition, Wirtschaft und Gewerkschaften an einem Strang ziehen, den Osthandel mit allen Mitteln fördern, ihn gleichzeitig zu einer Art Geheimsache gemacht haben, sodaß realistische Forschung darüber, welchen Nutzen er wirklich bringt, kaum möglich ist.

Die Mehrheit der Bevölkerung drüben verurteilt den Osthandel, weil sie erlebt, daß die Waren mit bester Qualität (die sie selbst gern hätte) in den Westexport gehen, daß sie für ihre Arbeit nur Niedriglöhne erhält (Stundenlöhne zwischen 3,50 und 6,— DM Ost), daß an vielen Produktionen von drüben, die wir hier zu Spottpreisen kaufen, Schweiß und Tränen politischer Gefangener kleben, und daß der Westen das von ihr abgelehnte System auch noch mit Krediten stützt. Vor allem alte Gewerkschaftler fragen, wo denn das soziale und politische Gewissen der westdeutschen Gewerkschaften bleibe, die zwar bei Geschäften westdeutscher Firmen mit Südafrika, Chile, dem früheren Schah-Regime oder anderen als rechtsstehend angesehenen Staaten sofort wegen der Ausbeutung Unterdrückter protestieren, den gleichen Vorgang im Osten jedoch gutheißen oder zumindest übersehen. Sie fragen weiter, ob denn unseren Gewerkschaften noch nicht aufgegangen sei, daß ausgerechnet unter einer sozialdemokratischen Regierung praktisch das fortgesetzt wurde, was die Wehrwirtschaftsführer des NS-Regimes zwischen 1939 und 1941 begonnen hätten.

Hinter diesen Kritiken steht die Erfahrung, daß Verbesserungen für den Einzelnen, die den Namen Demokratisierung wirklich verdienen würden, nicht von einer Stärkung des Systems erwartet werden können. Alle bisherigen Reformansätze, beginnend bei Lenins Neuer Ökonomischer Politik, über den Neuen Kurs, das Neue Ökonomische System, den polnischen und ungarischen Oktober bis hin zum Prager Frühling, ergaben sich aus schwerwiegenden inneren Krisensituationen des Systems. Noch nie hat der Sowjet-Sozialismus reformiert, wenn er stark war — warum sollte er auch? Zeiten der Prosperität bestätigen den Polit-Song, wonach die Partei immer recht hat, sie flößen den Funktionären Vertrauen ein und geben ihnen die Hoffnung, auf der richtigen Seite zu stehen. Erst wenn Theorie und Praxis so offenkundig auseinanderklaffen, daß sich die Mißstände auch durch die verlogenste Propaganda nicht mehr übertünchen lassen, keimt bei den Machthabern die Bereitschaft zum Umdenken. Diese Erfahrung wird durch die Entwicklung in den 70er Jahren voll bestätigt: in dem Maße, in dem sich die Ostblockwirtschaft dank westlicher Lieferungen und Devisenkredite aus Krisensituationen befreien konnte, wurden frühere Reformen zurückgenommen und der Zentralismus wieder gestärkt. Mehr noch: die hohe West-Verschuldung zwang die Führung, den Export gerade jener Güter zu erhöhen, die sich im Westen absetzen lassen (was bedeutet, daß den Menschen drüben oft im wörtlichen Sinn das vom Ladentisch genommen wird, was sie kaufen möchten) — bei gleichzeitiger Steigerung der Arbeitsintensität durch unbezahlte Sonderschichten, »freiwillige« Arbeitseinsätze, Erhöhung der Arbeitsnormen und ähnlicher Methoden.

Wenn man zusätzlich berücksichtigt, daß die Ergebnisse des Imports von modernster westlicher Technologie sich kaum auf die Verbesserung der Produktivität ausgewirkt haben, dann erscheint es dringend geboten, daß der Westen seine Osthandelspolitik überdenkt. Aus östlicher Erfahrung erscheint ein Mittelweg zwischen dem sinnlosen Versuch der Unterbindung (Embargo) oder gewaltsamen Drosselung des Ost-West-Handels auf der einen Seite und der bevorzugten staatlichen und politischen Förderung auf der anderen als der vernünftigste und politisch wirksamste: ihn nämlich einfach von staatlicher Seite wie andere normale außenwirtschaftliche Geschäftsbeziehungen zu behandeln. Wenn Unternehmen im Osthandel das gleiche eigene Risiko tragen müßten wie bei anderen Geschäften (ohne staatliche Ausfallbürgschaften und öffentlich geförderte Kredite); wenn sie sich ihre Lieferungen direkt von ihren östlichen Abnehmern bezahlen lassen müßten (statt auf dem Umweg über die staatlichen Verrechnungsmodalitäten und direkte wie indirekte Kompensationsgeschäfte); und wenn andererseits der Osten eigene Absatz-, Reparatur-, Kundendienst- und Werbeorganisationen im Westen aufbauen müßte, kurzum: wenn man den Osten dem rauhen Wind der Marktwirtschaft aussetzte und ihn zwänge, für das, was er möchte, sich den westlichen Gepflogenheiten anzupassen statt umgekehrt, dann würden wir ihn viel eher zu Reformen veranlassen, als mit der seit Jahrzehnten praktizierten Politik. Gelassenheit, Würde, Selbstvertrauen und politische Systemkenntnis sind es, die die Eingemauerten drüben an uns vermissen. Der Osthandel ist vorwiegend ein Politikum, denn schon sein Umfang zeigt (knapp fünf Prozent Anteil an unserem Gesamtaußenhandel), daß wir ihm viel zu viel öffentliches Gewicht geben und auch dadurch die östlichen Machthaber und ihre Systeme in einer Weise aufwerten, die weit über ihrem wirtschaftlichen Gewicht liegt.

Auf einen Nenner gebracht, erwächst die Kritik am bisherigen Ost-West-Wirtschaftsverkehr vor allem aus der Sorge, der Westen könne mit seinen Leistungen und Krediten (im Sinne des bekannten Lenin-Zitats) auch noch den Strick liefern, an dem er von den Kommunisten aufgehängt werden soll. Falsch verstandener guter Wille und leichtsinnige Großzügigkeit könnten den Kreml gerade in jene Lage bringen, die die Entspannungspolitik verhindern möchte: daß er nämlich durch aggressive »Flucht nach vorn« vom Scheitern seines Systems abzulenken versucht.

Kurzum: Wie in der vermeintlichen Entspannungspolitik der 70er Jahre, so zeigen auch die realen Wirtschaftsdaten dieser Zeit das Scheitern der westlichen Träume. Als Chruschtschow 1961 das neue Parteiprogramm der sowjetischen KP beschließen ließ, hatte der Warschauer-Pakt-Block einen Anteil von fast 25 Prozent am Welthandel. Trotz des geschilderten westlichen Entgegenkommens bei Lieferungen und Krediten ist dieser Anteil bis Mitte der 80er Jahre auf weit unter 10 Prozent gesunken und sinkt weiter. Als Lieferant von Fertigprodukten sind die RGW-Staaten hinter Schwellenländer der Dritten Welt zurückgefallen und praktisch bedeutungslos geworden. Rund 90 Prozent ihrer Exportgüter machen Energieträger (Kohle, Erdöl und Erdgas) und andere Rohstoffe oder Halbfabrikate aus, mit denen sie vor allem gegen die ärmsten Entwicklungsländer konkurrieren. Das sind die eigentlichen Gründe, warum Gorbatschow Perestroika einleitete. Der rote Stern ist als Warenzeichen erloschen. Die Dritte Welt wendet sich wieder dem Westen zu.

Daß sich die DDR unter Führung Honeckers dem Reformkurs bisher entzieht, hat erklärbare deutsch-deutsche Hintergründe: Zum einen wird die Krise des SED-Regimes gemildert durch die bundesdeutschen Transferleistungen. Aus Festbeträgen (Transport-, Wasserstraßen-, Post- und sonstige Gebühren) des Bundes und für Berlin sowie aus Zwangsumtausch und anderen Leistungen westlicher Reisender in die DDR erwächst ihr ein ständiger Devisenzufluß von rund zwei Milliarden Westmark pro Jahr. Eine Summe, über die sonst kein anderer Staat des Ostens verfügt. Sie kann damit besser als die anderen Löcher ihrer Mißwirtschaft stopfen oder vertuschen. (Auf die Sowjetunion bezogen und hochgerechnet, käme dies einem Devisengeschenk von jährlich zwanzig Milliarden US-Dollar gleich — schwer anzunehmen, daß Gorbatschow sich zu Perestroika durchgerungen hätte, wenn ihm diese Quelle fließen würde.)

Zum anderen verkenne ich nicht, daß ein echter demokratischer Reformprozeß für die DDR schwieriger ist als für kommunistische Nationalstaaten wie Polen und Ungarn. Wie die Praxis zeigt, wenden sich freigestellte ungarische oder polnische Unternehmen vielen möglichen westlichen Partnern zu. Die gleichen Freiheiten den mitteldeutschen Betrieben zugestanden, ließe erwarten, daß diese hauptsächlich mit bundesdeutschen kooperieren würden. (Was sollten die Eisenacher Autobauer auch anderes tun, als nach München zu fahren, um sich wieder mit BMW zusammenzuschließen ...?) Dennoch: Auch in der DDR ist das System der sozialistischen Zentralverwaltungswirtschaft gescheitert. Die westdeutsche Politik geht fehl, wenn sie Lösungen in bloßen Hilfsprojekten sucht. Mit dem unaufhaltsamen Fiasko des sozialistischen Experiments in der DDR kommt die nationale

Frage mit Vehemenz auf uns zu. Ich sehe mit großer Sorge, daß keine politisch relevante Partei der Bundesrepublik Deutschland für diese Herausforderung gerüstet ist.

Sozialismus — Freiheit — Menschenrechte

Die Angst vor politischen Fehlern, die der Westen machen und damit sich selbst wie dem Freiheitsstreben der Eingemauerten schaden könnte, ist nach meinen Informationen die vorherrschende Bewußtseinsströmung im Osten. Sie erwächst aus der Erkenntnis, daß jede Schwächung des Westens automatisch eine Stärkung des Ostens bedeutet, wovon sich die Bevölkerung drüben nur Nachteile errechnet.

Aus dieser Haltung spricht Resignation. Nach 70 Jahren »real existierendem Sozialismus« in der Sowjetunion und 40 Jahren in der DDR sowie in Südosteuropa ist eine Situation entstanden, die viel deutlicher als alles andere die Teilung Deutschlands und der Welt dokumentiert: während »der Sozialismus« bei denen, die seine Praxis täglich zu spüren bekommen, nahezu jeden ideellen Kredit verspielt hat, durchlebt er bei denen, die ihn nur aus der Überfluß- und Überdruß-Gesellschaft des »Kapitalismus« heraus betrachten, eine teils schwärmerisch-naive, teils selbstzerstörerisch-aggressive Renaissance.

Daß es keine allumfassende einheitliche Widerstandsbewegung in der DDR gibt, aus der auch der Westen deutlicher als bisher entnehmen könnte, in welchem Ausmaß der Sowjetsozialismus bei der erdrückenden Mehrheit der von ihm beherrschten Bürger abgewirtschaftet hat, ergibt sich aus zwei Hauptgründen: Der erste hängt mit dem technischen Fortschritt zusammen. Der Geheimpolizei stehen heute so umfassende Überwachungsapparaturen zur Verfügung (versteckte Mikrofone,

Kameras usw.), wovon sie auch bedenkenlos Gebrauch machen kann, daß der Aufbau eines organisierten Widerstandes viel schwieriger ist als beispielsweise noch im NS-System. Dennoch zeigen kirchliche Strömungen, Bürgerrechtsbewegungen und sporadische Demonstrationen, daß auch in der DDR Veränderungen im Gange sind. Die Entwicklung in Polen, Ungarn und in der Sowjetunion selbst beschleunigen diesen Prozeß.

Der zweite ist jedoch der wichtigere Grund, und er hängt mit dem schillernden Begriff des »Sozialismus« selbst zusammen. Längst nicht alle Gegner und schon gar nicht alle Kritiker des Sowjetsystems sind willens einzusehen, daß die totalitäre Entartung dieses Systems dem Sozialismus wesenseigen ist. Wie im Westen, so ist auch unter den Intellektuellen des Ostens die Wunschvorstellung weit verbreitet, daß sich Sozialismus und Freiheit vereinbaren lassen müßten. Medwedjew, Havemann, Bahro (um nur die hier bekanntesten Dissidenten zu nennen) wollen um keinen Preis das westliche System, sondern einen »demokratischen Sozialismus/Kommunismus«. Illusionslose und in ihrem Denken sich völlig von jeder Form des Sozialismus abwendende Dissidenten sind in der Minderheit, und sie kommen in der Regel auch nicht aus dem intellektuell-wissenschaftlichen oder künstlerischen Bereich, sondern aus der Wirtschafts- und Verwaltungspraxis.

Einigkeit herrscht unter allen Dissidenten nur in der Verurteilung des Sowjetsozialismus als Totalitarismus sowie darin, daß er mit der Sozialismusidee von Karl Marx nichts gemein hat. Denn: folgt man Marx in seinen moralisierenden Postulaten und Ansprüchen, wonach die »bürgerlich-kapitalistische Gesellschaft« zur »Entfremdung« und schließlich zur »Entmenschlichung« des Menschen führt, und will man diesen (so gesehenen) Zustand beseitigen (und nicht nur retuschieren!), dann muß man dem Urvater des Sozialismus auch in all seinen Konsequenzen folgen. Dann hat die »neue Gesellschaft« die totale »Negation« (Aufhebung) aller bisherigen Ordnungen und gesellschaftlichen Abläufe zu sein. Das aber heißt: nicht »Vergesellschaftung« des Eigentums, sondern Aufhebung!, nicht »Sieg« einer Klasse über die andere, sondern Aufhebung aller Klassen!, nicht Nivellierung der Unterschiede zwischen Stadt und Land, sondern Aufhebung aller Unterschiede!, und vor allem (was in seiner Bedeutung und praktischen Konsequenz total außer acht gelassen wird): Aufhebung aller Arbeitsteilung und aller sonstigen Merkmale der bürgerlich-kapitalistischen Gesellschaft wie Warenproduktion, Geld und berufliche Schranken! Nur so — und das war schließlich der von Marx und Engels angestrebte (vorläufige) Endzustand einer menschlichen Gesellschaft — sei das Absterben der Staaten, aller öffentlichen Gewalt und eine grenzenlose menschliche Weltgemeinschaft zu erreichen.

Wer sich an dieser Stelle fragt, wie denn dies »machbar« sein soll, denkt völlig »unmarxistisch«. Denn nach Marx kann kein »Sozialismus« »gemacht« oder »aufgebaut« oder »errichtet« werden. Nach Marx kommt er geschichtsnotwendig, ob wir wollen oder nicht! Und zwar nur so, wie er ihn erdacht hatte: als totale Umkehrung aller bisherigen Ordnungen, Gewohnheiten und Abläufe durch die proletarische Weltrevolution!

Dieser Geschichtsdeterminismus löste noch zu Marx' Lebzeiten (und zunehmend unter seinen nachwachsenden Anhängern in der sozialistischen Bewegung) Kritik, Widerspruch und Gegentheorien aus. Dabei ist interessant, daß ausgerechnet diejenigen »Marxisten« den größten Erfolg hatten (und weiterhin haben), die entweder nur den halben Marx reklamieren (Gemeineigentum) oder ihn gar (wie Lenin und die russischen Bolschewiki) völlig auf den Kopf stellen.

Denn: der Trick des Leninismus,

- mit der sozialistischen Revolution nicht in den fortgeschrittensten kapitalistischen Staaten, sondern in den rückständigen zu beginnen (Theorie vom »schwächsten Kettenglied«);
- den Sozialismus nicht durch eine Arbeiterrevolution einfach »erscheinen« zu lassen, sondern ihn von einer Partei-Elite mit Bauern »aufzubauen«;
- das Eigentum nicht aufzuheben, sondern zu verstaatlichen;
- nicht eine Diktatur des Proletariats, sondern eine über das Proletariat zu errichten;
- nicht alle Klassenschranken und -unterschiede aufzuheben, sondern neue zu errichten, diese zu verfestigen und ganze Pyramiden von Hierarchien und Privilegien zu begründen;
- nicht alle staatliche Gewalt abzuschaffen, sondern die allmächtigste aller Staatsgewalten zu errichten und diese ständig weiter auszubauen;
- nicht alle Schranken und Grenzen der überlieferten Ordnung aufzuheben, sondern sie zu zementieren und ihnen immer neue hinzuzufügen,

dies alles verhält sich zum Marxismus so wie die Himmelskunde zur Meeresforschung.

Es gehört jedoch zu den Markmalen der Zeitströmung am Ausgang unseres Jahrhunderts, daß die neu entfachte Schwärmerei um den »demokratischen Sozialismus« als »Neo-Marxismus« und nicht, wie es viel richtiger heißen müßte, als »Neo-Leninismus« bezeichnet wird. Denn sowohl die Bestrebungen der »demokratischen Sozialisten/Kommunisten« im Osten, das System demokratisieren und liberalisieren zu wollen, wie die ihrer westlichen Genossen, den »Kapitalismus« durch Verstaatlichung, Investitionskontrolle und eine vermeintliche »Wirtschaftsdemokratie« überwinden zu wollen, sind im Kern leninistisch und nicht marxistisch.

Deshalb glauben die östlichen Systemgegner, die aus der Wirtschafts- und Verwaltungspraxis kommen, auch nicht mehr an die Möglichkeit der »Errichtung« eines demokratischen Sozialismus — weder durch Reformen im Westen noch durch Liberalisierung im Osten. Das wird verständlich, wenn man die praktischen Schritte vorausberechnet, die zu gehen wären, wenn man zum Beispiel die Gesellschaft der sozialen Demokratie in der Bundesrepublik Deutschland in eine sozialistische »umwandeln« wollte.

Wer nämlich Sozialismus will, muß mit einer wesentlichen Freiheitsbeschränkung gegenüber unserer jetzigen Ordnung beginnen: Er muß die Freiheit, Produktionsmittel sowie Grund und Boden zu besitzen, beseitigen. (Dabei ist zunächst unwichtig, ob das zu schaffende Gemeineigentum auf dem Wege der Entschädigung oder entschädigungslos entsteht.)

Diese erste Freiheitsbeschränkung muß zwangsläufig eine zweite nach sich ziehen: Um nämlich zu verhindern, daß sich erneut privates Eigentum bildet, müssen logischerweise Produktionsmittel (Maschinen, Industrieausrüstungen, Großfahrzeuge usw.) sowie Grund und Boden bewirtschaftet und dem Handwerk wie freien Berufen strengste Limitierungen (nur zwei bis drei Beschäftigte, genossenschaftliche Einbindung) auferlegt werden. Dies jedoch bedeutet die dauernde Einschränkung der vielfältigen Freiheiten des Marktes und führt schon deshalb den Begriff »sozialistische Marktwirtschaft« (die der »demokratische Sozialismus« im Gegensatz zur östlichen sozialistischen Planwirtschaft ja hervorbringen soll) ad absurdum.

Daraus müßte sich — wiederum zwangsläufig — die dritte Freiheitsbeschränkung ergeben: Um nämlich zu verhindern, daß die Interessenten an Privateigentum mit ihrem Geld in »kapitalistisches Ausland« abwandern, muß der private internationale Kapitalverkehr gestoppt werden. Das heißt, daß zur Bewirtschaftung von Produktionsmitteln, Grund und Boden die Devisen- und Auslands-Kapitalbewirtschaftung hinzutreten müßte.

Diese Überlegungen werden von den »demokratischen« Sozialisten auch gar nicht in Abrede gestellt. Im Gegenteil: Sie sind Grundelemente der Forderungen des linken SPD- und Gewerkschaftsflügels wie der Reformkommunisten und werden dagegen aufgewogen, daß unsere jetzige privatwirtschaftliche Ordnung ja die von den Linken bekämpfte Freiheit einschließt, daß Menschen von Menschen »ausgebeutet« werden. Um also die »Freiheit der Ausbeutung« zu beseitigen, ist man gewillt, die mit dem Privateigentum zusammenhängenden Freiheiten zu liquidieren.

Der Dissens zwischen Gegnern und Befürwortern des Sozialismus liegt daher in den Überlegungen, die über die Beseitigung des Privateigentums hinausgehen und der Frage nachspüren, ob das Gemeineigentum denn auch demokratisch verwaltet werden kann. Das nämlich würde ja erst den »demokratischen« von dem uns bekannten totalitär-bürokratischen Sozialismus östlicher Prägung unterscheiden.

Hier nun lehrt die Erfahrung, daß der Sozialismus, wo immer er versucht wurde, im bürokratischen Dirigismus endete und enden muß. Denn: ob die in Gemeineigentum überführten Produktionsmittel zentral verwaltet und geleitet werden (wie im sowjetischen Machtbereich) oder durch sogenannte Arbeiterräte (wie in Jugoslawien) — in jedem Fall sind zusätzliche gesellschaftliche oder staatliche Instanzen für die Überwachung dieses Gemeineigentums notwendig, und fortdauernd müssen Versuche, privaten Nutzen aus diesem Gemeineigentum zu schlagen, durch den Staat geahndet werden.

Die genannten Faktoren eins und zwei (Freiheitsbeschränkung und staatliche Überwachung) ziehen nämlich zwangsläufig den dritten Pferdefuß nach sich: das

Absterben der individuellen Initiative. Dies geschieht aus zwei Gründen: Einmal, weil die Grenzen zwischen individueller Initiative und dem Verdacht, privaten Nutzen aus dem Gemeineigentum ziehen zu wollen, fließend und daher schwer zu ziehen sind; zum anderen, weil das staatliche Reglement (zumindest in der Anfangsphase des Sozialismus) die Initiativen an sich zieht, zentralisiert und damit die individuellen Initiativen zwangsläufig erstickt.

Daraus ergibt sich der vierte Faktor: Mit Übernahme des Eigentums und der Initiativen zieht der Staat auch die Risiken des Wirtschaftens auf sich. Wo niemand mehr privaten Nutzen aus dem Wirtschaftsgeschehen ziehen kann, fehlen objektiv auch die Mittel für die Privatisierung von Risiken und Verlusten.

Und dies führt schließlich zur fünften Dauerkrankheit des Sozialismus: der bürokratischen staatlichen Planwirtschaft. Hat der Staat erst einmal Macht, Eigentum, Initiativen und Risiken an sich gezogen, dann kann er nur noch mehr oder weniger zentralistisch-planwirtschaftlich verwalten.

Faktor sechs: der Kollektivismus braucht nur noch der Vollständigkeit halber erwähnt zu werden. Um nicht auch noch des demokratischen Mäntelchens verlustig zu gehen, werden von Zeit zu Zeit Betriebskollektive aufgeboten, um längst gefällten Entscheidungen der allmächtigen Zentralgewalt zu applaudieren und jene »kleinbürgerlichen Volksfeinde« zu verurteilen, die in den Freiheiten des »Kapitalismus« das Optimum an staatsbürgerlichen Freiheiten erkennen, das bisher noch von keiner anderen Gesellschaftsordnung übertroffen wurde.

Diese Gedanken in der DDR auszusprechen, wäre gleichzusetzen mit Selbstmord. Wer sich vergegenwärtigt, mit welcher Brutalität bereits Bahros oder Havemanns sozialistische Reformvorschläge verfolgt wurden, oder mit welcher Konsequenz die SED-Führung inzwischen sogar die Sowjetpresse und Informationen über die Veränderungen in Polen und Ungarn unterdrückt, wird dies ermessen können. Die grundsätzliche geistige Auseinandersetzung um die Schicksalsfrage: Freiheit oder Sozialismus, kann daher nur im Westen geführt werden. Im Osten dagegen erstreckt sich der Widerstand fast ausschließlich auf den Kampf um die Bürger- und Menschenrechte. Und das ist nach einem Jahrzehnt Entspannungspolitik auch das einzige Feld geblieben, auf dem sich die Bürger drüben noch Fortschritte oder doch zumindest Operationsmöglichkeiten vorstellen können.

Dabei gilt es für uns zu erkennen, daß drüben auch hinsichtlich der westlichen Bemühungen um mehr Freiheit für Menschen und Ideen durchaus nicht nur Lob zu hören ist. Es wird kritisiert, daß der Westen die kommunistischen Machthaber praktisch aus den wichtigsten Menschenrechtsverträgen der Vereinten Nationen entlassen hat, als er sich in den Begleittexten zu den Ostverträgen sowie in der Schlußakte von Helsinki auf Formulierungen einließ, die weit weniger Bürgerrechte in Aussicht stellen, als die Ostblockstaaten in Völkerrechtsverträgen längst anerkannt hatten. Denn: sie alle haben die »Charta der Vereinten Nationen«, die »Allgemeine Erklärung der Menschenrechte« von 1948 und die »Internationale Konvention über Bürgerrechte und politische Rechte« von 1966 unterzeichnet und ratifiziert. Darin haben sie völkerrechtlich verbindlich zugesichert, daß auch in ihrem Herrschaftsbereich jeder Mensch ein Recht auf Freiheit und Sicherheit seiner Person hat; daß niemand willkürlich festgenommen oder verhaftet werden darf; daß jeder frei sein Land verlassen, wieder in sein Land zurückkehren und niemandem die Staatsangehörigkeit entzogen werden darf; daß jeder frei und unangefochten seine Meinung äußern kann; daß niemand wegen seines Glaubens, seiner Herkunft, Rasse oder seiner Überzeugung diskriminiert werden darf — kurzum: auf dem Papier stehen den Bürgern des Ostblocks die gleichen Freiheiten und Rechte zu, wie wir sie längst als Selbstverständlichkeit in Anspruch nehmen. Man hatte drüben daher erwartet, daß der Westen (viel deutlicher als geschehen) die kommunistischen Führer der Menschenrechtsverletzungen angeklagt und politische und wirtschaftliche Zugeständnisse erst dann gemacht hätte, wenn auch im Osten die Menschenrechte respektiert werden.

Vor allem in der DDR ist man darüber enttäuscht, daß bisher keine Bundesregierung energisch darauf bestanden hat, daß die (im Verhältnis zu den Menschenrechtsnormen der UN) eingeengten Freiheiten, die in den Begleittexten zum Grundvertrag in Aussicht gestellt wurden, den Charakter allgemeingültiger Rechtsnormen erhielten. Statt dessen hat man sich mit einer Aufzählung unverbindlicher »Kann«-Regelungen begnügt, die behördlicher Willkür Tür und Tor öffnen. Geradezu als eine Verhöhnung wird empfunden, daß beispielsweise der Passus über die Verlobtenzusammenführung lautet: »In besonderen Ausnahmefällen Genehmigung der Eheschließung« (also nicht nur in Ausnahmefällen, sondern auch noch in »besonderen«!).

Meine politischen Freunde drüben und DDR-Bewohner auf Besuchsreisen berichten, in welchem Maße sich der Staatssicherheitsdienst menschliche Schwächen und Unbedachtheiten zunutze macht: Westreisen müssen beantragt und können genehmigt oder abgelehnt werden. Die Behörden brauchen Ablehnungen nur vage zu begründen. Für Ablehnungen oder Genehmigungen ist jedoch auch kein plausibles System erkennbar. Dies bringt automatisch mit sich, daß Bürger in ihrem Zorn und ihrer Enttäuschung über nach ihrer Meinung ungerechtfertigte Ablehnungen leichtfertige Bemerkungen über Bekannte machen, denen Reisen genehmigt wurden. Dem Staatssicherheitsdienst gehen so Informationen zu, an die er durch direkte Verhöre nie herankäme. Mit diesen Informationen spielt er die Bürger gegeneinander aus und täuscht damit gleichzeitig eine Allwissenheit vor, die die Angst vor dem Spitzelsystem — und darauf fußend noch größere Vorsicht, Anpassung und Bereitschaft zu »freiwilligen« Leistungen — gesteigert hat.

Um so höher ist der Mut zu bewerten, mit dem die Bürgerrechtler im Osten auf die Erfüllung der zugestandenen Minimalfreiheiten drängen. Sie haben sich dabei unkoordiniert und unorganisiert auf eine Methode eingestellt, gegen die das System machtlos ist: sie klammern Aussprachen und Äußerungen über das sozialistische System völlig aus. Sie tun so — oder geben es vor —, als hätten sie am System nichts auszusetzen, außer der Tatsache, daß sich die Funktionäre, die für Reisegenehmigungen zuständig sind, nicht rechtmäßig verhalten. Sie verweisen auf die Zusagen ihrer Regierungen in den Völkerrechtsdokumenten der UN, in den Begleittexten zu den Ostverträgen und in den Schlußakte von Helsinki. Sie loben die Entspannungspolitik, zitieren die Aussagen ihrer Führungen, wonach diese das sozialistische Lager gestärkt habe und geben vor, mit ihrem Reiseantrag die Verträge »mit Leben füllen« zu wollen. Wer sich bei den »Aussprachen«, die die »Organe« (wie die Instanzen für Staatssicherheit und Inneres im östlichen Jargon genannt werden) mit jedem Antragsteller auf Ausreise oder Aussiedlung führen, nicht provozieren und zu abfälligen Äußerungen über das System und die Spitzenfunktionäre hinreißen läßt oder sich lobend über »den Kapitalismus« äußert, kann damit rechnen, daß er auf freiem Fuß bleibt und mit entsprechender Beharrlichkeit auch seinen Wunsch durchsetzt.

Doch das gelingt nur einem verschwindend kleinen Teil, insbesondere denen, die über genaue Systemkenntnis verfügen, mit der kommunistischen Terminologie vertraut sind und sich von den »Organen« nicht in Meinungsdebatten verwickeln lassen. Für die Mehrheit der

Bürger hat sich die Rechtsunsicherheit vermehrt, da ja nicht wirkliche Entspannung und Normalisierung, sondern Abgrenzung und verschärfter ideologischer Kampf die offizielle Politik der kommunistischen Führungen beherrschen. Und solange dies den inneren Kurs bestimmt, bearbeiten die örtlichen Funktionäre Gesuche für Westreisen, Umsiedlung oder Familienzusammenführung restriktiv. Sie möchten ihren übergeordneten Instanzen melden, daß die Bevölkerung ihres Gebietes »ideologisch so gefestigt« ist, daß sie von den propagierten Westreisemöglichkeiten, gar keinen Gebrauch machen möchte. Viele Antragsteller sind daher schon in Schwierigkeiten geraten, als sie nach Veröffentlichung der KSZE-Schlußakte von Helsinki im SED-Zentralorgan »Neues Deutschland« vom 1.8.75 bei ihren Kreisbehörden für Inneres lediglich anfragten, welche Formulare oder Dokumente sie denn benötigten, um einen entsprechenden Antrag zu stellen. Die Innenbehörden informieren in der Regel sofort die Arbeitsstellen der Anfragenden, und dort setzt sofort eine hektische Betriebsamkeit ein, um die Betreffenden »ideologisch auszurichten«, sie auf den westlichen »Gefahrenherd« und auf die Notwendigkeit der »Klassenwachsamkeit« hinzuweisen. Solche Antragsteller gelten als ideologisch labil, daher auch als unzuverlässig und erhalten sofort entsprechende Vermerke in ihren Kaderakten. Dies bremst auf jeden Fall den sozialen Aufstieg, oft leitet es sogar den sozialen Abstieg ein. Vielen blieb nach Antragstellungen auf Besuchsreisen dann gar keine andere Wahl, als die Ausbürgerung zu betreiben, weil sie ohnehin in der DDR keinerlei Entwicklungsmöglichkeiten mehr sahen, auf schlecht bezahlte Hilfsarbeiterposten zwangsversetzt wurden und auch ihren Angehörigen (vor allem den Kindern) die Zukunftschancen in der DDR verbauten. Die Folge sind oft Verzweiflungstaten: Fluchtversuche, Demonstrationen gegen das Regime, Verhaftung und Verurteilung. Der Rest sind Resignation und Verbitterung, denn die größte Wahrscheinlichkeit, den Osten einigermaßen unbeschadet verlassen zu können, sehen viele nur noch im Weg über die Zuchthäuser der »Organe« und die Hoffnung auf Freikauf durch den Westen.

Rückkehr zum Kalten Krieg oder siegt Perestroika?

Wer vor Nachgiebigkeit des Westens gegenüber dem Sowjet-Sozialismus warnt, zu Wachsamkeit, Verteidigungsbereitschaft, kritischer Distanz und Klarheit in der öffentlichen Behandlung der grundsätzlichen Systemunterschiede aufruft, Menschenrechtsverletzungen anprangert und sich öffentlich für Unterdrückte und Eingekerkerte einsetzt, der wird von einer immer größer werdenden öffentlichen wie veröffentlichten Meinung sofort mit dem Schlagwort »Kalter Krieger« etikettiert. Nicht die östlichen Machthaber und ihre friedensgefährdende wie Menschenrechte verletzende Politik stehen im Rampenlicht öffentlichen Interesses, wachsamer Beobachtung und kritischer Analyse, sondern jene klein gewordene Schar von Politikern und Publizisten, die die Dinge beim Namen nennt. Nicht wer wirklich den Frieden gefährdet, wird angeklagt, sondern wer ausspricht, was ist.

Zwar ist es selbstverständlich, sich als Anti-Nationalsozialist zu bekennen — und es gehört zum guten Ton, daß das selbst jene tun, die im NS-System ohne Murren und angeblich ohne Böses gewußt und geahnt zu haben, ihren braven staatsbürgerlichen Part spielten —, doch wehe dem, der wagt, sich mit gleicher Konsequenz als Anti-Kommunist zu bekennen. Soweit er als unbezweifelbarer NS-Gegner bekannt ist, wird ihm mit hochnäsig wohlwollendem Mitgefühl politischer Altersstarrsinn nachgesehen (der arme Kerl ist eben nicht mehr auf der Höhe der Zeit!). Kann er seine NS-Gegnerschaft nicht unzweifelhaft belegen, oder hat er gar bei den Nazis ein kleines Pöstchen innegehabt, so darf er nicht mit Schonung rechnen: dann trifft ihn der Bannfluch, ein »Kalter Krieger« zu sein. Das genügt dann meist. Diskussionen mit ihm oder Auseinandersetzungen mit seinen Argumenten sind nicht mehr nötig.

Kommt so ein Anti-Kommunist gar aus dem Osten, und hat er den real existierenden Sozialismus obendrein noch hinter Gefängnismauern studieren dürfen, ist er ganz besonders suspekt: ihn leiten dann angeblich nur noch blinder Haß und kleinliche Rachegefühle. Diese schlimmste Sorte der »Kalten Krieger« empfiehlt es sich tunlichst zu meiden, sie totzuschweigen und in Vergessenheit geraten zu lassen.

Da all diese »Kalten Krieger« nun aber das Gegenteil von wirklichen Kriegern sind, da sie also weder selbst Gewalt anwenden noch zu Gewalt aufrufen oder Gewalt unterstützen, sie sich folglich nur des Wortes oder der friedlichen Demonstration als Waffe bedienen, entlarven sich ihre Kritiker, die Entspannungs- und Annäherungseuphoriker, als im Grunde unpolitische und einem gefährlichen Wunschdenken verhaftete Gesundbeter.

Wenn nämlich zur Überwindung des Kalten Krieges und zum Erreichen von wirklicher Entspannung und Annäherung zwischen Ost und West nichts dienlicher wäre, als die Beendigung von öffentlichen Auseinandersetzungen über die inneren Zustände im »real existierenden Sozialismus«, dann müßte das Ziel längst erreicht sein.

Vergleicht man allein die Sprache der Politiker des Deutschen Bundestages aus den 50er Jahren (etwa die von Kurt Schumacher, aber auch die von Willy Brandt und Herbert Wehner aus jener Zeit) mit der aus den 70er Jahren (die des neuen Willy Brandt und des neuen Herbert Wehner), dann war und ist sie an Artigkeit gegenüber dem »real existierenden Sozialismus« kaum noch zu übertreffen (auch die Unionsredner machten da keine gravierende Ausnahme).

Nimmt man hinzu, mit welcher Beflissenheit sich auch die westliche Öffentlichkeit und Publizistik bemüht hat, östliche Bezeichnungen, Titel, ideologisch verdrehte oder verbrämte Begriffe zu übernehmen, sich der von drüben gewünschten Sprachregelung anzupassen, möglichst Schärfen zu vermeiden und ja nicht allzu kritisch zu sein, dann hat auf westlicher Seite ein geradezu revolutionärer Wandel stattgefunden.

Aber eben nur im Westen! Der Osten hat sich dem veränderten Ton und dem veränderten Verhalten des Westens nicht angeschlossen. Auf die milderen Stimmen aus dem Westen reagierte er mit Abgrenzung, verschärftem ideologischen Kampf, Überrüstung und Expension in jenen Regionen der Welt, in denen der Westen nicht — oder nicht mehr — präsent ist.

Wenn selbst heute noch auf die Gefahren hingewiesen wird, die diese falsch verstandene Entspannungspolitik für Frieden und Freiheit hervorgerufen hat, dann wird sofort beschwörend gekontert: nur kein Rückfall in den Kalten Krieg! Es erscheint daher geboten, danach zu fragen, was der Kalte Krieg von westlicher Seite eigentlich war?

Sein Anfang läßt sich terminieren: Er begann mit der Rede des amerikanischen Außenministers Byrnes am 6. September 1946 in Stuttgart. Bis dahin hatten die Amerikaner loyal zur Kriegsallianz mit den Sowjets gestanden, Stalins Okkupationspolitik bis an die Elbe hingenommen und dazu geschwiegen. In der Stuttgarter Rede nannte Byrnes die sowjetischen Gewaltakte erstmals beim Namen und ließ anklingen, daß die USA ihre Kriegsopfer nicht deshalb gebracht hätten, um sich nun zu Komplizen einer neuen Gewaltpolitik machen zu lassen, die sich von der Hitlers nur durch andere Begriffe unterscheide.

Die Ostpresse reagierte prompt, und das SED-Zentralorgan »Neues Deutschland« schuf mit dem Satz, mit seiner Rede habe Byrnes der Sowjetunion den »Kalten Krieg« erklärt, auch das für die Zukunft sprachregelnde Schlagwort. Seitdem wird von östlicher Seite unter dem Begriff »Kalter Krieg« alles subsumiert, was der Sowjetpolitik widerstrebt.

Das offene Aussprechen, was ist, stand am Beginn der westlichen Wiederbesinnung auf seine eigenen moralisch-politischen Werte und Ziele. Es war zugleich die Voraussetzung für eine aktive Politik der Sammlung aller Demokraten zur Selbstverteidigung gegen den Weltherrschaftsanspruch des Sowjetkommunismus. Der Westen hat damit nicht mehr und nicht weniger getan, als den Kalten Krieg angenommen, wie er in der Sowjetideologie und -politik begründet ist und die einzig möglichen Konsequenzen daraus gezogen. Dabei steht für mich an erster Stelle die Schärfung des öffentlichen Bewußtseins für die vom Sozialismus/Kommunismus drohenden Gefahren für Freiheit, Frieden und innere Stabilität der westlichen Demokratien. Dies ist die Grundvoraussetzung dafür, daß der Bürger die notwendigen Maßnahmen zum Schutz der Demokratie überhaupt verstehen und aus Einsicht und Überzeugung auch bewußt mittragen kann.

Indem der Westen den Kalten Krieg angenommen hat, unternahm er zugleich das Entscheidende, um einen neuen heißen Krieg zu verhindern. Die Abwehr sowjetischer Aggressionen in Griechenland 1947, in Berlin (Blockade) 1949, Korea 1950—53, die Gründung der NATO 1949 und der Europäischen Gemeinschaft 1957 — so laut sie von der kommunistischen Propaganda in aller Welt auch dem westlichen »Kalten Krieg« zur Last gelegt werden sollten —, waren entscheidende Schritte zur Bewahrung oder Wiederherstellung und Sicherung des Friedens in Freiheit.

Und eine weitere Lehre läßt sich aus dem Annehmen des Kalten Krieges durch den Westen ziehen: Immer dann, wenn der Westen wachsam war, wenn er die Sowjets (auch öffentlich) wissen ließ, daß er ihre Absichten und Ziele durchschaut hatte und willens war, sich nicht täuschen oder gar überrumpeln zu lassen, zogen sich die Sowjets zurück, oder sie änderten ihre Politik.

Und umgekehrt: Immer dann, wenn der Westen in seiner Wachsamkeit nachließ, sich in eigene innere Konflikte verstrickte, und der Kreml sich in dem Glauben wiegen konnte, seine Weltmachtziele ohne den großen (heißen) Krieg zu erreichen, erhöhte sich die Aggressionsgefahr. Die 70er Jahre werden als Lehrstück dafür in die Geschichte eingehen.

Daher ist auch das Argument der Entspannungseuphoriker, die vorherrschend konservativen Regierungen des Westens der 50er und 60er Jahre hätten keine Ostpolitik betrieben, Demagogie. Das Gegenteil war und ist der Fall: Solange der Kreml an der Ideologie des Marxismus/Leninismus festhält, die friedliche Koexistenz als internationalen Klassenkampf unterhalb der Schwelle des großen nuklearen Weltkrieges betreibt, sich der Einhaltung aller Konventionen der UN widersetzt, den von ihm okkupierten Völkern das Selbstbestimmungsrecht verweigert und die Sprache nicht zur Verständigung der Menschen und Staaten, sondern zur Täuschung gebraucht, solange herrscht Kalter Krieg, und solange war und ist die beste Ostpolitik eine möglichst klare und erfolgreiche Westpolitik.

Der Kalte Krieg ist nicht durch Wunschdenken und politische Leisetreterei vom Westen einseitig zu beenden. Ob der Kreml versuchen wird, seine Ziele mit friedlichen Mitteln oder durch Gewalt zu erreichen, hängt nicht von unseren Wünschen, sondern allein davon ab, ob er sich Siegeschancen ausrechnen kann. Erst wenn er erkennen muß, daß seine Ideologie wie die darauf fußende Politik falsch, als solche erkannt und daher auch chancenlos sind, können wir mit solchen Veränderungen im Osten rechnen, die dann auch Entspannung und Frieden in Freiheit ermöglichen.

Die von Michail Gorbatschow unter den Begriffen »Glasnost« und »Perestroika« seit 1985 verfolgte Politik läßt hoffen, daß dieser Wandel eintritt.

Mit »Glasnost« (der neuen Offenheit, dem Herstellen von Öffentlichkeit für die Verbrechen, Fehler und Mißstände des Stalinismus) wurde das Bewußtsein für die katastrophale innere Situation des realen Sozialismus geschaffen. Was seit 1985 in der Sowjetpresse, in Polen, Ungarn und China publiziert wurde und wird, bestätigt die Aussagen und Analysen all jener Experten und früherer Insider, die im Westen über Jahre als »Kalte Krieger« abgewertet und deren Arbeiten kaum noch veröffentlicht worden waren.

Doch bei aller Offenheit der Kritik an den Realitäten werden Zweifel am Sozialismus nur vereinzelt (und meist unterschwellig in den Texten getarnt) geäußert. Deshalb kommt »Perestroika« (der Umbau, die Veränderung des Systems) nur schleppend voran. Das aber verschärft die Krise. Um die rasante Talfahrt, das eklatante Zurückbleiben der Sowjetunion und der übrigen sozialistischen Staaten hinter der wirtschaftlich-technischen Entwicklung der übrigen Welt zu stoppen und umzukehren, müßten sie schnell handeln. Entwicklungssprünge wären notwendig. Doch eben diese schnellen Entscheidungen werden durch die ideologisch im alten Sozialismusdenken verhafteten Funktionäre der Nomenklatura verhindert oder zumindest gebremst.

Nach meiner Einschätzung leben wir zur Zeit in der gefährlichsten Phase seit Ende des Zweiten Weltkrieges: Die Sowjetunion ist technisch, wirtschaftlich und sozial ein todkranker Riese. Sie verfügt jedoch gleichzeitig über das größte atomar gerüstete Militärpotential der Geschichte. Nur Wachsamkeit und deutlich artikulierte Verteidigungsbereitschaft des Westens kann verhindern, daß die noch immer dem Stalinismus anhängenden Kräfte wieder die Oberhand gewinnen und mit militärischen Abenteuern die Flucht nach vorn wagen könnten. Rückschläge wie in China, nach der blutigen Niederschlagung der Studentendemonstrationen im Juni 1989, können auch für die Sowjetunion noch längst nicht ausgeschlossen werden. Die zunehmenden Streiks sowie religiöse und nationale Konflikte in vielen Teilen der Sowjetunion müssen nach wie vor befürchten lassen, Gorbatschow könne scheitern. Nur wäre ein solcher Rückschlag für die Welt weitaus gefährlicher als die neue Terrorherrschaft in China.

Diese Politik der Wachsamkeit und Verteidigungsbereitschaft müßte einhergehen mit der glaubhaften Verdeutlichung unseres Willens zur technisch-wirtschaftlichen Hilfe. Wie die Wirkungslosigkeit von Milliarden Staatskrediten in der Vergangenheit jedoch bewiesen hat, muß solche Hilfe künftig anders verlaufen. Das heißt, daß sie erst nach Reformen, die das System auch wirklich verändern, gegeben werden sollte oder zumindest mit solchen Reformen einhergehen muß.

Dem bisherigen System des Marxismus-Leninismus sowjetischer Prägung angemessen ist die riesige Fließbandfabrik aus der Frühzeit des Industriezeitalters: In gewaltigen Werkhallen, nach starren Vorgaben staatlicher Pläne, arbeiten in Brigaden organisierte und von Partei- und Gewerkschaftsleistungen kontrollierte Arbeitskollektive, die auch ihre Freizeit (Wohnen, Sport, Kultur, Hobbys, Urlaub) kollektiv verbringen sollten. Diese Struktur wird von der modernen technischen Entwicklung und dem Freiheitsstreben der Völker aufgebrochen. Komputer, Automaten und Roboter verlangen kleinere Einheiten, kürzere Kommunikationswege, schnellere Entscheidungen, größere Beweglichkeit. Der Sozialismus ist von der Neuzeit überrundet worden, weil er als Staatskapitalismus von seiner Struktur her überholter Frühkapitalismus ist.

Nur in Kernpunkten soll hier verdeutlicht werden, was Perestroika bewirken müßte:

Um vom Prinzip des mittelalterlichen Tauschhandels über Staatsverträge und Warenlisten wegzukommen, müßten die östlichen Währungen konvertierbar gemacht werden. Angesichts der hohen Inlands- und Auslandsverschuldung müßte dies mit einer Währungsreform und einer völligen Neubewertung der Zahlungsmittel verbunden sein.

Die Unternehmen müßten nach innen und außen von der zentralen Planwirtschaft befreit und handlungsfähige, selbständige Wirtschaftssubjekte werden. Dies müßte die Neuordnung der Eigentumsverhältnisse durch Schaffung von Betriebsanteilszertifikaten (oder Arbeitnehmeraktien), echtem Genossenschaftseigentum und Privateigentum einschließen.

Die innere und äußere Bewegungsfreiheit für Menschen, Waren, und Geldverkehr müßte hergestellt werden.

Den in der Militärökonomie und in der nicht konkurrenzfähigen Großindustrie freiwerdenden Arbeitskräften müßte die Möglichkeit der ungehinderten Entfaltung in Handel, Handwerk, freien Berufen und im Dienstleistungsgewerbe gegeben werden.

Westliche Unternehmen müßten freie Niederlassungs- und Kooperationsrechte mit entsprechenden Eigentumsgarantien erhalten.

Die Befreiung der Bauern aus Zwangskolchosen und Staatsgütern müßte durch Schaffung eines freien Marktes für kleinere und leichtere Agrarmaschinen unterstützt und beschleunigt werden.

Kurzum: Die starre Zentralverwaltungswirtschaft müßte abgeschafft und einer echten Wettbewerbswirtschaft in einer pluralistisch-demokratischen Rechtsordnung Raum gegeben werden. Polen und Ungarn zeigen den Weg. Das SED-Regime Erich Honeckers repräsentiert das Negativbeispiel. Es wird sich den unaufhaltsamen Veränderungen auf Dauer nicht verschließen können. Doch westliche (insbesondere bundesdeutsche) politische Blindheit könnte — und wird wohl auch? — seine Existenz zum Leidwesen unserer Landsleute verlängern helfen.

Wie im wirtschafts- und gesellschaftspolitischen Bereich, so war auch in der Außenpolitik der Stalinismus nur die Fortsetzung großrussischer Machtpolitik früherer Epochen. Rußland hatte über Jahrhunderte darunter gelitten, nur als periphere Macht betrachtet zu werden und aus der Weltpolitik ausgeklammert zu sein. Mit Eintritt in die neuere Zeit seit Peter dem Großen war es daher bestrebt, an seiner Westflanke Faustpfänder in die Hand zu bekommen, die ihm Mitsprache in der Weltpolitik (die damals vor allem Europapolitik war) sichern sollten. Diese Faustpfänder sollten zudem die Sicherheit für Rußland erhöhen (Pufferfunktion), und sie sollten auch wirtschaftlichen Nutzen bringen. Die Politik Hitlers hat diesen russischen Traum erfüllt und dem Sowjetimperium zur Ausdehnung bis an Elbe und Werra verholfen.

Nach mehr als vier Jahrzehnten mit großrussischem Imperialismus geht auch dieser zu Ende — seine Voraussetzungen sind nicht mehr gegeben.

Um im Konzert der Weltmächte mitzuspielen, sind die Faustpfänder überflüssig geworden. Als gleichgewichtige (auf manchen Gebieten bereits überlegene) Nuklearmacht neben den USA ist Rußland nicht mehr aus der Weltpolitik zu eliminieren.

Die ehemaligen Satellitenstaaten sind keine Sicherheitspuffer mehr. Ungarn und Polen »produzieren« eher das Gegenteil von Sicherheit in die Sowjetunion hinein. Zudem hat diese selbst durch Nationalitäten-, Volksgruppen und Religionsprobleme Mühe, den alten Bestand Großrußlands beisammen zu halten.

Und die ehemaligen Satellitenstaaten sind auch längst keine Ausbeutungsobjekte mehr. Deren Wirtschafts- und Umweltprobleme, Überschuldung, veraltete Produktionen, lassen sie mehr und mehr zum Klotz am Bein werden, der die Sowjetunion unzumutbar belastet.

Daher wird die Sowjetunion den ost-mitteleuropäischen Staatengürtel in die Entspannungsüberlegungen einbringen müssen. Und da man nicht um das SED-Regime herumentspannen kann, wird die deutsche Frage zwangsläufig nach Antworten rufen.

Die westliche Gemeinschaft hat bewiesen, daß sie nicht nur ein Wirtschafts- und Verteidigungsbündnis ist, sondern die modernste Friedensordnung der neuen Zeit. Sie hat ihren Völkern Frieden in Freiheit gesichert und ihnen zudem ein Maß an Wohlstand gebracht, das es bisher nicht gegeben hat und sonst nirgendwo auf der Welt gibt. Diese Gemeinschaft muß aus dem bisher vorwiegend nach Innen gerichteten Wirken heraustreten. Sie ist für die Völker Ost-Mittel-Europas schon längst Hoffnung und Vorbild für eine freie, unabhängige und selbständige Staatengemeinschaft des gesamten alten Kontinents. Unter ihrem Dach und im Bündnis mit den USA könnte sie auch der Sowjetunion auf dem Weg aus ihrer Krise helfen. Das Konzept eines solchen Weges zu Entspannung und Frieden in Freiheit muß gemeinsam entwickelt und energisch gegenüber der Sowjetführung vertreten werden. Dazu ist es fünf Minuten vor Zwölf.

ABKÜRZUNGSVERZEICHNIS

COMECON	Council for Mutual Economic Assistance; deutsch: siehe RGW
DNB	Deutsche Notenbank (Staatsbank der DDR)
DWK	Deutsche Wirtschaftskommission
FDGB	Freier Deutscher Gewerkschaftsbund
Gosplan	Staatliche Plankommission der UdSSR
HA	Hauptabteilung
HO	Handelsorganisation (staatliche Einzelhandelsgeschäfte)
HV	Hauptverwaltung
KPdSU	Kommunistische Partei der Sowjetunion
KSZE	Konferenz über Sicherheit und Zusammenarbeit in Europa
KVP	Kasernierte Volkspolizei
KWU	Kommunalwirtschaftliche Unternehmen
LPG	Landwirtschaftliche Produktionsgenossenschaften
MTS	Maschinen-Traktoren-Station
NAW	Nationales Aufbauwerk
NVA	Nationale Volksarmee
RGW	Rat für Gegenseitige Wirtschaftshilfe
SAG	Sowjetische Aktiengesellschaft
SBZ	Sowjetische Besatzungszone Deutschlands
SED	Sozialistische Einheitspartei Deutschlands
SKK	Sowjetische Kontrollkommission
SMAD	Sowjetische Militäradministration in Deutschland
SSD	Staatssicherheitsdienst (auch MfS — Ministerium für Staatssicherheit)
TAN	Technisch-begründete Arbeitsnormen

UdSSR	Union der Sozialistischen Sowjetrepubliken (auch kurz: SU — Sowjetunion)
VEAB	Volkseigener Erfassungs- und Aufkaufbetrieb für landwirtschaftliche Produkte
VEB	Volkseigener Betrieb
VEB (K)	Volkseigener Betrieb unter kommunaler Leitung
VEB (L)–(B)	Volkseigener Betrieb unter Landesleitung bzw. bezirksgeleitet
VEB (Z)	Volkseigener Betrieb (zentralgeleitet)
VVB	Vereinigung (oder Verwaltung) Volkseigener Betriebe
VVB (B)–(Z)	Vereinigung Volkseigener Betriebe (bezirks- bzw. zentralgeleitet)
WTZ	Ständige Sessionen für wirtschaftliche und wissenschaftlich-technische Zusammenarbeit der Mitgliedstaaten des RGW
ZENTRAG	Zentrale Verwaltung der SED-Betriebe und organisationseigener Unternehmen und Verlage der DDR
ZK	Zentralkomitee (der kommunistischen Parteien)

NAMENSREGISTER

Mein Geburtshaus (1910) — im Fenster unten meine Großmutter — vor dem Geschäft die Brüder meiner Mutter

Ankunft in Dresden 1949 — mit 19 Jahren Eintritt in die Funktionärskarriere

Hochzeitsfoto mit Rosemarie 1951

Meine Eltern 1954

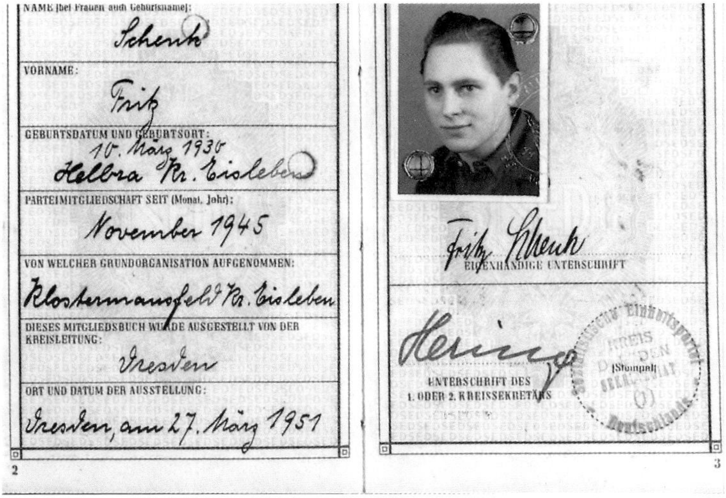
NAME (bei Frauen auch Geburtsname): Schenk
VORNAME: Fritz
GEBURTSDATUM UND GEBURTSORT: 10. März 1930 Helbra Kr. Eisleben
PARTEIMITGLIEDSCHAFT SEIT (Monat, Jahr): November 1945
VON WELCHER GRUNDORGANISATION AUFGENOMMEN: Klostermansfeld Kr. Eisleben
DIESES MITGLIEDSBUCH WURDE AUSGESTELLT VON DER KREISLEITUNG: Dresden
ORT UND DATUM DER AUSSTELLUNG: Dresden, am 27. März 1951
2

Fritz Schenk
EIGENHÄNDIGE UNTERSCHRIFT
(Stempel)
UNTERSCHRIFT DES 1. ODER 2. KREISSEKRETÄRS
3

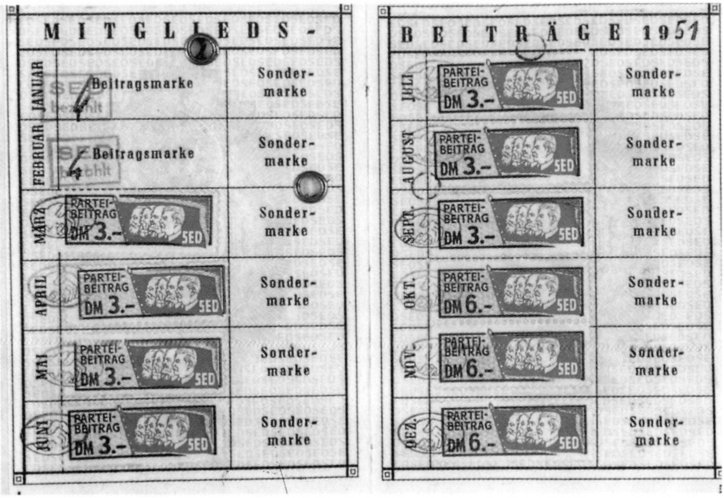
MITGLIEDS-BEITRÄGE 1951

JANUAR	SED bezahlt 4 Beitragsmarke	Sondermarke
FEBRUAR	SED bezahlt 4 Beitragsmarke	Sondermarke
MÄRZ	PARTEI-BEITRAG DM 3.- SED	Sondermarke
APRIL	PARTEI-BEITRAG DM 3.- SED	Sondermarke
MAI	PARTEI-BEITRAG DM 3.- SED	Sondermarke
JUNI	PARTEI-BEITRAG DM 3.- SED	Sondermarke
JULI	PARTEI-BEITRAG DM 3.- SED	Sondermarke
AUGUST	PARTEI-BEITRAG DM 3.- SED	Sondermarke
SEPT.	PARTEI-BEITRAG DM 3.- SED	Sondermarke
OKT.	PARTEI-BEITRAG DM 6.- SED	Sondermarke
NOV.	PARTEI-BEITRAG DM 6.- SED	Sondermarke
DEZ.	PARTEI-BEITRAG DM 6.- SED	Sondermarke

»Das Dokument«, wie das SED-Parteibuch genannt und so als wichtige persönliche Legitimation überhöht wurde.

Haus der Ministerien — Zentrale der DDR-Staatswirtschaft seit 1945

Bruno Leuschner (1910 † 1965)*

*Karl Schirdewan —
politischer Kopf der Anti-
Ulbricht-Fraktion von 1957/58*

*Dr. Margarete Wittkowski —
wirtschaftspolitische Expertin
der Reformbewegung*

3

eigennützig sein. Sie verstehen mich.
Veranlassen Sie auch bitte, daß uns
Herr Haufe oder Böhm vom Bahnhof
abholt.

Nun, hier war tagelang sehr schönes
Wetter. Heute ist die Temperatur auf
10° gesunken. Trotzdem ist es wunder-
schön. Wir haben uns viel ausgeruht,
aber auch längere „anstrengende"
Touren zu Fuß bergauf gemacht.
Höher als 2000 mtr. zu Fuß sind
wir noch nicht gekommen. Da hören
z. T. alle Wege auf. Es ist sehr be-
eindrucksvoll. Auch liegt teilweise
noch Schnee. Mit dem Auto waren
wir an vielen anderen schönen Orten.

Lieber Herr Strenk, Sie sind in
diesem Monat fünf Jahre in der
Staatl. Plank. tätig. Ich gratuliere
und danke Ihnen und wünsche
von ganzem Herzen alles Gute.

Grüßen Sie bitte die Familien
Priese und Falkner.

Es grüßen Sie und Ihre Frau
herzlichst

Bruno u. Renate Leuschner.

Vielen Dank für die Prospekte.

Handschrift Bruno Leuschners (Urlaubsgruß 1957)

17. Juni 1953 — Sowjetpanzer rollen zum Potsdamer Platz

17. Juni 1953 — streikende Arbeiter
und Sowjetpanzer vor dem Haus der Ministerien
(Leipziger Straße)

17. Juni 1953 — Henningsdorfer Arbeiter auf dem Marsch durch das Brandenburger Tor

Erste Moderation im ZDF-Magazin (1971) —
Philip Rosenthal (SPD) als Interview-Partner

400. Sendung des ZDF-Magazins (1980). Stargast: Richard Nixon

Eine von insgesamt sechs Sendungen aus dem Deutschen Reichstag in Berlin.

»Die Mannschaft« — Jubiläumsfoto der Magazin-Redaktion zur 500. Sendung (April 1984)

Letztes ZDF-Magazin (30. 3. 88) mit Helmut Schmidt und Rainer Barzel

Die Altstalinisten der DDR (von rechts): Erich Honecker, Willi Stoph, Egon Krenz.